인격치료 개정판

기독교상담과 인지치료의 통합적 접근

인격치유와 성숙

An integrated approach to Christian counseling and cognitive therapy
Personality Healing and Maturity

|심수명 지음|

DSU 도서출판다세움
Daseum Publishing

　　저는 이 짧은 추천의 글에서 심수명 교수의 학문과 사역, 그리고 그분의 인간에 대한 깊은 통찰과 사랑의 마음에 혹시라도 누가 되지 않을까 걱정이 많이 됩니다. 또한 지나치게 주관적이고 호의적인 평가로 흘러 독자들에게도 누가 되지 않을까 염려의 마음을 가지고 추천의 글을 씁니다.

　　저는 꽤 오랜 기간 동안 상담심리학자와 상담자로서의 심수명 박사를, 그리고 신학자와 목회자로서의 심수명 목사를 가까이서 지켜보면서 오늘 한국 사회에 꼭 필요한 분이라는 확신을 가지게 되었습니다. 각각의 개별적 학문들이 분화하는 시기를 넘어서 이제는 통합을 해 나가는 '학제간 연계'의 방향으로 나아가는 것이 세계적 흐름입니다. 하지만 정신적, 감정적 상처로 고통을 받는 사람들이 유난히도 많은 우리나라에서 이 분야에 많은 도움을 주어야 할 심리학과 신학, 학문과 종교는 너무도 대화를 하지 않고 있습니다. 심리학은 종교의 세계를 자신과는 무관한 비과학적인 영역으로 치부하고 있고, 기독교는 심리학을 인본주의적이라며 터부시하고 있습니다. 이러한 상대방에 대한 배타적인 태도 속에서 결국 현실의 삶은 더욱 힘들어지고 황폐화되고 있습니다. 이러한 현실 속에서 두 분야에 다리를 놓고자 혼신의 노력을 하고 있는 저자의 그간의 삶과 연구의 결과물이 한 권의 책으로 출판이 되었다는 것이 단지 저 혼자만의 기쁨이 아니기를 바랍니다.

　　이 책은 다음과 같은 특징을 가지고 있습니다.
　　첫째, 충분한 현장 조사를 통해 현재 우리나라 사람들이 가장 힘들어하는 인격적 문제가 무엇인지를 알아보고 그 대안을 제시하였다는 점입니다. 특히 철저한 실증적 연구를 통해 객관적이고 합리적인 대안을 제시하였습니다. 따라서 이 책을 읽는 독자들은 이 책에서 다루고 있는 주제가 마치 자신이 겪고 있는 실제적인 문제이거나, 마음속에 잠재되어 있는 문제임을 쉽게 공감할 수 있을 것입니다.

둘째, 건강한 인격을 회복하여 성숙한 인격으로 세워져 가기 위한 방법으로 현재 상담심리학 분야에서 그 효과를 인정받고 있는 인지치료적 접근을 하고 있다는 점입니다. "생각을 바꾸면, 세상이 바뀐다."는 말도 있듯이, 우리들이 자신에 대해, 이웃에 대해, 그리고 세상에 대해 가지고 있는 잘못된 관념을 바꾸면 우리의 삶이 달라집니다. 인지적 접근을 한 이 책을 읽고 이해하기만 해도 상당한 치료 효과가 나타나고 마음에 자유와 평안함을 경험하게 될 것입니다.

마지막으로, 이 책이 지닌 가장 큰 특징은 기독교와 상담 및 심리치료를 통합하려는 시도를 했다는 점입니다. 기독교적으로 성숙한 인격을 목표로 그것에 도달하는 과정과 수단으로써 상담과 심리학을 접목시켰다는 점은 보기 드문 시도라고 할 것입니다.

더욱이, 이 책으로 결실을 맺기까지 심수명 교수가 신앙인으로서, 학자로서 그리고 상담자로서 겪은 고통과 고뇌를 다 전달할 수 없을 것입니다. 하지만 책을 읽어 가는 과정 속에서 저자의 인간에 대한 깊은 통찰과 애정이 저절로 느껴지리라고 생각합니다. 다만 한 가지 염려스러운 것은 상담에 관심을 가지고 있는 분들이 이 책을 주관적인 신앙고백을 하는 또 하나의 종교 서적으로 치부해 버리거나, 또는 종교에 관심을 가지고 있는 분들이 인본주의적인 또 하나의 상담관련 서적으로 폄하하지나 않을까 하는 점입니다. 인간의 삶을 조금이라도 진지하게 생각해 보신 독자들은 마음과 영혼, 과학과 종교, 믿음과 앎이 서로 별개의 것이 아니라 우리의 삶을 지탱해 주는 두개의 기둥이라는 사실을 이미 아시고 계실 것입니다. 이 책이 앞으로 두 분야가 상호 보완하고 협력하는 소중한 계기가 되기를 바랍니다.

한성열(고려대학교 심리학과 명예교수)

제가 심수명 박사님을 알게 된 것은 풀러(Fuller Theological Seminary)의 박사과정에서였습니다. 심수명 박사는 수업시간마다 예리한 질문과 통찰력으로 같이 공부하던 저와 동료 목사님들에게 신선한 충격을 주었습니다. 목회상담자인 심수명 박사님은 상처받은 심령들에게 늘 연민과 애정어린 공감자로서 신학과 심리학의 통합을 위해 부단히 노력하던 분입니다. 저자가 이번에는 이 책에서 인지치료와 기독교 상담의 통합을 통해 그 일을 해내고 있습니다.

인지치료는 몇 가지 이점이 있습니다. 이러한 이점 때문에 최근 가장 빨리 성장하는 상담모형이 되고 있습니다. 첫째, 인지치료는 단기상담모형입니다. 그러나 다른 단기치료와 달리 인지치료는 그 현재의 증상뿐만 아니라 과거 사건에도 관심을 가집니다. 둘째, 인지치료는 여러 가지 정서장애 치료에 효과적인 것으로 인정되었습니다. 처음에는 우울증 치료에 많이 활용되다가 그 후 여러 분야에 효과적으로 활용되고 있습니다. 셋째, 상담자들이 쉽게 배울 수 있습니다. 다른 치료 기술들을 익히는 데는 수년이 걸리지만 인지치료 기법은 비교적 단순한 개념에 기초하고 있기 때문에 빨리 배울 수 있습니다. 인지치료는 고도로 구조화되어 있고 목적 지향적이며, 역기능적인 사고들과 그 사고들 기저에 있는 핵심 신념들을 평가하고 직면하는 체계적인 방법을 학습합니다. 넷째, 인지치료는 여러 사람들에게 적합하지만, 기독교인에게 더욱 그러합니다. 인지치료는 내담자가 현실을 정확하게 이해하고 있는가를 알기 위해 그들의 사고가 합리적인지를 알도록 도와줍니다. 따라서 성경의 기준에 따라 살아야 하는 기독교인들은 자신의 생각이 진리에 부합되는지 비교할 수 있는 장점이 있습니다.

심수명 박사님은 인지치료와 기독교상담을 통합하는 일에 목회상담자로서의 탁월성을 보여 주었습니다. 뿐만 아니라 이를 발전시켜 목회 현장에서 발견되는 인격치유(거절감, 부정적 자아상, 열등감, 분노, 불안, 죄책감, 거절감, 완벽주의, 중독 등의 치유)의 장을 이 책을 통해 열어주었습니다. 이 책은 성도들의 성화를 위한 인격치료에 관심 있는 전문 목회상담자들과 목회상담을 공부하는 이들에게 참으로 좋은 안내서가 되어 줄 유익한 책이라고 확신합니다.

고병인(한세대학교 목회상담학과 명예교수, 『중독자가정의 가족치료』 저자)

심수명 교수님은 우리나라의 대표적인 기독교상담학자로서 이론과 실제를 겸비한 훌륭한 학자라는 것은 주지의 사실입니다.

심수명 교수님은 본인이 개발한 기독교상담과 인지치료의 통합적 접근으로 〈인격치유와 성숙〉이라는 저서를 이미 출간하시고, 책이 인기리에 절판되어 수정증보판을 출간하게 되었다는 소식을 접하게 되었습니다.

인지치료(인지행동치료)는 미국상담 및 심리치료 종사자들이 활용하는 심리치료 기법으로 1위를 차지하고 있고, 미국임상심리사의 기법으로 1위, 미국심리학회(APA) 임상심리분과회원의 기법으로 1위, 상담심리분과회원의 기법으로 1위, 미국정신의학회의 정신의학자들의 기법으로 1위를 차지한 기법이며, 우리나라에서는 청소년상담사들이 가장 선호하고, 가장 많이 활용하는 기법 1위가 되기도 했습니다. 이처럼 가장 광범위하게 대중적으로 활용되는 기법입니다. 그런데 이렇게 널리 활용되는 인지치료가 기독교적으로 응용, 적용, 통합된 도서를 우리나라에서는 흔히 찾아 보기가 어렵습니다.

이에 심수명 교수님께서 기독교상담과 인지치료의 통합적 접근서를 출간하셨다는 것은 한국 기독교상담학계에 좋은 가이드라인을 제시한 것이라 사료됩니다. 또한 많은 기독교상담학자 및 일선 상담자들에게 기쁜 소식이 아닐 수 없습니다.

많은 기독교상담학도들이 이 책을 통해 상담의 바른 지침을 확립하고, 효과적이며 더욱 향상된 상담을 할 수 있기를 바라는 마음으로 이 책을 기쁘게 추천하며 독자들의 사랑을 받는 책이 되기를 바랍니다.

수고하신 심수명 교수님의 노고를 높이 치하하며, 한국기독교상담학도들에게 이 귀한 저서를 내놓으신 것에 대해 깊이 감사드리며, 커다란 자랑으로 삼고 싶습니다.

전요섭(성결대학교 상담심리학 교수 및 교양대학 학장,
사단법인 한국상담학회 교정상담학회장)

인격적인 삶을 향한 나의 발돋움

나는 신생아 때 몸무게가 많이 나가서 어머니께서 산고를 심하게 겪으셨다. 이런 출산의 과정에서 나의 아버지는 사랑하는 아내가 죽음의 위기를 겪어야 했다는 이유 때문에 태어날 때부터 나를 미워하셨다. 나는 아버지의 외면을 느끼며 살아야 했고, 형제들과 차별받는 고통을 지속적으로 받으며 성장하였다. 어린 나로서는 그 모든 어려움을 감당하기가 쉽지 않았다.

그 이후 내 인생은 상처투성이의 삶이었다. 인간이 인간되기 위해서는 성장 단계마다 부모의 사랑이나 지원이 있어야 하는데, 나는 적절한 도움을 받아 본 기억이 없다. 이렇게 사랑받지 못하고 인간적인 존중을 받지 못한 나는 사랑과 인격적인 삶에 대한 갈망이 그 누구보다 컸다. 그래서 끊임없이 사랑과 인격을 추구하였고 그것에 목숨 걸고 살았다.

이 과정에서 나는 하나님과 깊은 교통을 하게 되었고 그때 하나님의 사랑과 은총으로 회복되는 축복을 누릴 수 있었다. 그리고 인격적인 삶의 회복을 위해 오랜 기간 동안 애쓰고 몸부림쳐왔다. 이러한 과정에서 얻은 깨달음을 바탕으로 박사학위 논문에 인격치료 프로그램을 연구하여 발표하였다. 이 논문을 쓰기 위해 3년 이상의 자료수집과 연구 그리고 실험이 있었다. 이 책이 나오기까지의 과정을 통해 나는 더 많은 인격의 치유와 회복, 그리고 심리적, 영적 자유를 누릴 수 있었다. 그래서 그 동안의 땀과 수고들이 오히려 기쁘게 여겨지니 나로서는 더할 나위 없는 축복이 아닌가 싶다.

이 책은 그러한 과정으로부터 시작되어 그 이후로도 많은 연구를 거쳐 탄생하였다. 나는 이 책에서 인격의 개념이 무엇인지, 그리고 인격장애가 어떻게 해서 발생하는지, 인격의 회복과 치료를 위해서는 어떤 치유의 과정이 있는지 자세히 설명하고자 하였다. 그래서 나처럼 인격적인 문제로 고민하고 있고 그 해답을 알고 싶어 하는 영혼들에게 도움을 주고 싶었다.

이 책을 낸지 20년이 지난 지금, 돌아보아도 너무 귀한 책을 쓰게 하신 하나님께 감사드린다. 이 귀한 책을 쓸 수 있게 된 것은 하나님께서 나에게 베풀어주신 은혜 때문이었다. 나는 사람에게서 받지 못한 인격적인 존중을 하나님과의 만남으로 보상받았다. 그리고 하나님은 나에게 상처입은 치유자로 살아가라는 소명을 주셨다. 그것은 누구보다 상처를 많이 받았고 열등감이 많았던 나였기에 상처 입은 사람의 마음이 어떠한지 알고 있었고, 또 나를 치료하시고 회복시키신 목적이 나의 축복을 다른 이들에게 베풀기를 원하시는 하나님의 마음을 내 안에 주셨기 때문이었다.

이 책을 쓸 수 있도록 도움을 준 많은 손길이 있었다. 추천사를 써 주신 한성열 교수님, 고병인 교수님, 전요섭 교수님, 그리고 내용에 있어 도움을 주신 칼빈대학교 대학원의 유근준 교수님께 감사드린다. 또한 교수와 상담자로서의 여정 속에서 많은 영혼들에게 도움도 주었지만, 오늘의 내가 있기까지 부족한 나에게 사랑을 베푸신 모든 분들께 머리 숙여 감사한다.

그리고 무엇보다 상처입은 나를 통하여 오히려 다른 사람을 도울 수 있도록 인도하신 나의 하나님께 감사와 영광을 돌린다.

서문

　인간은 하나님의 형상대로 창조되었고 관계 안에서 살도록 지음받았다. 따라서 인간이라면 누구나 진정한 관계를 맺고 싶은 욕구가 있다. 이러한 관계는 인격적인 만남으로 표현되며 그 근원은 삼위일체 하나님의 관계에서 시작된다(유해무, 2000, 164).[1] 하나님은 삼위의 관계를 인격적으로 맺어 가시는데 그 특성은 다음과 같다(심수명, 2008, 57-58).

　첫째, 삼위일체 하나님은 사랑으로 하나 되신다. 삼위일체 하나님은 각기 홀로 사역 하시는 것이 아니라 온전한 하나됨으로 나타나시고, 교제 가운데 일하시면서 기쁨과 행복을 누리신다. 하나님은 삼위로 계시지만 서로 사랑하는 온전한 한 분이시다.

　둘째, 인격적으로 관계하신다. 삼위일체 하나님은 각기 자존하시며 완전한 존재시지만 온전하고 신비로운 연합의 존재로 인격적 관계를 가지신다. 하나님은 불완전하기 때문에 상호 의존하시는 것이 아니라, 전능하시고 영원하시며 불변하신 완전한 하나님으로써 사랑의 관계를 통하여 온전히 하나 되는 인격적 관계를 이루어 가신다.

　셋째, 자신을 순결하게 내어주신다. 삼위일체 하나님은 자신을 아낌없이 주는 사랑의 관계를 통하여 하나됨을 이루어 가신다. 세 인격은 자신의 모든 것을 공유하는 완전한 하나됨으로 개방하신다. 삼위일체 하나님은 사랑 안에서 상호 연합되어 있으며 공동의 목표를 나누는 깊고 순수한 관계다.

---

[1] 아타나시우스 신조에 나타난 삼위일체 하나님에 대하여 유해무 교수는 다음과 같이 말한다. "성부의 위격과 성자의 위격 그리고 성령의 위격이 각각 다르나 성부, 성자와 성령의 신성은 하나다. 영광과 위엄도 동일하며 영원하다. 삼위는 공히 피조 되지 않았고…… 삼위 간에는 …… 크고 작음도 없다. 함께 영원하시기 때문이다. 이렇게 삼위는 영원한 관계성으로 인격적인 만남을 가지신다."

넷째, 친밀하고 평등하시다. 친밀함은 힘의 불균형과 억압과 속박을 거부한다. 친밀함은 서로에 대한 용납과 자유, 인격적 존중과 평등성에 근거하고 있다. 삼위일체 하나님은 서로를 억압하는 것이 없고 온전히 서로를 사랑하고 존중하는 평등한 관계이시다.

이러한 하나님의 인격성은 인간의 인격성에 대한 존재 근거가 된다. 왜냐하면 인간은 하나님으로부터 창조된 존재이기 때문이다. 따라서 인간은 서로 교제하며 관계를 맺도록 지음 받았고 다른 사람들과의 '인격적인 관계'를 갈망하고 있다. 그러나 타락의 결과 아담과 그의 후손은 처음부터 원죄를 가지게 되었으며(롬 5:1, 엡 2:1-3), 거기서 모든 범죄가 나타나 부패하고 썩은 본성을 가지고 고통 속에 살게 되었다. 따라서 모든 사람은 죄에서 구원을 받아야 하는 절박한 문제 앞에 있다. 하나님은 이러한 인간 실존의 고통을 예수 그리스도를 믿음으로 해결되도록 길을 열어주셨다.

그렇다면 이제 인간의 모든 문제는 끝났는가? 아니다. 인간은 '이미'와 '아직' 사이에 서 있는 연약한 자들이기에 지금-여기의 삶에서 아직 완성되지 못한 여러 가지 문제로 여전히 고통을 겪고 있으므로 이제 참된 하나님의 형상으로 온전히 회복되어야 하는 과제를 안고 있다. 이것은 쉬운 명제가 아니다. 왜냐하면 모든 인간이 죄로 인해 비인격적인 관계에 익숙해져 왔기 때문이다.

사람들은 인격적인 관계에 대한 욕구가 있지만 인격적이지 못한 자신이나 타인, 사회 속에서 상처를 받고, 다시 비인격적인 세계 속으로 피하게 된다. 비인격적인 관계 때문에 사람들은 염려, 외로움, 깨어진 관계로 인한 슬픔, 가까운 사람들과의 불화, 원망, 분노와 거절감 등 정서적 상처 등을 경험하고 그로 인한 고통과 갈등을 겪고 있다. 이러한 갈등이 심화되면 인격장애까지 겪게 되어 좀처럼 치유하기 힘든 경우가 많다.[2] 우리는 하나님의 형상으로 지음받았기에 진정한 인간으로 회복되고 싶어 하는 본성이 남아 있어 인격적인 삶을 끊임없이 갈망하는 것이다. 그런데 교회는 고통받는 사람들을 어떻게 돕고 다루어야

---

2) 인격장애에 대해서는 3부에서 자세히 다루었다.

하는지에 대해 의견이 분분하다. 한쪽에서는 이처럼 감정적인 갈등을 겪는 사람들은 믿음이 부족하거나 하나님 말씀에 대한 순종이 없기 때문이라고 비난한다. 이때 고통받는 사람은 배려 없는 일방적인 충고에 이중으로 심리적 부담을 받게 된다. 즉 자신이 지고 있는 '고통이라는 짐'에 친구나 이웃으로부터 받는 '죄의식이라는 심리적 부담'이 가중된다.[3] 이와 같은 상황에서 고통 받는 자들은 크게 두 가지 형태로 나타난다. 하나는 교회에 남아 있으면서 아무런 문제가 없는 척하든지, 아니면 자신의 믿음이 감정적인 고통에는 전혀 도움이 되지 않는다고 결정하고 교회를 떠나 버리든지 하는 것이다. 그러므로 사람을 진정으로 세우고 온전한 인격으로의 회복이 있도록 도우려면 성경적 세계관을 바탕으로 인간의 문제를 심리적, 합리적, 그리고 성경적으로 통합하고 있어야 하며 구체적인 방법까지도 제시할 수 있어야 한다. 만약 누가 우울증으로 고통받고 있을 때 우울증이 무엇인지, 왜 생겼는지 알고 있다면 우울증을 극복하도록 도울 수 있을 것이며, 구체적이면서도 실제적인 치유 방향까지 제시할 수 있다면 더욱 큰 도움을 줄 수 있을 것이다.

이 책은 하나님의 온전한 형상으로의 인격 회복과 성숙이라는 목적을 염두에 두고 기독교 상담과 인지행동치료를 통합하여 필요한 내용을 제시하고자 하였다.[4] 이 책의 프로그램은 기독교인의 온전한 인격회복을 위해 기독교 상담과 인지행동치료를 통합하여 전인적인 접근 방식을 취하였다.[5] 그동안 인격치료에 관련된 여러 연구를 살펴보면 주로 인격장애 치료에 관한 연구가 주류를 이루며 또 그 접근 방법도 인격장애 각각에 대한 요인별 접근이 많음을 알 수 있다. 그러나 이러한 요인별 접근도 도움이 되지만 인간은 전인적인 존재이기에 이러한 제 요소의 통전성을 고려하여 접근하지 않으면 진정한 인격의 변화를

---

3) 이런 경우 욥의 심정이 될 수밖에 없다. "너희는 거짓말을 지어내는 자요 다 쓸데없는 의원이니라 너희가 잠잠하고 잠잠하기를 원하노라 이것이 너희의 지혜일 것이니라(욥 13:4-5)"
4) 이 프로그램의 내용에 대한 효과성은 필자의 Ph. D. 논문 '기독교상담과 인지치료의 통합에 의한 인격치료 프로그램의 효과성 연구'에서 과학적으로 입증하였다.
5) 본서에서는 앨버트 엘리스(Albert Ellis)의 합리정서행동치료(REBT)와 아론 벡(Aron Beck)의 인지행동치료(CBT)를 적용하였다.

도모하기 어렵다.

이러한 생각을 기본 바탕으로 하여 필자가 인격의 제 문제에 대한 치유 프로그램을 개발한 과정은 다음과 같다. 우선 서울과 부산의 기독교인들 800명을 대상으로 치유받고 싶은 주제가 무엇인지 설문을 실시하여 한국인들이 지각하고 있는 인격적인 문제가 주로 어떤 것들인지 조사하였다. 뿐만 아니라 상담과 목회 현장에서 보아온 것처럼, 누구나 정도의 차이가 있을 뿐 어느 정도는 조금씩 인격적인 문제를 가지고 있기 때문에[6] DSM-5[7]에서 연구된 편집성, 분열성, 분열형, 연극성, 자기애성, 반사회성, 경계선, 강박성, 의존성, 회피성 등의 인격장애에 대한 선행 연구를 참조하여 인격치유 프로그램 구성에 통찰을 얻었다. 그리고 필자의 30여년 동안의 상담목회와 상담 및 심리치료의 임상 경험을 참고로 하여 한국인들이 겪고 있는 인격적인 문제들에 대해 연구하였다.

위의 내용을 종합하여 최종적으로 프로그램 주제를 확정하였다. 확정된 프로그램은 거절감 치유, 부정적 자아상 치유, 완벽주의 치유, 불안 치유, 분노 치유, 죄책감 치유, 열등감 치유, 우울증 치유, 중독 치유다(초판은 10회였는데 개정판은 이론적 배경은 빼고 9회로 수정하였다). 그리고 프로그램이 인격치유에 얼마나 효과적이었는지 심리학적 연구 방법인 사전-사후 검사를 가지고 분석한 결과 이 프로그램으로 훈련받으면 자기효능감, 대인관계 능력, 합리적 의사결정 능력 그리고 기능적인 태도가 향상됨이 입증되었다.

기독교인들이 성숙하여 세상의 빛과 소금으로 살아가면 좋겠지만 그렇지 못한 경우가 많다. 이러한 현실에 근거하여 기독교인들을 교육하고 훈련하여 자신과 가정, 교회, 그리고 세상을 세워나갈 수 있도록 돕는 것은 매우 의미 있는 일인 것이다. 따라서 이 교재가 기독교 학교나 학회 그리고 교회 현장에서 활용되어 그리스도인들의 인격 성숙에 큰 도움이 되기를 바란다.

---

6) 그것은 인간이 타락된 원죄를 적용받는 존재이기 때문이다. 문제는 하나님의 말씀과 성령의 능력으로 자기를 돌보며 끊임없이 성화의 길을 걷지 못할 때 인격적인 문제가 장애로까지 발전될 수 있다.
7) DSM-5(Diagnostic and Statistic Manual of Mental Disorders-5)는 전 세계적으로 사용되고 있는 '정신장애진단편람 5번째'를 의미한다.

이 책을 가지고 사용하고자 하는 분이나 지도자는 먼저 교재에 나온 내용을 충분히 읽거나 가르친 후 자신에게 해당하는 문제는 무엇이며, 그 문제의 원인, 증상과 치유법 등에 대해 숙지하여 자신에게 적용해야 할 점이 무엇인지 찾아보도록 한다. 그리고 활동에 나온 순서대로 각종 설문지를 통하여 자신의 현재 상태가 어떠한지 살펴보기를 권하고 싶다. 또한 부정적인 대화를 긍정적인 자기 대화로 바꾼 후에, 비합리적이고 왜곡된 사고를 합리적 사고로 바꾸고 성경적 사고를 통합하는 5단계 모델을 연습하기를 추천하고 싶다. 이러한 과정을 꾸준히 적용하고 실습하다 보면 인격적인 변화와 성숙에 도움이 될 것이다. 본 교재의 9회 프로그램에서는 프로그램의 주제에 따른 강의 내용과 활동을 구조화하여 기독교인과 일반 학습자들이 쉽게 따라올 수 있도록 하였다.

아무쪼록 이 책이 하나님 나라 확장을 위한 기독교인의 인격 성숙에 도움이 되기를 바란다.

저자 심수명

목차

1장 기독교 상담적 인간 이해

기독교 상담에서 보는 인간은 하나님의 형상으로 창조된 전인적인 존재지만 죄로 인해 타락하였으며 그 영향으로 인격적인 문제를 가진 존재다. 그러나 예수 그리스도의 구속으로 말미암아 하나님의 형상으로 회복이 시작되었으며 점차 성화되는 존재다.

1. 하나님의 형상으로 창조된 인간

하나님께서 인간을 창조하실 때 다른 모든 피조물들과는 달리 하나님의 형상[8])으로 창조하셨다(창 1:26-27, 9:6, 약 3:9). 이 하나님의 형상됨은 인간됨에 있어서 가장 근본적인 것이다(이승구, 2003, 128). 이것은 무엇보다 먼저 하나님이 인간의 원형(archetype)이시고 인간은 하나님의 반영이라는 뜻이다. 즉 사람은 하나님을 반영하는 존재로서 창조되었다는 뜻이다. 그러므로 하나님의 형상에 관해 이야기할 때 우리는 먼저 하나님의 원형 되심과 인간의 파생성과 의존성을 생각해야만 한다. 따라서 인간은 하나님 안에서만 존재할 수 있으며 모든 움직임 하나하나가 그에게 속해 있고, 하나님의 뜻이 아니면 우리는 손가락 하나도 움직일 수가 없다는 것을 배우게 된다.

또한 하나님의 형상인 인간에 대해 다음과 같이 삼중적 관계 속에서 이해해야 한다.[9])

첫째, 인간은 그 방향성이 하나님께로 향하여 있다. 즉 인간은 그의 존재가 하나님께 달려 있으며, 전적으로 하나님께 예속된 피조물이며, 하나님에 대해 우선적 책임이 있는 피조물이다.

둘째, 인간은 동료 인간을 향하여 있다. 즉 인간이 남자와 여자로 창조된 것은 인간이 홀로 완전하지 못하며, 또한 고립적인 존재도 아니라는 점을 보여주고 있다. 인간은 다른 사람들을 떠나서는 완전치 못한 존재이기에 다른 사람들과의 교제가 필요하다.

셋째, 인간은 곧 만물을 지배하는 존재다. 인간은 자연에 대해서 통치권과 지배권을 갖고 있다. 그러므로 인간은 가정과 사회와 자연 속에서 '문화 명령'

---

8) 신약 성경에서는 이 땅에서 하나님의 형상을 가장 온전히 드러내신 분이 예수 그리스도라고 말씀하신다(골 1:15, 히 1:3, 고후 4:4). '하나님의 형상' 개념은 신·구약을 관통하는 중요한 개념이며 특히 성경적인 인간관을 고찰하는데 핵심적인 개념임을 알 수 있다.
9) 하나님과의 관계성이 인간의 근본적 관계이기에 그의 삶의 모든 것이 하나님의 면전에서 사는 것같이 살아야 한다(Hoekma, 1999, 135).

을 인식하고 하나님의 뜻이 이루어지도록 노력하는 자로 있어야 한다(Hoekma, 1999, 134-144). 그러므로 하나님의 형상인 인간은 선택의 자유와 그에 따른 책임을 갖는 '인격체'임을 인식하고, 하나님이 주신 목적에 따라 살아가야 하는 소명이 있다.

2. 전인적인 인간

성경의 인간론은 인간을 몸과 영혼의 합일체로 보지 않고 인간을 몸이면서 동시에 영으로 인식한다(Hoekma, 1999, 359). 루터가 말한 '의인인 동시에 죄인'이라는 말은 '영혼은 의인이나 몸은 죄인'이라는 사실을 의미하는 것이 아니라 인간은 현재에서는 '전인이 죄인이나 장래에 있어서 전인이 의인'이라는 사실을 주장한 것이다. 따라서 인간을 영혼과 몸으로 나누는 것은 성경의 인간 이해와 부합되지 않는다.10) 성경의 인간론은 인간이 두 실체(이원론)나 세 실체(삼분설)의 합일체라고 말하지 않고 전인 안에서 다양한 실체를, 다양한 관점에서 동시적으로 서술하고 있다. 즉 영육의 통일체로서의 인간이다.

부활의 때에 인간은 그러한 통일체로 온전함을 회복할 것이며 완전하게 될 것이기 때문에 단일성을 강조하는 '영-육 통일체'의 이론이 인간을 온전히 이해하는 것이다(Hoekma, 1999, 361-362). '영-육 통일체'로서의 인간이라는 것은 인간 존재가 영성 및 이성과 정서, 행동, 그리고 통찰의 측면을 동시에 지닌 통전적인 존재임을 시사하는 것이다. 이러한 시각이 바로 통전적 인간 이해며 이것은 인간의 모든 차원들인 몸, 마음, 영혼이 한 인격 속에 기능하는 다른 역

---

10) 필자는 이 부분에 있어서 후크마의 견해를 따르고 있다. 후크마는 삼분론자인 델리취(Franz Delitzsch), 허드(J. B. Heard), 벡(J. T. Beck), 오힐러(G. F. Oehler), 워치만 니(Watchman Nee) 등의 주장이 인간의 단일성에 위반되고 육체와 영혼의 화해될 수 없는 대립을 조장하기 때문에 거절할 뿐 아니라 이분설도 플라톤처럼 극단적인 영혼과 육체의 분리를 주장할 수 있으므로 이 표현도 적절치 않다고 하면서 영-육 통일체라고 표현하는 것이 좋다고 주장한다.

할들로 보는 것이다. 다시 말하여 통전적 인간은 기본적으로 하나이나 그 속에 영, 육의 이원성의 객관적 자아 인식 능력을 가지고 자신의 삶의 가능성을 끊임없이 실현해 나가는 존재인 것이다(구미리암, 2000, 201).

3. 타락한 인간

인간은 하나님의 형상으로 창조되어서 하나님뿐만 아니라 다른 사람들과 인격적인 관계를 맺으며 살아가도록 지음 받았다. 인간 존재의 가장 중심되는 부분인 마음속에는 삼위일체 하나님의 관계처럼 인격적인 관계를 갈망하는 욕구가 있다. 하지만 하나님이 말씀하신 "선악을 알게 하는 나무의 실과는 먹지 말라. 먹는 날에는 정녕 죽으리라(창 2:17)"는 명령에 불순종하여 인간은 그 실과를 먹었고, 그 결과 그들은 에덴동산에서 추방되어 결국 죽음을 맞이하게 되었다. 이렇게 타락함으로 말미암아 아담과 그의 후손은 처음부터 원죄를 가지게 되었으며(롬 5:1, 엡 2:1-3) 거기서 모든 범죄가 나타나 부패하고 썩은 본성을 가지고 고통 속에 살게 되었다. 인간은 아담과 하와의 타락으로 인하여 하나님과의 연합된 관계가 깨어지고 하나님으로부터 분리되었다.

인간에게는 본질상 부패한 악의 구조, 즉 '타락한 구조'가 있다. 죄로 향하는 우리의 성향은 '하나님께서 선하시지 않다.'는 의심의 그 뿌리를 가지게 되었기에 하나님의 전능하심은 믿어도 선하심은 신뢰하지 못한다(Crabb, 1999, 85). 이런 생각의 중심에는 하나님과 사람들을 이용하여 자기 스스로를 보호하려는 자기중심적인 성향이 자리 잡고 있다. 그래서 끝없이 방황하다가 그 틀에 스스로 얽매여 삶이 파괴되는 것이다.

죄를 범하기 전에 아담은 아무런 거리낌 없이 하나님과의 교제를 즐겼다. 그러나 죄는 즉각적으로 끔찍한 결과들을 가져왔다. 타락한 아담은 첫째, '하나님을 두려워하여'(핵심 감정), 둘째, '벗었으므로'(핵심 행동), 셋째, '하나님으로부터 숨었다.'(핵심 방어수단). 이때 아담의 핵심 감정은 두려움이다. 이것은 죄로 인한 하나님의 심판과 처벌에 대한 두려움이며 배척의 고통을 동반하는 것으로 이 두려움을 덮고 피하고자 인간은 나름대로 방어층을 형성한다(Crabb & Allender, 1986, 37).

그러나 인간은 본능적으로 이러한 상태가 부자연스러운 상태임을 알고 있으며 나름대로 이 방어층을 해결하기 위해 진실한 만남을 열망하게 된다. 그래서 만남을 원하면서도 소유욕과 집착을 가지고 이기적으로 관계하여 심각한 상처를 주거나 받게 된다. 또한 돈, 명예, 권력, 지위로 자신을 포장하기도 하고 농담, 거만한 태도, 남을 속이는 눈물, 위장된 회개와 겸손, 침묵, 각종 중독증에 빠지기도 한다. 이 외에도 억압, 합리화, 투사, 승화, 반동 형성, 대치, 부정과 퇴행 등의 방어기제로 위장하기도 한다.

타락한 인간도 여전히 '하나님의 형상'이라고 불린다. 그것은 좁은 의미의 하나님의 형상 개념으로서, 하나님에 대한 지식과 의와 거룩함(골 3:10)을 상실했어도 도덕적이고 이성적인 측면이라는 광의의 하나님 형상은 여전히 남아 있기 때문이다(Berkhof, 1978, 61).[11]

하나님의 형상으로 회복할 수 있는 방향은 무엇인가? 그것은 거듭난 이후에 성령의 은혜로 성화하는 과정에서 인간됨의 모든 측면이 점진적으로 새로워짐을 뜻하는 것이다. 즉 하나님을 알지 못하던 인생이 하나님을 신뢰하고 사랑하기 시작함으로 자신의 정체성을 회복할 뿐 아니라 풍성함을 누리고 자유롭게 또 다른 사람을 사랑할 수 있는 것이다.

어떻게 하나님의 형상을 회복할 수 있을까? 이것은 성령께서 하시는 일이지만 기독교 상담적 측면에서 사람들은 다음의 세 가지 일을 해낼 용기가 있어야한다(Crabb, 1999, 197-198 참조).

첫째, 자신이 사랑하는 사람들에게 해를 끼치는 악한 모습을 스스로가 깨닫

---

11) 이런 부분을 광의의 하나님 형상이라 부르기도 한다.

고 중심에서 회개하는 고통을 느껴야 한다.

둘째, 다른 사람들이 자신에게 끼친 해를 직시하며 그들로부터 받은 실망과 상처를 정직하게 바라본다. 그럼에도 불구하고 거절의 두려움을 극복하고 따뜻한 마음을 주기 위해 주도적으로 나아가는 용기가 필요하다.

셋째, 자신이 때때로 하나님 때문에 분노를 느껴 그분을 선하신 분으로 믿고 싶어도 온전히 신뢰하지 못한다는 사실을 정직하게 인정하고 겸손히 회개한다. 이때 하나님을 전적으로 의존하게 되며 성령의 지배를 받고 변화의 삶을 살게 된다.

인간의 타락한 구조와 거룩한 구조는 다음과 같다.

〈표 1〉 기독교 인간관

	단계	타락한 구조	거룩한 구조
삶의 결과	5	안전감의 파괴	열매 맺는 생활
욕망	4	'성공할 거야'(교만)	'순종할 거야'(겸손)
자아상	3	부정적(자기혐오)	긍정적(자기사랑→타인사랑)
대인관계	2	자기중심	타인중심
사람에 대한 의존	1	지나치게 의존(집착)	사랑으로 자유함
하나님의 선하심	토대	의식함(두려움, 분노)	신뢰함(평강, 예배)

4. 인격적인 문제를 가지고 있는 인간

아담은 죄로 인해 하나님으로부터 버림받았을 때 엄청난 충격과 상처를 입게 되었다. 버림받은 인간은 두려움, 열등감, 불안 그리고 불신의 상처를 입는다. 즉 인간의 깊은 내면에는 우리가 느끼지 못하는 원죄가 있듯이, 깨어진 마음이 있다. 인간의 모든 문제는 죄와 함께 시작된다. 따라서 하나님의 형상으로 창조된 깨끗하고 건강한 인간의 마음도 결국 죄로 인해 병들기 시작한다. 죄의 결과 인간은 절망, 고독, 죄책, 회의와 무의미, 자살, 죽음 등을 겪게 되었다. 또한 인간 개인에게뿐 아니라 공동체 사이에도 분열이 들어왔다.

인격적으로 문제를 가지고 있는 인간의 마음은 어떤 과정을 거쳐 작동하는지 그림으로 표현하면 [그림 1]과 같다(Wardetzki, 2002, 101).[12]

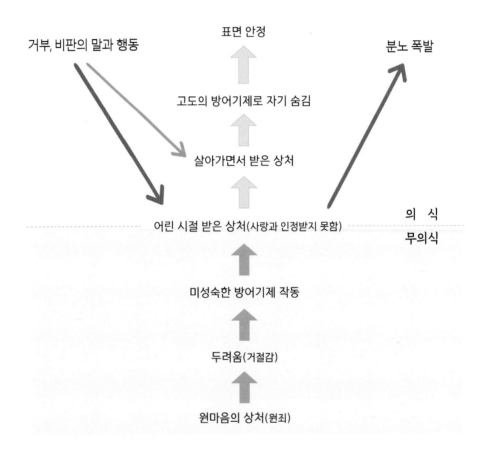

[그림 1] 인격적인 문제를 가진 인간 마음의 작동 구조

---

12) 원그림에서 필자가 약간 수정하였음.

원죄가 유전되듯이 깨어진 마음도 유전된다(Berkhof, 1978, 48-49). 인격의 자리는 마음이다. 마음에 상처를 받아 인격에 손상이 오면 열등감과 죄의식 때문에 그 누구도 믿지 못하고, 받아들이지 못한다. 또한 무시를 받으면 원망과 분노가 올라오며, 버림받을 것에 대한 두려움 때문에 관계를 맺고 싶어 하는 마음이 있어도 맺지 못한다.

그림에 나타나 있듯이 상처에 대해 사람들은 두 가지 반응을 보인다. 원 마음의 상처는 무의식 가장 밑바닥에 자리 잡고 있다. 이 상처는 억압되어 평상시에는 그 실체가 잘 드러나지 않는다. 그러다가 거부나 비판 등의 사건이 무의식에 있는 깊은 상처를 자극하게 되면 현재 사건에 대한 적절한 분노보다 훨씬 더 큰 분노로 폭발하게 된다. 다음으로는 거부와 비판 사건이 무의식의 상처 부위를 자극하지만, 방어기제로 억압하기 때문에 표면적으로는 안정된 상태로 나타난다.

대부분의 사람은 마음을 다치게 하는 사건이 일어날 때 본능적인 방어기제로 자기를 숨기면서 아무런 영향도 받지 않은 것처럼 위장한다. 이렇게 위장하는 이유는 마음 깊은 곳에 있는 상처가 건드려지면 자신의 존재가 무너질 것 같은 무력감과 그로 인한 두려움 때문이다.

현재의 상처는 원 마음의 상처와 어린 시절 상처받은 경험, 자존감이 건드려진 경험과 결부되어 있다. 이런 기억들은 해결이 되지 않은 채 무의식 속에 '상처 난 부위'로 남아 있다가 비난이나 거절, 무시를 당할 때 되살아나면서 마음에 또다시 상처를 받게 되는 것이다.[13] 해결되지 않은 과제는 건드리지만 않으면 그 존재를 느낄 수 없다. 그러다가 어떤 일에 자극을 받으면 순간적으로

---

13) 마음의 상처는 부모의 중병, 알코올 중독, 일 중독, 도박, 외도, 부부 싸움, 폭행, 이혼, 재혼, 율법주의적 신앙생활, 거부, 공포, 무시 등의 태도로 자녀를 돌보지 않거나 가난을 통해 온다. 이런 가정을 역기능 가정, 역기능 가정에서 자란 사람들을 성인 아이(adult child)라고 부른다. 성인 아이들은 종종 지나친 책임 의식을 가지며, 지배적이고 충동적이며, 강박적이고 일 중독이며, 남들을 즐겁게 하는 자, 완전주의자, 결단을 내리지 못하는 사람 등으로 표현하고 있다. 또 이들은 낮은 자존감, 완벽주의, 미루는 버릇, 우울 등과 싸우고 있다(Sell, 1992, 36-37).

되살아나면서, 현재의 아픔 속에서 옛날의 고통을 체험하게 된다. 그리하여 해결되지 않은 옛날 일이 현재 어떤 사건과 부딪쳐 지금 일어나고 있는 일처럼 생생하게 자신을 지배하여 분노로 표현하게 되는 것이다.

2장 기독교 상담과 인지행동치료

신학과 심리학은 원리와 전제에 있어 갈등 관계에 있지만 기독교 심리학자
는 심리학과 기독교를 진리에 따라 통합하기 위한 모색에 힘써야 할 것이다.

1. 기독교 상담

성경에서는 상담에 대해 어떤 관점을 취하고 있는가? 성경 곳곳에는 어려움을 겪고 있는 사람들을 성령께서 도와주고 이끌었던 이야기들로 가득 차 있다. 구약에서는 오실 메시아를 훌륭한 상담자(wonderful counselor: 모사)로 묘사하였으며(사 9:6) 신약의 경우, 제자들은 전도뿐만 아니라 사람들의 영적, 심리적 필요를 해결해 주도록 부르심을 받았음을 알 수 있다(마 10:7-8). 또한 초대 교회의 지도자들은 치유를 위한 목회상담을 충실히 수행해 왔다(살전 5:14).

성경을 바탕으로 한 기독교 상담은 다음과 같은 다섯 가지 점에서 분명한 특성을 가진다.

첫째, 기독교 상담(Wright, 1977, 22-23)[14]은 나약한 자아 때문에 고통당하는 내담자를 상담하는 관계 속에 성령이 임재하여 내담자가 건강한 자아를 형성하도록 돕는다. 이때 여러 상담 기술을 사용하여 건강한 인격을 형성하도록 돕기도 하지만 기독교 상담자는 자기가 도운 만큼의 결과가 나타나는 것이 아니라 그 이상의 결과가 나타나리라고 기대한다. 그 이유는 상담 관계에 제삼자로 임재하신 주님께서 우리의 기대보다 더 풍성하게 치유하실 것을 믿기 때문이다(오성춘, 1993, 375).

둘째, 기독교 상담은 내담자의 건강한 인격을 위해 상담하지만 그 후에도 상담

---

14) 기독교 상담을 검토할 때 제이 애덤스(Jay Adams)의 권면적 상담(nouthesis counseling)과 보브 간(Bobgan)의 영적 상담, 짐 크래독(Jin Craddock)과 로렌스 크랩(Lawrence Crabb), 쉘윈 휴즈(Selwyn Hughes)의 성경적 상담, 게리 콜린스(Gary Collins)와 게리 스위튼(Gary Sweeten)의 제자 상담, 성장 상담을 강조한 하워드 클라인벨(Howard Clinebell)과 대화 상담을 강조한 폴 투르니어(Paul Tournier)의 관계 상담의 흐름으로 살펴볼 수 있다(Hurding, 2000, 330-331).

관계를 종결짓지 않고 그가 하나님 중심의 삶을 회복하도록 돕는다. 이를 위해 자신의 자아를 그리스도 앞에 굴복하며 하나님께 순종하고 하나님으로부터 생명과 능력과 사랑과 정의를 공급받아 사는 삶을 회복하도록 한다.

셋째, 기독교 상담이 추구하는 것은 영성을 중심으로 한 전인 건강이다. 전인 건강에 대해 하워드 클라인벨(Howard Clinebell)은 "기독교 상담은 통전적이어야 한다. 즉 인간이 생활하는 삶의 모든 영역에서 치유 받고 성장할 수 있게 노력해야 한다(Clinbell, 1984, 26)."고 강조하면서 [그림 2]와 같이 제시하였다.

전인성은 꽃처럼 살아있고 성장하며 변화하는 유기체다[15]. 이 꽃은 영성을 중심으로 유기적 통일성을 가진다. 뿌리는 토양과 생명계로부터 양분을 빨아올리기 위해 뻗어 나간다. 이 꽃은 생명으로 호흡하게 하는 공기로 둘러싸여 있으며, 꽃 위에는 사랑의 태양, 곧 하나님으로부터 오는 치유와 전인성의 근원이 있다. 이 태양은 에너지를 공급하여 꽃이 계속 아름답게 자랄 수 있도록 하며 알맞은 때에 씨를 맺게 해 준다(Clinbell, 1996, 24).

따라서 통합된 전인 건강에는 자기 자신을 사랑하는 것, 타인을 사랑하는 것, 자기의 일과 놀이를 사랑하는 것, 지구를 사랑하는 것, 성령을 사랑하는 것이 포함되어야 한다.

---

15) 클라인벨의 영성은 복음주의적 개념과는 다르다. 그는 성경이 규정한 개인과 집단의 죄를 단지 '방해받은 잠재력'과 성장에 대한 '저항'으로 보기 때문에 인간 본성에 대해 때때로 꽤 낙관적인 것 같다. 그는 '타락'을 인류의 돌이킬 수 없는 잘못이라고 보는 '고전적인 신학' 해석을 의심하고 인간의 죄악이 '타고 났으며 피할 수 없는' 것이라는 견해를 버린다(Hurding, 2000, 373). 따라서 그의 영성의 내용에는 동의할 수 없으나 형식에 대한 그의 안목은 탁월하다.

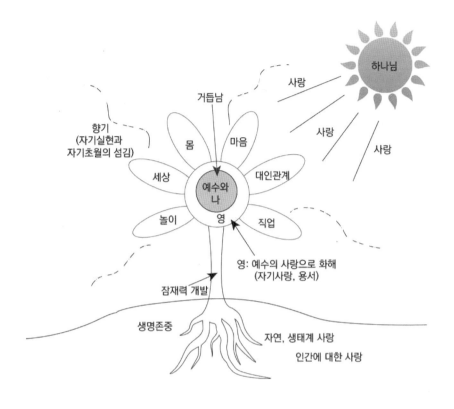

[그림 2] 전인적 성장(Clinbell, 1996, 23, 필자가 약간 수정함)

그러므로 기독교 상담은 인간의 문제가 몸, 마음, 자연, 사회, 가정 등의 여러 가지 측면에 모두 관계되고 서로 영향을 주고받음을 인식하여 전인적으로 이를 치유하기 위해 궁극적 관심인 하나님과의 관계, 하나님과 만남으로 나아가도록 돕는 상담과정인 것이다(김예식, 2000, 84).

넷째, 기독교 상담은 인간의 본성이 주는 영향력을 간과하지 않는다. 성경에서는 인간의 죄악 된 감정과 행동이 근본적으로 죄의 본성과 관련되어 있다고 말한다. 따라서 죄의 심각성을 간과하면 후에 더욱더 심각한 문제를 초래할 수 있다고 보고 있다. 로마서 12장 1절에서는 "마음을 새롭게 함으로 변화를 받으라"고 하였는데 이 말은 근본적인 것(마음)에 대한 해결 없이 행동을 바꾸는 것은 진정한 의미의 변화라 할 수 없다는 것이다. 바울은 변화(transformation)란 감정이나 환경을 일신함으로 얻어지는 것이 아니라 마음을 새롭게 함으로 이루어지는 것이라고 했다(롬 12:2). 즉 마음을 새롭게 한다는 것은 우리의 사상과 이해의 자리인 생각을 예수 그리스도의 생명으로 새롭게 함을 뜻한다. 이것은 타락된 생각을 예수 그리스도의 거룩한 생각으로 끊임없이 변화시켜야 함을 의미한다. 따라서 생각의 변화가 삶 전체를 좌우하는 것이다.[16]

생각의 중요성을 강조하는 성경의 증거는 많다. 그중에서도 "대저 그 마음의 생각이 어떠하면 그 위인도 그러한즉"(잠 23:7)이라는 말씀이 가장 대표적 증거다. 인간의 모든 문제는 잘못된 행동과 감정을 유발하는 잘못된 신념에서 비롯된다. 따라서 기독교 상담자는 무엇보다도 내담자의 구원과 풍성한 삶을 위하여 인간이 가지고 있는 죄악된 행동과 감정을 유발하는 그릇된 생각을 바꾸도록 하는 것을 상담의 목표로 삼는다.

다섯째, 기독교 상담은 하나님과 인간 사이의 관계 외에 인간을 이해함에 있어서 근본적으로 다음의 네 가지 신념을 전제로 한다. ① 인간을 치료하기 위해서는 사랑이 근본이다. 이 사랑은 하나님의 고결하고 순수한 아가페를 기반으로 한다(Collins, 1998, 63).[17] ② 인간의 삶에는 필연적으로 고통이 따라온다.[18] 누구든지 태어나면서부터 근원적인 죄와 선천적인 약점에 눌려 지내기 마련이며 어린 시절에는 심한 감정적 충격으로 고통을 당하고 늘 방해와 피해, 실망 따위로 고통을 당할 수밖에 없는 것이 인간의 실존이다.[19] ③ 인간은 '동

---

16) 바울이 로마서에서 강조하는 '생각을 통해 변화를 이루어 가는 방법'으로 제시한 것이 '여길찌어다(롬 6:11, 고전 4:1)'다. 이러한 생각으로 자기 신분과 존재를 확인해가야 한다.
17) 이 사랑은 너무나 중요하고 근본적인 것이어서 이 사랑이 없으면 인간의 인간됨이 방해를 받는다(Collins, 1998, 63).
18) 사람은 고통을 느낄 때 그 괴로움을 떨쳐 버리고 싶은 충동이 있다. 그럼에도 불구하고 인간의 삶 속에서 고통은 피할 수 없는 것이다. 이러한 고통은 실존의 개체성을 철저히 인식케 한다. 그것은 고통 그 자체가 옮길 수도 나누어 줄 수도 없고 나 혼자 이 아픔을 통과해야만 하기에 깊은 고독과 홀로 남은 소외감을 느낄 수밖에 없다(손봉호, 1995, 97).

일시' 과정을 통해 성장한다. 인간은 모방과 닮음을 통해 성장하고 변화되는 존재로서, 자신이 존경하는 인물의 특성을 마치 자신의 것인 양 답습하려고 하는 성향이 있다.[20] ④ 인생에서 만나는 장애를 극복하려고 시도하는 가운데 '적응'이 필요하다. 이 과정에서는 각 단계별 발달의 과정을 잘 소화해야 하는 과제가 있다.[21]

2. 인지행동치료

1) 인지행동치료의 기본 개념

인지행동치료는 인지적이고 행동적인 변화를 염두에 둔, 적극적이고 직접적이며, 교육적·구조적·문제해결적인 치료다. 즉 내담자가 부정적 사고라는 도식에 갇혀서 자신을 부정적으로 바라보고, 자신의 경험을 통해 세계와 미래를 부정적으로 사고하는 방식을 바꿔 줌으로써 긍정적 행동을 창출하게 하는 것이다. 따라서 인지행동치료는 내담자가 합리적이고 논리적으로 사고하며 행동할 수 있도록 방향을 전환해 준다.

---

19) 이 과정을 통해 인간은 자신을 반성하며 돌아보게 되고 자신과 하나님의 섭리를 바라보게 된다. 고난은 사람을 성숙하도록 도울 수도 있지만, 정상적인 발달을 방해하는 장애물이 될 수도 있다(Hurding, 2000, 154).
20) 어린아이는 부모와 동일시하고, 십대는 친구와 동일시하며, 청년들은 연예인과 동일시한다. 인간은 자신이 존경하고 숭배하는 인물과 동일시한다. 동일시가 우리를 성숙하도록 돕지만 그릇된 모방은 파괴적으로 인도하기도 한다(Collins, 1998, 60).
21) 아이에게는 부모와의 관계가 제일 중요하고, 사춘기에는 독립성을 세우기 위해 지금까지 배워 온 가치관과 전통, 도덕적 기준 그리고 종교적 신념을 벗어 버리고 도전하는 반항 의식을 잘 조절해야 한다. 청년기에는 선택이 중요한데, 가치관, 친구, 삶의 반려자 및 직업을 선택해야 한다. 성인기의 대표적 특성은 생산성과 활동성이다. 활동성은 정기적인 계획과 묵상에 의해 가장 큰 효과를 발휘한다. 노년기의 적응은 중년기부터 준비하여 자신의 늙음을 수용하며, 자신의 존재됨을 새롭게 확인해야 하는 시기이다. 이를 위해 하나님과 자신의 관계를 새롭게 점검해야 하며 죽음 후에 대면하게 될 그분에 대한 순종으로 죽음을 준비해야 한다(Collins, 1998, 60).

인지행동치료의 기본 이론 중에서 A-B-C 이론은 A(Activating event: 자신에게 일어난 사건)는 C(Consequence: 자신의 느낌)를 통제하지 못하며 실제로 C는 B(Belief: A에 대한 자신의 평가)에 의해 직접적인 영향을 받는다는 것이다(박경애, 1998, 68). 이 이론은 '끔찍하다', '훌륭하다' 등의 평가적 태도는 정서적으로 어떻게 반응하는가에 따라 결정된다고 본다.

만약에 박 집사가 고난을 겪을 때 유 집사가 슬픔을 느낀다면 그 이유는 무엇일까? 그것은 유 집사가 박 집사를 특별히 가깝게 생각하기 때문에 박 집사의 고난을 자신의 아픔으로 해석하는 것이다. 그러나 또 다른 사람인 김 선생은 박 집사를 부정적인 시각으로 보고 미워하기 때문에 박 집사의 고난에 대해 기뻐할 수 있다. 이렇게 감정은 사건 그 자체에 의해 생기는 것이 아니라 사건에 대한 평가에 따라 변하는 것이다. 이것을 그림으로 나타내면 그림 3과 같다.

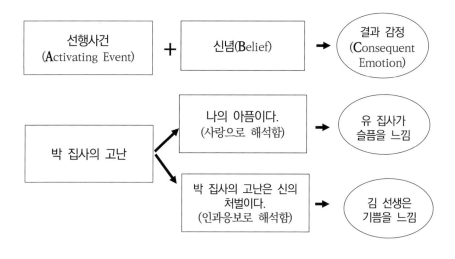

[그림 3] A-B-C 모델

인지행동치료의 가장 중요한 원리는 개인의 사고가 그 사람의 감정과 행동에 영향을 미치는 핵심 기제라는 가정이다. 사고가 사람의 감정과 행동에 영향을 주는 통로는 두 가지로 볼 수 있다(권정혜, 2020. 15-16).

첫째는 사고의 내용이다. 사고 내용은 우리가 자신이나 주위 사람들의 사건들을 어떻게 평가하고 해석하는 가로 이루어진다.

둘째는 사고의 과정이다. 사람들은 주위에서 일어나는 수많은 사건과 정보를 긍정이나 부정 등, 자기 나름대로 다양하게 소화하고 처리할 수 있도록 선별하고 분류하고 조직한다. 이 과정을 통해 세상과 자기를 이해하고 해석하고 경험한다.

사고의 내용에 대해서 어떻게 해석하는지, 사고의 과정에서 반복해서 저지르는 정보처리의 왜곡이나 문제점, 이 두 가지 모두를 다루는 것이 인지행동치료법이다. 내담자의 자동적 사고에 나타나는 인지적 오류를 살펴보면, 내담자가 상황을 파악할 때 어떤 방식으로 처리하는지 살펴볼 수 있다. 자동적 사고는 익숙한 상황에서는 효과적인 처리 방식이 될 수도 있지만, 새로운 상황에서는 부정확한 판단으로 인해 상황에 잘못 대처하게 만들 수 있다. 개인의 사고내용이나 사고 과정은 그 사람의 감정과 행동에 중요한 영향을 미치므로 인지행동치료에서는 개인의 사고 내용이나 과정에 있어서의 역기능적인 측면을 찾아내고 이를 수정할 때 지속적인 변화가 올 수 있다고 본다.

인지행동치료는 내담자가 부정적 사고라는 도식에 갇혀서 자신을 부정적으로 바라보고, 자신의 경험을 통해 세계와 미래를 부정적으로 사고하는 방식을 바꿔줌으로써 긍정적인 행동을 창출하도록 도와준다. 따라서 인지 치료는 내담자가 합리적이고 논리적으로 사고하며 행동할 수 있도록 방향을 전환해 준다.

사건과 사고와 감정 간의 관계에서 한 사건에 대해 어떻게 의미를 부여하는 가에 따라 정서 반응이 결정되는 인지 모형을 그림으로 나타내면 다음과 같다.

관점 1. 사건은 사고를 유발하고 사고는 감정을 유발한다.

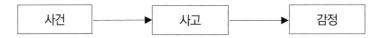

관점 2. 사건은 사고, 감정 간의 포괄적 상호 작용을 유도한다.

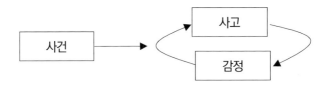

[그림 4] 사건, 사고, 감정의 관계

인지행동치료라는 범주 아래 여러 가지 치료적 접근법들이 있는데, 대표적인 것은 앨버트 엘리스의 합리정서행동치료(REBT)와 아론 벡의 인지행동치료(과거에는 인지치료)가 있다. 1960년대 초 앨버트 엘리스(Albert Ellis)와 아론 벡(Aaron Beck)은 거의 비슷한 시기에 인지에 초점을 맞추는 새로운 형태의 심리치료를 개발한 후 꾸준히 변천하여 발전해 왔다. 여기에서는 엘리스와 벡의 개념을 함께 살펴보려 한다.

2) 아론 벡의 인지행동치료

인지행동치료(cognitive Behavior therapy)는 1960년대에 미국의 아론 벡(Aaron T. Beck)에 의해 개발된 구조화되고, 단기적이며, 문제 해결 지향적인 심리치료 방법이다. 처음에는 용어가 인지치료였으며, 주로 우울증의 치료법으로 개발되었다. 그 후 많은 체계적 연구를 통하여 정교화 되면서 적용범위가 확장되었다. 현재 인지치료는 우울증뿐만 아니라 불안장애, 공포증, 강박증, 건강 염려증, 식사장애, 성격문제, 부부갈등 등 다양한 심리적 문제에 적용되고 있으며, 연구

와 치료과정에서 지속적으로 치료기법이 발전되고 있으며 현재는 용어도 인지
행동치료(CBT)로 사용되고 있다.

(1) 인지 왜곡

인지치료에서는 우리의 감정이나 행동이 어떤 사건이나 상황 자체가 아니라
그것에 대한 자신의 해석에 의해서 영향을 받는다고 가정한다. 그리고 모든 심
리적 문제는 왜곡되고 역기능적인 생각과 그릇된 믿음이 주된 요인이라고 가정
한다. 따라서 왜곡된 생각을 찾아내고, 현실적으로 평가해서 수정하는 것이 치
료의 필수적인 부분이 된다.

예를 들어, '나는 사랑을 받을만한 존재가 아니다'라는 생각이 우리를 슬프고
우울하게 만들며, '시험에서 떨어지면 인생을 망치는 것이다'라는 왜곡된 믿음
이 우리를 불안하게 만들고, '다른 사람은 믿을 수 없다'라는 생각이 고립되게
만드는 것이다. 보통의 경우 개인은 자신의 사고방식이나 신념, 믿음을 쉽게 인
식하지 못하고 몸에 밴 신념이나 사고방식을 당연한 것으로 여기고 행동한다.
사람들은 습관적으로 행동하는 것이지, 행동 안에 담긴 사고방식이나 신념을
의식하면서(평가하면서) 행동하는 것은 아니다.

인지 왜곡에는 다음과 같은 것이 있다.

〈표 2〉 인지 왜곡의 종류

	종류	내용	예
1	확대와 축소	잘못을 확대하거나 성공을 축소한다.	'자녀들에게 소리를 지르다니 나는 정말 나쁜 엄마다'
2	평가절하	성공이나 찬사에 대해 그 가치를 깎아내린다.	'내가 그 직장을 갖게 된 것은 운이 좋아서 그래'
3	파멸적 사고	가장 나쁜 일이 일어날 것이라고 예상한다.	'나는 어젯밤 술을 너무 많이 마셨어. 난 가망 없는 약물 중독자가 될 거야'
4	개인화	다른 사람들이 관련된 어떤 부정적인 사건에 대해 비난을 스스로 받아들인다.	'우리 가정의 모든 문제는 바로 나 때문이야'
5	자기중심적 사고	모든 시각을 어린 아이처럼 자기를 중심으로 생각한다.	'나는 원하는 것을 반드시 갖고야 말거야. 그렇지 않으면 너무 싫어.'
6	이분법적 사고	모든 것을 절대적, 양극적, 흑백논리로 바라보는 경향이 강하다.	'완벽하게 잘하지 못하면 나는 실패한 것이다'
7	과잉일반화	나쁜 사건이 계속 일어나거나 항상 어떤 방식이 잔존해 있을 것이라고 추측한다.	'나에게는 항상 그런 일이 일어나.'
8	선택적 추론 (정신적 여과)	긍정적인 부분은 여과시키고 극단적으로 부정적인 세부사항만을 기초로 결론 내리고 전체맥락은 보지 않는다.	'나는 다이어트도 성공 못하는 것을 보니 뭐든 잘할 수 없을 거야'
9	정서적 추론	자신의 감정에 따라 생각한다.	'나는 실패자처럼 느껴진다. 그러므로 나는 실패자다'
10	독심술(비약)	다른 사람이 자신에 대해 생각하고 있을지도 모르는 것을 읽어내려고 지나치게 노력한다.	'내가 기분이 좋지 않은 것을 모든 사람들이 주목하고 있어'
11	낙인찍기	제한된 지식에 근거하여 사람들을 분류한다.	'그녀는 동반 의존자야'

(2) 핵심 신념

핵심 신념은 인간의 심리 가장 깊숙이 각인되어 있다. 이것은 사고와 감정, 행동까지도 지배한다. 그것은 모든 영역에 영향을 미치고 경직되어 있으며 지나치게 일반화되어 있다. 왜곡된 신념을 바꾸려고 한다면, 깊이 뿌리 박혀 있는 핵심 신념을 찾아내야 한다. 핵심 신념은 원가족에서 비롯되는 경우가 많으며 어떤 것은 하나님과의 관계에서 비롯되기도 한다.

핵심 신념은 태도, 규칙, 그리고 가정들로 구성되어 있는 중간 신념의 형성에 영향을 주며, 이것은 잘 인식하지 못하는 경우가 흔하다. 이러한 과정을 그림으로 나타내면 다음과 같다(Beck, 2017. 57).

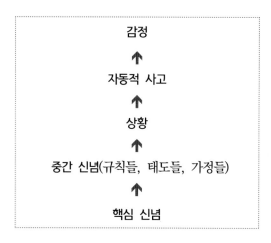

[그림 5] 인지개념화 도식

(3) 자동적 사고

자동적 사고란 우리의 감정과 행동에 결정적인 영향을 미치면서도 쉽게 의식되지 않는 사고다. 말 그대로 자동적으로 드는 생각이고, 매우 신속하게 스치고 지나가는 생각이어서 우리 스스로는 자신이 그러한 생각을 했는지 조차도 잘 인식하지 못한다.

"그 생각들은 갑자기 머릿속에 떠오르는 것처럼 느껴지고, 사람들은 그것들에 대해 더 이상 생각해 보려고 하지 않는다. 그래서 사고가 자동적으로 작동한다. 대부분의 경우에 자동적 사고는 매우 빨라서 사람들은 사고를 인식하는 것보다는 감정을 훨씬 잘 인식한다. 많은 경우 자동적 사고는 왜곡되어 있지만 사람들은 그것들이 마치 사실인 것처럼 반응한다."

자동적 사고를 작업할 때 주의해야 할 사항은 상담자가 일방적으로 질문하고 내담자는 대답만 하는 상황이 되지 않게 해야 한다는 것이다. 질문의 의도를 한 번에 다 알아차리지 못할 수도 있다. 그래서 잘 풀어서 설명할 필요가 있고, 잘 생각해서 답변이 나올 때까지 참고 기다려주는 태도가 필요하다. 훌륭한 선생님이 수업할 때 학생들의 보조에 맞춰 전달하고자 하는 내용이 흡수되도록 배려하듯이, 자동적 사고에 대한 작업도 상담자와 내담자가 협력적으로 진행하는 것이 바람직하다.

사건	자동적 사고
지하철의 빈자리에 앉자, 잠시 후 옆 사람이 슬그머니 자리를 옮김	내가 싫어서 일어서는구나. 나는 어디서나 환영받지 못하는구나.
심장이 두근거리면서 가슴이 따끔따끔하는 것 같음	심장마비가 오는 것은 아닌가? 드디어 내게 불행이 오고 말았구나.
결재를 받으러 상사에게 갔는데, 표정이 어두움	내가 뭔가 잘못했구나. 내가 꾸민 서류가 은근히 마음에 안 드는 모양이다.
남편과 바깥에서 저녁식사 약속을 했는데 전화도 없이 1시간 늦음	나를 이렇게 무시하고 모욕을 주다니 정말 몹쓸 사람이다. 남편은 모든 일이 이런 식이다.
금식 3일째 무심코 지나가다가 책상 위에 있는 과자 하나를 집어 먹었다.	금식 중 과자를 먹다니 이 금식은 실패다. 나는 매사에 이런 식이다. 금식기도한다고 여러 사람에게 선언했는데, 나를 어떻게 생각할까?

[그림 6] 자동적 사고 기록지

자동적 사고 기록지 등을 활용하여 어떠한 인지 왜곡이 있는지 찾을 수 있다. 자동적 사고는 흔히 우리가 의식하며 의도적으로 하는 생각과는 다른 또 하나의 흐름이며 이를 찾아내기는 간단하지 않다. 그러나 이것은 전문가의 도움을 통해 의식화되고 확인할 수가 있다. 내담자는 전문가와 함께 자동적 사고를 찾아내야 하고, 그것의 타당성을 평가해야 한다.

또한 상황에 따라 자동적 사고 깊숙이 내재되어 있는 중간 신념과 핵심 신념을 찾는 방법을 그림으로 설명하면 다음과 같다.

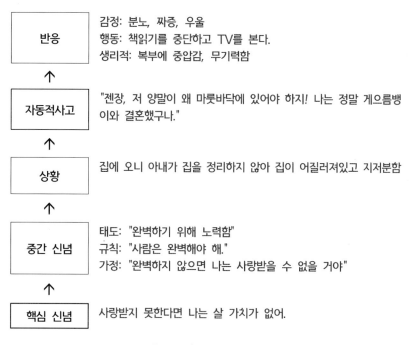

[그림 7] 핵심 신념 찾기

먼저 사건이 생기면 자동적으로 떠오르는 사고는 무엇인지 찾는다. 자동적 사고는 순간순간 떠오르는 생각이나 영상이기 때문에 겉으로 드러나 있으며 의식의 흐름에 있다. 그리고 사건의 의미에 대해 추론해 봄으로써 자동적 사고 밑에 흐르고 있는 미처 의식하지 못한 생각을 찾아본다. 이러한 과정을 계속해

나가다 보면 개인이 독특하게 가지고 있는 삶의 법칙이나 왜곡된 핵심 신념(무의식)을 찾을 수 있다. 이것은 잘 드러나지 않으므로 쉬운 작업은 아니지만 계속 노력해 간다면 결국엔 무의식의 신념을 발견할 수 있을 것이다(McMinn, 1996, 161).

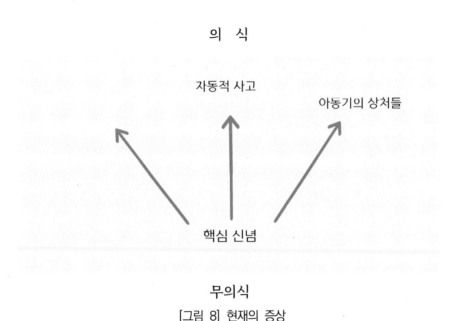

[그림 8] 현재의 증상

다음의 사례를 보고 자동적 사고에서 핵심 신념을 어떻게 찾아가는지 살펴보자.

세 자녀를 둔 32세의 송 집사는 표면적으로 여러 가지 죄책감을 갖고 있었다. 그녀가 가지고 있는 죄책감은 '아들을 남겨두고 직장에 다니는 것, 너무 많이 먹는 것, 낭비벽이 심한 것, 다른 남자들을 알고 지내는 것, 매일 성경을 읽지 않는 것' 등이었다. 겉으로 드러난 그녀의 자동적 사고에서 좀 더 깊이 내면을 살펴보았더니 그녀가 가지고 있는 생각은 '나는 더 좋은 엄마가 되어야 한다. 아이들을 보모에게 맡겨서는 안 된다. 몸무게를 5kg 줄여야 한다. 다시는 신용카드를 쓰지 말아야 한다.'라는 '~해야 한다'는 사고를 하고 있음을 알게 되었다. 그리고 그것들을 토대로 하여 더 깊은 차원의 사고가 무엇인지 추적해 보았더니 결국 '살을 빼지 않으면 남편이 나를 떠날 것이다.' '돈을 계속 낭비한다면 집을 날려 버리고 말 것이다.'는 공포감에 초점이 맞추어져 있음을 알았다. 이러한 공포감은 사실 비현실적으로 보이지만 그것이 모체가 되어 그녀를 '~해야 한다'식 사고로 몰아가고 있었다.

송 집사의 공포감의 핵심은 완벽주의였다. 스스로 완벽주의자라고 말하지는 않지만 그녀는 완벽해야 한다고 믿고 있었다. 완벽에 대한 욕구가 공포감의 동인이었던 것이다. '내가 완벽하지 않으면 남편이나 집을 잃어버리는 것 같은 끔찍한 일이 일어날 거야.' 이러한 신념은 송 집사가 어렸을 때 아버지로부터 체중과 성적에 대해 항상 비판적인 말을 들어왔던 데서 기인했다. 아버지에게서 사랑을 받기 위해서는 말라깽이가 되고 완벽해져야 한다고 느꼈던 것이다. 그러나 그녀는 완벽해지는 데 성공하지 못했고 스스로 완벽하지도 사랑받지도 못한다고 느끼면서 결혼을 하고 집을 떠났다. '~해야 한다'식 사고는 깊은 부적절감이나 유아기에 대한 공포감에서 비롯된 것이다 (McMinn, 1996, 47-48).

다음에 열거하는 두 가지 종류의 생각을 비교해 보자.

생 각 A	생 각 B
'나는 형편없는 사람이다.'	'나는 형편없는 면이 일부분 있다.' '나는 형편없는 행동을 할 때가 있다.'
'나는 모든 사람에게 꼭 좋은 사람으로 남아야 한다.'	'나는 몇 사람에게는 좋은 사람으로 남으면 좋겠다.'
'남편은 언제나 나에게 무뚝뚝하다.'	'남편이 나를 무뚝뚝하게 대하는 경우가 있다.'
'약속을 어기다니 몹쓸 사람이다. 견딜 수 없게 화가 난다.'	'실망스러운 행동을 했다. 불쾌하다.'

생각 A의 '강요적이고, 극단적이며, 단정적 표현'을 한 두 마디만 바꿔서 생

각하면 기분이 긍정적이 된다. 인격 회복을 위해서는 자동적인 왜곡된 사고를 바꾸는 것이 선행되어야 한다. 이를 위해 먼저 자기 안에 있는 자동적 사고가 무엇인지 찾고 그 밑에 깊숙이 내재되어 있는 핵심 신념이 무엇인지 찾는 연습이 필요하다.

3) 엘리스의 REBT(Rational Emotive Behavior Therapy)

엘리스는 인간을 합리적이면서도 동시에 비합리적인 신념을 만들어내는 존재로 보았다. 인간은 누구나 생각하고 행동하고 정서적 느낌을 체험하는 능력을 가지고 있는데 이 중 사고가 인간의 정서와 행동에 결정적인 영향을 미친다고 하는 이론을 개발하여 이름을 합리정서치료(Rational-Emotive Therapy: RET)로 부르다가 이후 행동이 들어간 REBT로 바꾸었다. 이 이론의 핵심 개념과 기법을 정리하면 다음과 같다.

(1) 비합리적 신념

비합리적 신념이란 정신적, 심리적 장애를 초래하는 것으로 비실제적이고 비논리적이며 아무런 근거 없이 건전한 인간 행동을 하는 데 지장을 초래하는 신념이나 사고이다. 엘리스는 비합리적 신념을 아래의 〈표 3〉과 같이 11가지로 보았다.[22]

---

22) 1970년대에 Ellis는 원래 8가지의 비합리적 신념을 제시했는데 나중에 비합리적 사고 3가지를 추가하여 11가지의 비합리적 신념을 구성했으며 후에 1가지를 더 추가해서 12가지가 되었다(Ellis, 1977; 박경애, 75에서 재인용).

〈표 3〉 비합리적 신념

비합리적 신념	예
인정 욕구	나는 중요한 모든 사람들로부터 사랑과 인정을 받아야만 한다.
의존성	내가 의지할 만한 강한 누군가가 항상 있어야만 한다.
지나친 타인 염려	사람이라면 다른 사람의 문제나 어려움에 대해 항상 신경을 써야 한다.
비난 경향	나에게 해를 끼치거나 악행을 저지르는 사람들은 반드시 비난과 처벌을 받아야 한다.
높은 자기 기대감	내가 가치 있는 사람이 되기 위해서는 모든 영역에서 완벽하고 유능하며, 적절한 성공을 거두어야 한다.
좌절 반응	일이 내 뜻대로 진행되지 않는다면 이는 끔찍스럽고 나는 아무런 가치가 없을 것이다.
완벽성	모든 문제에는 언제나 바르고 완전한 해결책이 있으며 내가 그것을 찾지 못하면 큰일이다.
정서적 무책임	인간의 불행은 외적인 조건(운명)에 의한 것이며 그것을 통제할 수 없다.
문제 회피	삶의 어려움이나 책임은 직면하는 것보다 회피하는 것이 더 편하다.
무력감	개인의 과거 경험은 그 사람의 현재 행동을 결정하며 사람은 과거의 영향에서 벗어날 수 없다.
과잉 불안	위험하거나 두려운 일이 일어날 가능성을 늘 생각하고 있어야 한다.

엘리스는 모든 정서적 장애가 한 가지 뿌리에서 나오는데, 그 뿌리는 바로 당위적 사고 때문이라고 하였다.[23] 당위적 사고는 첫째, 자신에 대한 당위로써 나는 반드시 훌륭하게 일을 수행해 내야하며, 중요한 타인들로부터 인정을 받아야만 한다. 만일 그렇지 못하면 이는 끔찍하고 참을 수 없는 일이며 나는 하찮은 인간이라는 사고이다. 둘째, 타인에 대한 당위적 사고로 타인은 반드시 나

---

23) 세 가지 기본적인 당위적 사고(과장적 사고, 인간 비하적 사고, 낮은 인내성)를 가지고 있으면 장애는 저절로 수반된다. 당위적 사고는 모든 비합리적 사고의 핵심이 된다.

를 공정하게 대우해야 하며, 만약 그렇지 못하다면 그것은 끔찍해서 나는 그러한 상황을 참아낼 수 없다는 생각이다. 셋째, 세상에 대한 당위적 사고로써 세상의 조건들이 내가 원하는 방향으로 돌아가야만 하는데, 만약 그렇지 못하면 그것은 끔찍하고 나는 그런 끔찍한 세상에서 살아갈 수 없다는 사고이다(박경애, 1998, 90-91).

당위적 사고에서 파생한 비합리적 신념의 요소는 그림 7과 같다(Ellis, 1979, 83-97).

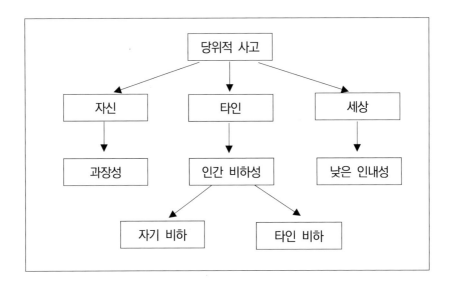

[그림 9] 당위적 사고에서 파생한 비합리적 생각의 요소

일반적인 거짓 신념 외에도 그리스도인이 갖고 있는 거짓 신념이 무엇인지 찾아야 한다. 다음은 그리스도인이 가질 수 있는 비합리적 사고들이다(Litchfield & Litchfield, 2002, 44).

번호	그리스도인의 거짓 신념
1	나는 하나님의 사랑과 인정을 받아야 한다.
2	하나님은 죄와 죄인을 미워하신다.
3	내가 영적으로 강해야만 하나님께 쓰임 받을 수 있다.
4	진정한 그리스도인은 분노와 불안, 우울감을 느끼지 않는다.
5	내가 그리스도인이기 때문에 하나님은 나를 고통과 고난에서 보호하실 것이다.
6	내게 충분한 믿음이 있다면 치유될 것이다.
7	나의 모든 문제는 내 죄 때문이다.
8	다른 사람들의 모든 필요를 채우는 것은 그리스도인의 당연한 의무다.

결혼에 대한 일반적인 비합리적 신념은 다음과 같다(Litchfield & Litchfield, 2002, 44).

번호	결혼에 대한 거짓 신념
1	결혼을 하고 나면 절대로 아무 문제가 없을 것이다.
2	결혼을 하고 나면 배우자가 쉽게 변화될 것이다.
3	우리 문제는 배우자의 잘못 때문이다.
4	우리 결혼 생활의 모든 문제는 나 때문이다
5	우리 결혼 생활에 많은 작업이 필요하다면, 우리는 서로 맞지 않는 것이 틀림없다.
6	내 배우자는 내 모든 필요를 채워주어야 한다.
7	나는 그(녀)에 대해 20년 동안이나 노력해 왔지만, 그(녀)는 변화되지 않을 것이다.
8	우리의 결혼 생활을 더 개선하기 위해 나 자신을 바꾸어서는 안 된다.
9	내 배우자는 나와 달라서는 안 된다.
10	내 배우자 같은 사람과 함께 행복해지는 것은 불가능하다.

(2) A-B-C-D-E 모형

A-B-C-D-E 모형은 비합리적 신념을 논박을 통해 합리적 신념으로 변화시키는 것을 주요 목표로 한다. 이는 내담자의 잘못된 신념을 논박을 통해 합리적인 생각으로 바꾸어 주도록 하는 것이다. 이것을 그림으로 설명하면 [그림 10]과 같다(박경애, 1998, 197).

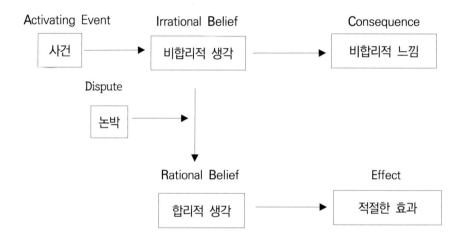

[그림 10] A-B-C-D-E 모형

논박[24]은 내담자가 자신의 신념뿐 아니라 신념과 관련되어 있는 역기능적인 사고, 정서 및 행동들에 변화를 줄 수 있도록 하는 적극적인 중재 혹은 개입방법이다.

여기에는 다섯 가지 논박 전략이 있다.

---

24) 논박이란 선행 사건으로 인해 생겨난 잘못된 감정이나 비합리적 신념을 분석하고 해석하게 함으로써 합리적이고 현실적인 선택을 하도록 도와주는 방법이다. 잘못된 생각과 태도는 잘못된 감정을 불러오므로 올바른 패턴의 생각과 태도를 갖도록 내담자의 비합리적 사고를 계속적으로 논박하여 재교육한다. 논박이 성공하면 내담자는 적절한 정서 반응과 적응된 행동을 할 수 있다. 그러나 한국인은 서구인보다 감정적인 성향이 강하므로 논박을 할 때 감정이 상하지 않도록 조심스러운 접근이 필요하다.

첫째, 논리적 논박이다. 내담자들이 자신이 갖고 있는 비합리적인 신념의 부당하고 독단적인 본질을 이해할 수 있도록 돕는다.

둘째, 경험적 논박이다. 내담자로 하여금 객관적인 세상을 보도록 하여, 세상이 내담자의 비합리적인 신념을 지지하지 않는다는 것을 수용하도록 돕는다(박경애, 1998, 248-249).

셋째, 기능적 논박이다. 비합리적인 신념 그 자체가 내담자 자신에게 유해한 결과들을 가져온다는 것을 깨닫게 한다.

넷째, 발견적 논박이다. 내담자가 이전에 겪었던 일련의 상황 속에서 비합리적 사고로 행동한 것과 그로 인해 이득을 얻은 적이 있었다는 것을 깨닫도록 돕는 것이다.

다섯째, 합리적인 대안을 자극하는 논박이다. 내담자가 자신의 비합리적인 신념을 위한 합리적인 대안을 자신에게 말함으로써 심리적 고통을 감소시키고 바람직한 정서와 행동을 증가시키는 경험을 하게 할 수 있다.

또한 다음과 같은 네 가지 논박 방식이 있다. 첫째, 교훈적 논박이다. 가장 단순하고 직설적인 접근이다. 둘째, 소크라테스식 논박이다. 내담자와 협력해서 탐색하고 발견해 나가는 것이다. 셋째, 비유적 논박이다. 비유의 형태를 사용하여 의사소통할 수 있다. 넷째, 상담자의 개방을 통한 논박이다. 상담자가 자기를 개방함으로써 내담자에게 합리성과 비합리성의 모델을 제시할 수 있다(Nielsen, Johnson & Ellis, 2003, 155-159).[25]

자기를 비하하는 사람에게 다음과 같이 다섯 가지 전략과 논박 방식을 조합하여 논박하는 것을 〈표 4〉와 같이 설명할 수 있다(Nielsen, Johnson & Ellis, 2003, 182).

---

25) 해학적 논박도 있지만 이 부분은 논박을 잘못하면 오해의 소지를 불러일으킬 수 있어 여기서는 생략하였다.

〈표 4〉 자기 비하를 종교적 내용과 통합하여 논박하는 실례

논박 방식	논박 전략				
	논리적	경험적 증거	기능적	발견적/인지적 불일치	합리적 대안
교 훈 적	만약 당신이 하나님의 창조물이라면 자신에게 바보, 멍청이 등과 같이 모욕적인 표현들을 하는 것은 옳지 않다.	예수는 "지극히 작은 자 하나에게 한 것이 내게 한 것이라(마 25:40)" 말씀하셨다. 예수님이 모든 사람을 동등하게 여김을 알 수 있죠.	자신을 부정적으로 생각하면 당신은 하나님이나 교회가 더 싫어지고 십계명을 더 어기게 될 것이다.	예수를 부인한 베드로도 하나님이 용서하셨다. 그러므로 그런 용서를 자신에게도 공평하게 적용해보라.	베드로처럼 자신에게 다음과 같은 말을 계속 반복해보세요. "하나님께서 내게 지시하사 아무것도 속되거나 깨끗하지 않다 하지 말라(행 10:28)"
소 크 라 테 스 식	성경에 "모든 사람이 죄를 범하였으매 하나님의 영광에 이르지 못한다(롬 3:23)"고 쓰여 있는데, 어떻게 당신의 죄만 비난받아야 한다고 생각하는지요.	죄인에 대해 예수는 어떻게 말씀하셨는가? 잃은 양, 잃어버린 동전 혹은 탕자에 대한 누가복음 15장의 비유를 보면 인간의 가치에 대해 어떻게 표현하고 있는가?	당신이 자신을 비하하면 그것은 하나님과 당신에게 어떤 유익이 되는가? 그것이 다른 사람들을 위해 더 기도하게 하거나 회개하게 하는가?	"너희 중에 죄없는 자가 먼저 돌로 치라(요 8:7)"고 예수님이 말씀하신 것을 믿는다면 왜 자신을 그렇게 비하하는가?	당신이 선하지 않다거나 가치 없다는 비성경적인 생각 대신에 자신에게 말할 수 있는 더 진실하고 성경적으로 옳은 말은 어떤 것일까?
비 유 적	하나님께서 악한 사람도 사랑하셨는데 당신이 지은 죄 때문에 당신을 사랑하지 않는다는 것은 말이 되지 않죠.	성경은 목자는 잃은 양을 항상 찾는다고 강조하고 있다. 예수님의 눈에는 우리 모두가 소중하다.	지옥에 있는 사람이 자신을 비하하고 있다면, 뜨거운 데다가 자기 비하 때문에 더 고통스럽고 힘들 것이다.	탕자가 아버지의 재산을 탕진하고 죄로 가득찬 삶을 살았는데도 그 아버지는 여전히 그를 사랑했는데 이 일에 대해 어떤 생각이 드시는지요?	당신은 하나님에 의해 창조되었고 은혜로 구원받았는데 이것은 당신의 행동과는 전혀 상관없다.

치료자의 자기개방	하나님이 나를 사랑하신다는 것을 알게 된 후 나를 너무 낮은 수준의 인간으로 평가하는 것이 옳지 않다는 것을 받아들이게 되었습니다.	만약 내가 완벽하게 행동한다면 하나님의 눈에 더 가치 있게 보일 거라고 생각했는데 이런 생각을 지지하는 성경구절은 찾을 수 없었습니다.	선하지도 악하지도 않다는 구절(막10:18)은 나는 선한 일도 하고 악한 일도 하는 평범한 사람이라는 것을 일깨워 주었습니다.	어떤 일에 실패했을 때 내가 인간 이하의 존재라고 생각했는데 나를 위해 십자가에 돌아가신 예수님께서 나의 가치를 판단하시도록 했습니다.	자신을 비하하기 시작할 때 이 노래를 떠올리면 어떨까요? "예수 사랑하심은 거룩하신 말일세. 성경에 쓰셨네" 저는 이 찬양으로 극복했거든요.

3. 기독교 상담과 인지행동치료의 통합

기독교 상담과 인지행동치료의 통합을 위해 신학과 심리학의 통합을 먼저 살펴보고 그 둘의 공통점과 차이점을 비교해 보고자 한다.

1) 신학과 심리학의 통합

신학과 심리학은 서로 갈등하는 것이 아니라 서로 보완하는 관계를 가진다. 양자가 갈등하는 것은 경험적 사실에 관한 것이 아니라 경험에 앞선 원리나 전제와 관련되어 있다. 신학자나 심리학자는 동일한 사실을 본다. 그러나 양자는 이 사실을 수집하고 해석하고자 하는 전제가 다르다. 따라서 심리학이 행동주의나 실험주의의 관점에서 벗어나 인본주의 심리학자처럼 인간의 정서와 가치와 희망을 인정한다면 보다 넓은 관점을 수용하게 되는 것이며, 또한 인간의 차원을 넘어서는 신적인 초자연적 만남을 인정할 때 비로소 심리학은 가장 포괄적인 관점을 갖추게 될 것이다(김영한, 2000, 32).

신학과 심리학은 우리가 살고 있는 세계에 대한 견해(세계관), 인간의 행동이 자연법칙에 의해서 결정될 수 있는 정도, 인간의 본성, 윤리적 결정의 근거, 모든 진리의 원천 등에 대한 전제를 달리하고 있다(정동섭, 1996, 26-28). 그것을 비교하여 정리하면 〈표 5〉와 같다.

〈표 5〉 신학과 심리학의 차이

세계관	신본주의	자연주의
결정론	어떤 행동은 결정되기도 하나, 하나님과 인간이 행동의 변화를 자유롭게 관여할 수도 있다.	모든 행동은 자연법칙에 따라 결정된다.
인간의 본성	하나님이 인간을 변화시킬 수 있는 길을 마련해 주셨으나 인간은 나면서부터 죄인이다.	인간은 기본적으로 선하며 향상될 수 있다.
윤리	상황에 따라 어떤 도덕적 선택은 상대적일 수 있으나, 하나님께서 주신 선악의 기준은 절대적이다.	모든 도의적 선택은 상대적이다. 선악은 개인 및 문화적 상황에 좌우된다. 절대적 기준은 없다.
권위	성경에 계시 된 신적인 계시만이 으뜸이며, 과학적 발견과 방법은 이차적 중요성을 지닌다.	과학적인 방법과 발견만이 으뜸이다.

신학과 심리학의 통합을 위한 움직임은 1920년대 후반에 발전한 목회 심리학과 기독교상담학이다. 이 분야의 기독교 심리학자는 하나님의 계시와 과학의 참된 사실 사이에 모순이 있을 수 없다고 믿기에, 교회 지도자가 성령의 인도하심을 구하는 가운데 심리학을 사용하면 가치 있는 도구가 될 수 있다고 보았다(정동섭, 1996, 38-39).

특히, 투르니어는 과학적인 심리학을 부정하지 않으면서 초월적인 차원을 향하여 열린 심리학을 제시하였다. 하나님의 창조와 섭리 안에서는 모든 것이 조화와 통일이 이루어지며[26] 이 양자를 통합하는 것은 하나님이시다.

---

26) 통합론자들은 존 D. 카터(John D. Carter)와 부르스 네러모어(Bruce Narramore), 게리 콜

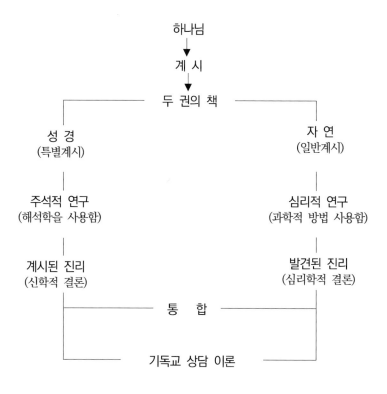

하나님
↓
계 시

두 권의 책

성 경   자 연
(특별계시)   (일반계시)

주석적 연구   심리적 연구
(해석학을 사용함)   (과학적 방법 사용함)

계시된 진리   발견된 진리
(신학적 결론)   (심리학적 결론)

통 합

기독교 상담 이론

[그림 11] 기독교와 심리학의 통합(Crabb, 1993, 54)

위의 [그림 11]에서 볼 수 있는 것처럼 하나님께서는 존재하시고 모든 진리
는 그분으로부터 성경을 통해서(특별계시), 또는 자연을 통해서(일반계시) 주어진
다. 인간은 그 진리를 깨달아야 하는데, 그것은 신학(성경에 대한 체계적인 연구와
해석)과 실험, 관찰, 논리적 추론, 여러 가지 인문학을 포함하는 넓은 의미의 과
학(우리가 살고 있는 세계에 대한 체계적인 연구와 해석)을 통해서 주어진다. 그러나 성
경계시와 자연계시에 있어 성경계시가 더 높은 우선권을 가진다(Collins, 1996,

린스, 로렌스 크랩, 폴 투르니어, 모리스 와그너(Maurice Wagner), 워렌 허드(Warren Heard,
Jr.), 스탠톤 존스(Stanton Jones), 빌 톰슨(Bill Thompson), 데이비드 흄(David Hulme), 윌리
암 커완(William Kirwan) 등이 있다. 국내 기독교 정신의학자 가운데는 이만홍, 최영민, 이성훈 등
이 있다. 이들은 '내담자의 독특한 필요들과 생활상의 문제 전반에 있어서 개방적이며, 종합적이고, 융
통성이 있으며, 절충적인 시도가 필수적'이라고 주장한다.

169-170). 만약 우리가 하나님께서는 존재하시며 모든 진리의 원천이 되신다는 사실을 받아들인다면 우리는 그분이 자기 자신과 모순되지 않는다는 점을 인정해야만 한다.

그러므로 특별계시를 통해서 주어진 진리와 일반계시의 진리는 서로 모순될 수 없다. 따라서 기독교 상담자는 이 두 지식의 본체를 조화시키려고 노력해야만 한다. 그리고 자료를 곡해하거나 사실을 강요하는 것이 아니라 더욱 명확하고 분명한 자료를 획득하기 위해서 더 많이 연구하고 노력해야 한다(Collins, 1996, 172-173). 결국 심리학과 기독교는 분열이 아니라 온전한 진리의 발견을 위해 서로가 필요한 것이다. 여기에 기독교와 심리학의 통합적 근거가 모색되기 시작한다. [그림 11]은 이 둘의 통합 가능성을 보여 주고 있다.

2) 기독교 상담과 인지행동치료의 비교

기독교 상담과 일반 상담의 공통점과 차이점이 무엇인지 살펴보면 다음과 같다. 양자의 공통점은 양자 모두가 그 대상이 같으며 상담 원리와 실제가 거의 비슷하다는 것이다. 일반 상담은 일차원적으로 인간의 내면 또는 횡적인 관계에 해당되는 문제들을 상담과 치료의 대상으로 삼는다. 즉 수평적인 심리적 병리현상, 증후군(Syndromes)들을 상담과 치료의 대상으로 하면서 수직적인 인간의 종교 욕구에 대해서는 배제하는 것이다.

그러나 기독교 상담은 일반적 상담 분야를 수용하면서도 인간의 종교적인 관계까지 그 치료의 대상으로 하는 것이 특징이다. 기독교 상담자는 수평적 증후군을 치료하는 데 있어서도 내담자의 종교자원을 상담자원에 적용할 수 있는 능력과 기술을 가진 전문가인 것이다(심상권, 1999).

〈표 6〉 기독교 상담과 일반 상담 비교

	상담 대상과 내용	
	수평적 문제	수직적 문제
기독교 상담	인간관계의 문제 및 병리현상	실존적 문제 및 종교현상
일반 상담	인간관계의 문제 및 병리현상	다룰 수 없음

　　기독교 상담의 과제는 기독교인의 비합리적인 자기 이해, 비논리적인 세계관, 미래에 대한 역기능적인 견해를 수정하는 데에 그치지 않는다. 더 나아가 내담자가 하나님의 존재를 인정하고, 그분의 사랑하심과 널리 참으심에 신뢰와 순종으로 응답케 한다. 그리하여 내담자가 이제껏 갖고 있던 부정적 사고의 틀에서 돌이키고 성령의 끊임없는 권고하심에 의지하여 자신의 사고를 신앙 안에서 다시 수정하도록 훈련하는 것이다. 즉 기독교 세계관으로 자신의 신념과 사고를 재정립하는 것이다.

　　다음의 〈표 7〉은 일반상담 중에서 기독교 상담과 비슷한 접근을 하고 있는 인지행동치료를 그 기준이나 욕구, 초점을 중심으로 비교한 것이다.

〈표 7〉 기독교 상담과 인지행동치료

	기독교 상담	인지행동치료
기준	하나님의 절대적인 기준과 뜻에 따르며 상담자 개인의 가치나 기준에 합리성의 근거를 두지 않는다.	합리적 신념의 근거와 기준이 분명하지 않아서 상담자의 판단이 중요하며 그것이 옳은지 그른지의 본질적인 문제를 안고 있다.
욕구	신자는 하나님이 나에게 필요한 모든 것을 주셨다는 풍성한 시각과 나그네 의식, 청지기 사상을 가지고 삶 속에서 진정한 감사의 삶을 살려고 노력하는 존재다.	자신의 필요를 채우기 위해 무엇이 있어야 한다는 욕구 신념이 있으나 인간의 잘못된 이기적인 욕구에 대해 아무런 한계를 지어 주지 않는다.

초점	영성 중심의 사고의 변화를 강조하면서도 내담자의 감정, 사고, 행동의 전인적 변화에 초점을 둔다.	내담자의 생각이 초점이 되며 사고의 변화를 통해 감정의 변화를 이루게 한다. 그러므로 내담자가 변화를 거부하거나 갈등이 있을 때는 효과가 일어나지 않는다.

〈표 7〉에 나타난 바와 같이 기독교 상담과 인지행동치료는 여러 차이점이 있으나 둘 다 잘못된 사고를 바꾸어 올바른 사고를 하게 함으로써 삶을 변화시킨다는 점에서는 같은 입장을 취하고 있다. 따라서 기독교 상담은 인지행동치료의 기법을 활용하여 신앙에 근거한 성경적 사고로 사고의 방향을 전환하도록 자극하는 것이라고 할 수 있다.

이렇게 인지행동치료 기법과 기독교 상담을 결합할 때 훌륭한 치료적 분위기를 제공해 줄 수 있다. 즉 인지행동치료가 내담자에게 치료절차에 대한 이론적 근거를 제시하고, 자기 각성을 독려하여 보다 유연하고 생산적으로 사고하는 방법을 가르쳐 줌으로써 치료를 위한 기독교와의 연합 전선에 크게 기여하게 되는 것이다.

또한 기독교 상담과 인지행동치료는 사람들이 주로 생각하는 주제에 있어 다음과 같은 차이점이 있다.

〈표 8〉 주제에 따른 기독교 상담과 인지행동치료 차이

	인지 치료	기독교 상담
자기 조절	즉각적인 만족을 얻고자 하는 것은 쉽게 훈련될 수 없기에, 그런 욕구들을 포기하고 매일의 생활에서 즐거움을 찾고 능숙한 방법으로 평생의 행복을 추구해야 한다.	하나님은 우리에게 어느 정도의 자유 의지와 자신을 존중할 수 있는 능력과 제어할 수 있는 힘을 주셨으므로 하나님의 도움으로 우리 자신을 훈련시킬 수 있다.
자기 수용	나는 무조건적인 자기 수용을 할 수 있고 나를 '좋은 사람'으로 간주할 수 있다. 왜냐하면 나는 살아있는 인간이기 때문이다.	하나님은 자비로우셔서 죄인인 나를 항상 용서해 주시며 더 이상 죄를 짓지 말라고 하신다. 하나님은 죄는 용납하지 않지만 죄인들은 받아들이신다.
인내	최악의 상황이라 해도 매우 불편할 따름이다. 두렵고 무서워할 것은 없다.	하나님의 도움으로 나는 최악의 스트레스를 극복할 수 있다.
타인 수용	모든 인간에게는 오류가 있을 수 있다. 나는 사람들이 실수할 수 있고 잘못된 행동을 할 수도 있다는 것을 받아들인다.	하나님께서는 나에게 네 원수를 사랑하고 선을 행하며 그를 위해 기도하라고 한다. 그리고 자비로운 자에게 복이 있다고 하신다.
성취	나는 일을 잘 처리하고 나에게 중요한 사람들에게 인정 받기를 좋아한다. 하지만 그것이 결코 내가 가치 있는 사람이라고 인정받기 위한 것은 아니다.	나는 하나님의 자녀이다. 하나님께 순종하고 헌신하는 것은 바람직하지만, 만약 주목할 만한 성취를 못했다 해도 나는 가치 있는 사람이다.
승인과 사랑 욕구	내가 중요한 사람에게 사랑받고 좋은 대인 관계 기술을 가지고 있으면 좋은 일이지만, 내가 그렇지 못하다 해도 나 자신을 수용하고 즐겁게 살 수 있다.	만약 온 세상을 얻고도 나의 영혼을 잃는다면 무슨 소용이 있겠나? 하나님이 나를 조건 없이 사랑하기 때문에 나는 타인의 사랑이나 승인에 흔들릴 필요가 없다.
책임감	어려운 일을 처리하고 책임을 진다는 것은 힘들지만, 그것을 무시하고 방치하면 결국 더 힘들게 된다.	하나님은 어려움과 책임을 져야 하는 일에 직면하면, 그것을 해결할 수 있는 길로 인도하신다.
의존	포용력 있고 신앙적인 사람들에게 위안을 받으면 좋지만, 의존할 필요는 없고 정신적 위안을 위해 나보다 강한 누군가를 찾을 필요는 없다.	나는 스스로를 도울 뿐 아니라 돌볼 수 있는 능력을 가지고 있으며, 또한 위로와 도움을 주실 하나님이 계신다.

과거의 교훈	나의 과거가 열악하고 왜곡되었더라도, 지금 나의 예전 생각, 감정 및 행동들을 변화시킬 수 있다.	내가 하나님과 하나가 될 때 새로운 삶을 살 수 있다. 이제 옛것은 지나갔으며, 새 삶을 선택하자.
삶의 위기 수용	인생이란 많은 위험, 불안 및 고통을 포함하고 있지만 그것들을 걱정할 필요는 없다.	하나님은 나와 함께 있고 위험과 불안 및 고통들을 어떻게 다루어야 할지 알려 준다.
불완전 함	나는 잘하려고 노력하지만 완벽하게 해야 한다고 생각하지는 않는다. 나의 불완전함을 수용하면서 최선을 다하겠다.	하나님은 나에게 완벽하게 되라고 강요하지 않는다. 완전하신 분은 오직 하나님 한분이시다. 나는 완벽보다는 탁월한 삶을 살 것이다.
심리적 혼란	불안과 우울 같은 혼란스런 감정들은 매우 불편하지만 그것이 두렵게 하거나 멍청한 사람으로 만드는 것은 아니다.	하나님은 불안 혹은 우울과 같은 혼란스러운 감정과 함께 나를 받아 주시고 문제를 성공적으로 해결할 수 있도록 도움을 주신다.

그리고 실제 상담에서는 다음과 같은 차이가 있다.

첫째, 기독교 상담은 영적인 부분까지도 다루며 이것의 해결을 위해 성령의 인도를 중요하게 생각한다. 성경에서 '마음(생각)을 새롭게 하는 것'(롬 12:1-2)은 인지행동치료에서 말하는 인지재구성과 같은 개념이지만 성경적 상담은 인지재구성의 과정을 이끄는 주체로서 상담자와 내담자 외에 제3의 주체로서 성령을 포함하고 있다. 이것은 성령의 인도하심을 통해 핵심 신념을 바꾸어 하나님의 생각에 따라가게 하는 것을 말한다.

일반 심리치료처럼 기독교 상담도 상담자와 내담자의 양자 관계를 통하여 상담을 진행한다. 그러나 신앙적 사고를 통한 상담은 성령이 권위와 능력의 원천이 되어서 상담에 적극적으로 개입하는 것을 중요하게 생각한다. 성령은 보이지 않게 도움으로써 회복과 치료를 경험하게 하기에, 상담에서 역동적인 능력을 나타내는 제삼자이다. 성령의 이러한 적극적인 개입과 치료는 상담자를 통하여 내담자의 왜곡된 사고를 점진적으로 변화시킬 수 있다.

둘째, 기독교 상담은 내담자가 이 세상의 문제에만 초점을 두지 않고 하나님 나라에 대해 응답하도록 한다. 즉 내담자가 당면한 문제들을 해결하는 것에만 초점을 두지 않고 더 나아가 인간의 내면 깊은 곳에서 떠오르는 죄와 죽음의 문제를 해결하는 것에 중점을 둔다. 그리하여 미성숙한 인간으로 하여금 자신의 아픔을 통해 그리스도의 고난을 경험하여 성숙의 경지로 나아가게 한다.

셋째, 기독교 상담은 인간으로 하여금 자신의 죄에 직면함으로써 죄를 용서받을 수 있음을 깨닫게 한다. 또한 이제까지 왜곡된 가치관과 왜곡된 하나님 이해로 인해 하나님과 세상에 대해 원망하고 좌절하던 상태에서 올바른 하나님을 알게 함으로써 소망의 삶을 살도록 한다(김예식, 1998, 198-199).

따라서 기독교 상담은 영적 소외, 신체 질병으로 인한 소외, 사회관계 속에서의 소외를 경험하는 내담자로 하여금 바른 하나님관(觀)과 자아상을 정립하는 데 중요한 역할을 할 수 있도록 한다.

3장 인격 장애

이 장에서 인격장애의 정의와 인격장애의 원인을 알아보고 DSM-5에 근거한 인격장애의 분류와 그 치료 방법을 고찰하여 제시하고자 한다.

1. 인격의 정의

투르니어는 인간에게는 '가면적 인격'(Personage)과 '인격'(Person)이 있다고 가정하였다.[27] 전자는 인격 중 세상에 보여 주는 부분으로 자신의 진면목을 숨기고 주변 사람들에게 가장 좋은 이미지를 부각시키기 위해서 쓰고 있는 보호 가면이며(Collins, 1998, 63). 후자는 가면적 인격 뒤에 숨어 있는 은밀하고 진실된 모습이라고 하였다. 이 둘은 서로 분명히 다르며 구별되지만 동시에 불가분의 관계에 있다. 인격 개념은 이처럼 두 가지로 구분이 된다(Collins, 1998, 64). 이 중 가면적 인격은 보통 성격이라고 부르는데 필자는 이 가면적 인격을 일차적 인격으로, 내면적 인격을 이차적 인격으로 부르겠다.

인격의 일차적 의미인 가면적 인격은 겉으로 드러나는 그 사람의 모습으로서 인격의 기초다(심수명, 2019, 22). 인간이 사회화되어가는 첫 과정에서 배변훈련을 시키는 이유는 타인이 싫어할 만한 부분들을 적절히 포장할 수 있는 능력을 기르도록 하기 위한 것이다. 그래서 가면적 인격을 갖춘 사람은 타인에게 피해를 주지 않으면서 발달 단계에 따라 자신에게 주어진 역할을 적절히 수행할 수 있다. 그리고 다른 사람과 적절한 경계선을 지키면서 피해를 줄 만한 행동을 삼가고 자신에게 주어진 일은 기본적으로 해낼 수 있는 능력을 갖추며 살아간다. 또한 타인을 배려하는 태도를 가지고 있다. 이것은 인간관계에서 기본적으로 지켜야 하는 삶의 도리이기 때문에 일차적 인격이라고 하는 것이다.

이차적 인격인 내면적 인격은 자신의 내면에 숨겨져 있는, 겉으로 드러나지 않는 그 사람의 성품이다(심수명, 2019, 23). 내면적 인격이 잘 갖추어져 있는 사

---

27) 저자는 가면적 인격과 내면적 인격 외에도 관계적 인격이 있다고 생각하고 연구하여 발표하였다. 인격의 개념에 있어서 가면적 인격, 내면적 인격 외에도 사람과 사람 사이의 관계에서 필요한 인격을 관계적 인격이라 한다. 관계적 인격은 다른 사람과 관계를 맺는 방식이 어떠한가를 의미한다. 인격적인 사람은 다른 사람과 관계를 맺을 때도 상대방에게 좋은 영향을 주고 상대방을 행복하고 기쁘게 해 주는 능력이 있다(자세한 내용은 저자의 저서 『상담목회』 중 3부 상담목회의 요소(151-223)를 참고 바람).

람은 성품이나 됨됨이가 믿을만하다. 그러나 기독교적 인간관에 비추어 볼 때 인간의 본성은 죄로 인해 부패되고 타락되어있기에 내면적 인격이 아름다운 사람은 없다. 그래서 사도 바울은 자신을 죄인 중에 괴수(딤전 1:15)라고 말하면서 자신의 내면을 숨기지 않고 드러내었는데 이는 자신의 내면이 부족함과 죄성으로 가득 찼음을 토로하면서 하나님의 은혜를 갈망하는 것이다. 이처럼 내면적인 인격은 인격의 본질로서 자기를 그럴듯하게 가장하는 것이 아니라 자기의 내면의 모습 그대로를 의미하는 것이다.

이때 기독교인은 자신의 내면에 선하고 아름다운 것이 없으며 오직 성령님의 은혜가 있어야만 거룩하고 성숙한 인격이 될 수 있다고 믿는다. 그래서 상황에 따라 적절하게 자신의 부족을 노출할 수 있는 인격이 내면적 인격의 수준이라고 할 수 있다. 뿐만 아니라 더욱 더 하나님을 사모하면서 하나님의 은혜로 성령이 충만할 때 사랑과 희락과 화평과 오래 참음과 자비와 양선과 충성과 온유와 절제 등의 성품을 갖출 수 있게 된다(갈 5:22-23). 인간의 본성은 죄를 지을 수밖에 없는 연약한 존재임을 인정하며 날마다 겸손하게 회개하며 나아가야 한다.

2. 인격장애의 정의

인격장애란 경직되거나 주변 환경에 잘 적응하지 못하는 인격적 특성이 심각한 기능 장애나 주관적인 고통을 유발하는 경우를 가리키는 말이다(American Psychiatric Association, 2013, 808). 즉 어떤 사람의 행동이 파괴적이고 위협적이며, 환경에 잘 적응하지 못하거나 비정상적이라고 판단될 때 그를 '성격장애' 또는 '인격장애'가 있다고 한다(Davison & Neal, 2000, 22).

이러한 인격장애는 대부분 어렸을 때부터 조금씩 형성되어 만성적인 양상을 보이는 것이 보통이며, 치유가 쉽지 않다. 인간의 인격은 변하기 어려운 특성을 가지고 있는데 특별히 인격장애자들은 현실과 동떨어진 방식으로 자신이나 타인을 바라보는 것을 고집하며, 부정적인 결과를 가져옴에도 불구하고 바꾸지 않는 부적절한 사고나 행동 패턴을 가지고 있으며, 본인의 행동으로 인해 괴로워하거나 제대로 된 생활을 할 수 없다는 특징이 있다. 또한 이들은 통찰력이 부족하고 미래적 시각도 부족하여, 배우려는 자세도 적은 특징을 가지고 있다. '배우려 하지 않는 자세'는 갑자기 생긴 것이 아니라 오랜 기간을 거쳐서 형성된 것이다(Oates, 2000, 174-175). 따라서 인격장애가 있는 사람들은 스트레스나 상황의 변화에 대해 부적응적인 반응을 보인다.

일하고 사랑하는 능력이 부족하여 자신의 직업이나 대인관계에서 심각한 문제를 드러내는 것이 보통이며 타인에 대한 배려나 이해심이 없어 대체로 관계 맺는 사람을 화나게 만들며 결국 '관계 악화'라는 악순환이 되풀이된다(민성길, 1998, 233). 이러한 인격장애는 주로 청소년기 또는 성인기 초기에 시작되며, 시간이 지나도 변하지 않고, 이로 인하여 고통과 장애가 초래된다(APA, 2013, 807). 이들의 인격장애는 깊이 체질화되어 있고, 확고하여 융통성이 없기 때문에 자신과 환경에 대해 지각하거나 관계 맺음에 있어 비적응적 양상을 보인다.[28]

DSM-5에서는 인격장애의 일반적 진단 기준을 〈표 9〉와 같이 제시한다(APA, 2013, 646-647). 인격장애의 핵심 양상은 개인이 속한 사회의 문화적 기대로부터 심하게 벗어난, 지속적인(고정된) 내적 경험과 행동 양식이며 위의 영역 중 적어도 2가지 이상의 영역에서 나타난다. 이러한 인격장애의 진단은 개인의 장기적인 기능 양식을 평가해야 하는데, 특정한 인격 양상이 성인기 초기까지 분명히 드러나야 한다.

또한 이들 장애를 특징짓는 인격 특성은 특정한 상황적 스트레스에 대한 반응이거나, 일시적인 정신 상태(예: 기분 또는 불안 장애, 물질 중독에 의한 상태)로 나타나는 특성과 구별되어야 한다. 인격 특성이 세월이 흘러도 변하지 않고, 상황에 따라서 변하지 않는 지속성으로 나타나는지를 평가해야 한다. 때로는 단 한

---

28) 인격장애가 있는 사람들은 자신 뿐 아니라 다른 사람에게 고통과 해를 입히곤 한다. 그런 사람들을 대하다 보면 주변 사람은 격분하거나 깊은 우울증에 빠질 수 있다. 그래서 관계를 오래하다 보면 관계하는 사람도 문제에 빠지는 경향이 있다.

번의 면담으로 진단을 내리기에 충분할 때도 있지만, 대개는 시간 간격을 두고 한 번 이상 면담을 실시하는 것이 꼭 필요하다.

〈표 9〉 일반적 인격장애의 DSM-5 진단 기준

A	개인이 속한 사회의 문화적 기대에서 심하게 벗어난, 지속적인 내적 경험과 행동 양식이다. 이 양식은 다음 영역 가운데 2개(혹은 그 이상) 영역에서 나타난다.
	(1) 인지(예: 자신과 다른 사람 및 사건을 지각하고 해석하는 방식) (2) 정동(예: 정서 반응의 범위, 강도, 불안전성 그리고 적절성) (3) 대인관계 기능 (4) 충동조절
B	고정된 행동 양식이 융통성 없고, 개인 생활과 사회생활 전반에 넓게 퍼져있다.
C	고정된 행동 양식이 사회적, 직업적 그리고 다른 중요한 영역에서 임상적으로 심각한 고통이나 기능 장애를 초래한다.
D	양식이 변하지 않고 오랜 기간 지속되어 왔으며, 발생 시기는 적어도 청소년기나 성인기 초기로 거슬러 올라갈 수 있다.
E	고정된 행동 양식을 다른 정신장애의 증상이나 결과로 설명할 수 없다.
F	고정된 행동 양식이 물질(예: 남용 약물, 치료 약물) 혹은 일반적인 의학적 상태(예: 두부 외상)의 직접적 생리적 효과로 인한 것이 아니어야 한다.

그럼에도 불구하고 인격장애는 인격장애 진단 수준에는 미치지 않지만 인격적인 문제를 가지고 있는 인격 특성과는 구별되어야만 한다. 이러한 인격 특성이 인격장애로 진단되려면 인격 특성이 경직되고, 부적응적이며, 지속적이어서 심각한 기능장애나 주관적 고통을 일으키는 경우에 해당해야 한다. 따라서 필자는 인격장애까지는 아니지만 지속적으로 방치할 때 인격장애를 유발할 수 있는 인격의 문제를 가진 그리스도인들을 돕고자 하는 것이다. 예를 들어 인격장애 중 심각한 경향에 속하는 편집성도 그 정도에 따라 약간의 차이가 있는데, 정리하면 다음과 같다(이훈진, 이명원, 2000, 64).

〈표 10〉 편집 성향의 심각성에 따른 인지적 차이

심각도		인지적 차이
심하지 않은	정상인	의심스러운 문제가 있을 때 의심함.
중간 정도로 심한	편집 성향 인격	의심하는 인지 스타일을 가짐.
	편집성 인격장애	의심하는 인지 스타일. 이로 인해 시간적, 경제적으로 손해를 봄. 이 단계에서 망상은 없음. 현실 검증력은 정상적임.
	편집(망상) 장애	지속적으로 만성화된 망상체계를 보임. 6개월 이내로 지속되며, 만성화되는 경우는 많지 않음.
매우 심한	정신분열증, 망상(편집)형	단편적이고 비체계적인 망상을 보임. 환각이나 사고 장애가 동반됨. 현실 왜곡이 심함.

위의 경우에 나타나듯이 편집 성향이 심하지 않은 정상인과 중간 정도로 심한 편집성 인격 특성은 인격 치유의 대상으로 보아야 할 것이다. 그래야만 이들이 매우 심한 인격장애자로 발전되지 않을 것이다.

여러 유형의 인격장애를 연구하면서 각각의 장애의 독특한 특성을 알려면 '그들이 행동하는 중심축이 무엇인가'를 살펴보아야 한다. 예를 들면, 의존성의 사람은 다른 사람들의 지시나 훈계에 따라 움직인다. 자기애성 사람은 자기만을 위한 욕심이나 화려한 자화상을 충족시키는 경우에 움직인다. 강박성 인물은 사소한 일에도 자신의 '불필요한 양심'을 중심축으로 삼고 행동하며 살아간다. 사람이 사는 동안 그가 사용하는 에너지의 중심축에 무엇인가 잘못된 특성이 있을 때, 우리는 그 사람이 인격장애를 가졌다고 일반화시켜 말할 수 있다. 이들을 건강한 사람으로 치유하려면, 먼저 이들의 중심축이 무엇인지, 그 특성을 살펴보아야 한다(Oates, 2000, 180).

3. 인격장애의 원인

인격장애[29]는 크게 A집단(편집성, 분열성, 분열형), B집단(히스테리-연극성, 자기애성, 반사회성, 경계선) 그리고 C집단(강박성, 의존성, 회피성)으로 나눈다. 그리고 인격장애의 원인은 대체로 생물학적 요인, 환경 요인, 발달학적 요인으로 나눈다.

1) 생물학적 요인

생물학적 요인으로는 유전적 요인과 체질이 주된 요인으로 작용한다. A집단(편집성, 분열성, 분열형) 인격장애 중에서 특히 분열형 인격장애 환자의 가족 중에 정신분열증이 많다. B집단(히스테리성, 자기애적, 반사회적, 경계선형)의 가족 중에는 반사회적 인격장애와 알코올 중독이 많고, 경계선 인격장애의 가족 중에는 기분 장애(우울증)가 많다. 또한 히스테리성 인격장애는 신체화 장애와 관련이 높다. C집단(강박성, 의존성, 회피성) 중 강박 성향은 특히 우울과 관련이 있으며, 회피성 인격장애자는 불안 성향이 높다.

어릴 때의 기질도 성인의 인격장애와 관련이 있는데, 예를 들어 어려서 공포심이 많았던 사람은 회피성 인격을 가질 수 있고, 경미한 신경학적 증후가 있

---

29) 인격장애를 유형과 특징에 따라 요약하면 다음과 같다.

분류		유형	특징
A군	괴이함 엉뚱함	편집성(paranoid)	(망상적) 불안, 의심
		분열성(schizoid)	비사교적, 고립된 존재
		분열형(schizotypal)	관계가 가까워지면 심한 불안감
B군	극적, 감정적	반사회성(antisocial)	적대공격성
		경계선(borderline)	불안정함, 충동적임
		연극성(histrionic)	사교적, 배우형
		자기애성(narcissistic)	자기중심적 갈망이 큼
C군	불안, 두려움	회피성(avoidant)	부적합함, 부정적 평가에 민감
		의존성(dependent)	복종적, 순응적
		강박성(obsessive-compulsive)	지나친 양심, 완벽성, 통제욕구

던 사람은 나중에 반사회적 및 경계선 인격장애가 되기 쉽다. 이렇듯 유전적 요인과 체질적인 요인이 인격장애에 영향을 준다(민성길, 1998, 288).

2) 환경 요인

환경요인으로 가족과 관련된 사회 문화적인 요인이 주된 요인으로 작용하는데 인격, 장애는 역기능적 가족 관계에서 많이 나타나는 경향이 있다. 또한 어린이의 기질과 부모의 양육 방식이 조화되지 않으면 문제가 생기기 쉽다. 예를 들어 아이를 불안정한 엄마가 키우면 안정된 엄마가 키울 때에 비해 더 많은 인격 문제가 발생한다. 부부간의 갈등이 심하고 자녀 교육 방식이 변덕스러울 때, 자녀들이 인격장애를 일으키는 경우가 더 많다(원호택, 권석만, 2000, 275). 공격성이 장려되는 문화에서는 편집성 및 반사회적 인격장애가 나타나기 쉽다. 물리적 환경도 문제가 될 수 있는데 밀폐된 환경, 과밀한 환경은 소아를 공격적이며 부산스럽게 만든다.[30)]

인격장애뿐만 아니라 다양한 심리적 장애를 이해하기 위해서는 유전적 측면, 신경체계의 역할, 인지 행동적, 정서적, 생애 발달적, 사회 문화적 영향과 사회 경제적 위치 등 모든 측면을 고려해야 한다. 더 나아가 이러한 다중적 차원들이 서로에게 어떤 영향을 미치고 어떻게 상호 작용하는지도 알아야 한다. 즉 심리장애의 원인에 대한 다차원적인 통합적 모델이 필요하다고 할 수 있다.

---

30) 이러한 예를 심리학자인 Milgram은 뉴욕 시에서의 첫 경험을 가위 눌림에 비유하고 있다. 거리에서 사람들에게 밀리고 급히 부딪치면서도 전혀 사과도 하지 않는 비인간적인 거리 풍경, 택시를 잡으려는 사람들의 실랑이가 전투를 방불케 하였다고 회상한다. 이런 상황이 어떤 사람에게는 이상 행동을 유발할 수 있다는 것이다. 또 다른 조사에 의하면 대도시에 거주하는 성인 남자 중에서 정신 분열증 발생률이 중소 도시에 비하여 38%나 더 높다는 보고가 있다. 이 경우 인구 이동이나 역기능 가정 등의 변인을 통제하여도 여전히 같은 결과를 나타냈다고 한다(원호택, 1997, 109).

3) 발달적 요인

인간은 생후 6년간의 초기 발달 단계에서 누구나 심리적으로 일종의 '자기'(自己)라는 체계를 구성하게 된다. 이때 자기란 현실에서 삶을 경험하는 전체로서의 개인을 의미하며, 신체적·심리적인 조직화도 포함한다. 이러한 자기 체계가 인생 초기에 어떻게 형성되느냐에 따라 이후의 안정감, 자기가치감, 자기 신뢰감 등에 큰 영향을 준다. 이 시기에 발달상의 문제가 있으면 자기 체계상에 문제가 생겨서 성인이 되어서도 세상에 대해 객관적이고 합리적이며 현실적인 자세를 유지하기가 어렵고 너무 쉽게 마음의 상처를 받는다.[31]

현재까지 진행되어 온 많은 연구들에 따르면, 생후 6세 이전의 발달 초기에 아이를 보살펴 주는 사람이 아이와 신체적으로나 심리적으로 적절히 접촉해 주지 못할 때 아이는 내적으로 안정되고 응집된 자기 체계를 형성하기 어렵다고 본다. 적절히 접촉해 주지 못했다는 것은 아이를 돌봐 주는 엄마나 그 대리인이 없는 경우도 포함되지만, 있다고 하더라도 우울하거나 아파서 아이에 대해 제대로 신뢰롭게 반응해 주지 못하는 경우도 포함된다. 이처럼 일종의 상실 혹은 '모성 결핍'을 겪은 아이들은 내적인 자기 체계를 제대로 형성하지 못하기 때문에 여러 가지 심리적인 문제들을 일으킬 수 있다(김정욱, 한수정, 2000, 97-98)

4. 인격장애의 분류와 특징

인격장애의 분류에 따라 특징을 살펴보면 다음과 같다.[32]

---

31) 프로이트(Sigmund Freud)는 인격 성향을 충동과 환경 사이의 상호 작용의 결과로, 그리고 정신 사회적 발달 단계 중 어느 한 단계에 고착된 결과로 보았다. 그리하여 그는 구강적 인격(수동적, 의존적, 과도히 먹거나 물질 남용 성향), 항문적 인격(세심, 인색, 정확성, 완고성), 강박성 인격(완고, 강한 초자아), 자기애적 인격(공격적, 자기 위주)을 구분하여 기술하였다(민성길, 1998, 289).

1) 편집성 인격장애

편집성 사람들은 의존하는 것을 싫어한다. 그 이유는 그들이 어느 누구도 믿지 못하기 때문이기도 하지만, 그들에게는 그러한 행동이 약하고 열등하다는 것을 의미하기 때문이다. 다른 사람에게 기댄다는 것은 배신당할 위험에 자신을 개방하는 것이며, 도움이 가장 필요할 때 도망쳐버릴 사람에게 의지하는 것이 된다. 다른 사람들에게 믿음을 주는 것보다 자신의 통제권과 자율성을 지키는 것이 그들에겐 훨씬 더 중요한 문제인 것이다.

편집성 인격장애는 타인의 행동이 악의에 가득 찬 동기를 가지고 있다고 해석하는 등 불신과 의심이 생활 전반에 퍼져 있는 것이다. 이들이 두려워하는 것은 속임수와 배신이다. 따라서 공격적이 되고 자신을 핍박하는 것에 대해 다른 사람들을 비난하며, 과대하게 포장된 자신의 장점들과 우월성을 내세우며 자신을 추켜세운다(이훈진, 이명원, 2000, 41-42). 그러므로 이들은 자만심에 차 있고, 다른 사람들이 자기를 해치려 한다고 의심하며, 대부분의 사람이 부당하게 성공했다고 생각하기에 세상에 대한 적개심을 가진다. 때로는 열정적이고 야심도 있고 능력도 있으며, 어떤 일을 매우 예리하게 관찰하는 사람처럼 보이기도 한다. 자신들이 성취한 일이라면 지극히 사소한 일임에도 불구하고 과장하여 거대한 일이나 성취한 것처럼 자랑을 해대며 자만심을 나타낸다. 다른 사람을 신뢰하지 못하기 때문에 다투게 되고 화를 잘 내며 마음속에는 시기와 질투가 있다.

편집성 인격장애의 특징 및 태도를 양상에 따라 구분하여 정리하면 〈표 11〉과 같다(Litchfield & Litchfield, 2002c, 140-141; Oates, 162-166; APA, 813-818).
〈표 11〉 편집성 인격장애의 특징과 태도

---

32) 각각의 인격장애의 특성 및 태도에 대해서는 Bruce Litchfield & Nellie Litchfield의 "Christian Counselling & Family Therapy", Wayne Oates의. "Behind the Masks", 그리고 American Psychiatric Association의 DSM-5를 참고하여 필자가 다시 정리하였다.

구분/양상	특징 및 태도
행동: 방어적	긴장되고 방어적인 모습. 눈은 고정되어 있고 날카롭게 초점이 맞추어져 있음. 악의나 속임. 비판을 예측하기 위해서 주변을 경계하고 조심함. 어떤 외부의 지배나 영향에도 고집스럽게 저항. 짜증과 지나치게 경계하는 행동을 보임.
대인관계: 화나게 자극함	원한을 잘 품고 말다툼과 논쟁을 잘하는 편. 다른 사람의 감정을 격화시키며 좌절감과 분노를 느끼도록 자극함. 깊은 적개심을 갖고 있음. '잘 해낸' 사람들을 향해 질투심을 가짐. 모든 사소한 거절에도 과거의 불공평을 연상. 운명에 대한 환상이 있고 그 이면에는 두려움과 격노가 있음.
인지유형: 의심 많음	의심이 많음. 회의적이고 냉소적이며 다른 사람들의 동기를 잘 믿지 못함. 단순한 사건도 은밀한 음모나 의도가 있는 것처럼 심각하게 해석하며 숨겨진 의미를 찾아내려고 함. 자신의 신념을 합리화할 수 있는 모든 세부 사항을 기꺼이 탐색하려고 함.
자아상: 지나친 자만심	자기를 과시하고 자신을 중요시하는 개념을 집요하게 갖고 있음. 종종 거드름 피우는 모습도 보임. 정체감과 자기 결정력을 잃어버리는 것에 대한 두려움이 큼. 자신을 이길 상대가 없다는 태도와 자만심을 보이는 편임.
대상표상: 고착적	내면화된 초기 관계의 표상은 제한되어 있고 고착되어 있음. 대상에 대한 특이한 집착을 갖고 있음. 편집성 인격의 확신과 자부심은 텅 빈 껍질이며 직면에 극도로 취약하고, 방어적인 겉모습은 실제적인 위협이나 공상 속의 위협에 의해 계속적으로 약화됨
방어기제: 투사, 환상	투사는 매우 특징적인 방어기제임. 통찰력이 상당히 결여되어 있음. 경계심이 과도하며 다른 사람들의 가장 사소한 결함들도 간파해 냄. 방어기제로 투사적 동일시도 사용함.
신축성: 없음	체계적으로 정돈된 이미지의 방어적 속성은 응집성이 없는 모습이라기보다는 오히려 지나치게 강요적이고 완고한 인격으로 나타남.
기분: 짜증	차갑고, 쉽게 언짢아하며 유머 감각이 없는 편임. 외적으로는 감정이 없고 객관적으로 보이는 편. 날카롭고 시기와 부러움이 많으며 외부의 반응을 사적인 공격으로 잘 받아들임. 부드러운 감정과 해리되는 특성이 있음. 까다롭고 잘 굽히지 않으며 다른 사람들이 겪는 어려움에 대해 민감하지 못함. 이전에 굴욕을 당했던 경험을 표면으로 끌어내어 현재의 적대감으로 쏟아놓음.

2) 분열성 인격장애

　분열성 인격장애는 광범위한 사회적 관계로부터 고립되는 양상과 감정 표현의 제한으로 나타난다. 그들은 다른 사람들과의 대화나 세상 이야기에 참여하는 것에는 흥미가 없으며 그것에 능숙하지도 않다. 칭찬을 해 주어도 별다른 반응을 보이지 않고, 입고 있는 옷이나 운전하는 차를 비난해도 반응을 보이지 않는다. 자신의 마음을 말로 표현하지 않고 표정이나 몸짓 등으로 말하기 때문에 비언어적 메시지에 주의해야 한다. 그들에겐 열정을 가질 만한 그 무엇도, 아무 생각도, 믿음도 없다(조성호, 2000b, 25). 인간관계와 세상 일에 참여하는 사람들이라기보다는 멀리 떨어져서 관찰하는 유형으로 '사회 속의 외딴섬'과도 같다.

　분열성 인격장애의 특징 및 태도를 정리하면 〈표 12〉와 같다(Litchfield & Litchfield, 2002c, 129; Oates, 136-146; APA, 818-822).

〈표 12〉 분열성 인격장애의 특징 및 태도

구분/양상	특징 및 태도
행동: 무감각	표현력 결핍. 에너지와 활기 없음. 말투 느리고 단조로움. 대인관계에서의 정서적 측면을 파악하지 못함. 모든 형태의 자극에 반응을 잘 보이지 않음. 분노 같은 감정을 거의 표현하지 않음. 감정적 마비.
대인관계: 이탈	대인관계에 무관심하고 동떨어져 있음. 혼자만의 활동 선호. 사물, 추상적인 것에 관심을 기울임. 사람에게 관심 없고 사회적 관계를 맺어야 할 상황에서 숨어버림. 대인간의 신호를 읽어 내거나 복잡한 대인관계 기술을 습득하지 못하는 경향이 있음. 자기 내면으로 깊이 숨음.
인지유형: 빈약	사고 과정 미진하고 빈약. 특히 사회생활과 사생활 영역에서 더욱 그러함. 의사소통은 빗나가며 주제를 벗어나고 말은 표면적임. 주의 집중 및 선택하는 능력 결여. 환경 지각하지 못함.
자동적 사고: 무관심한 외로움	나는 혼자 있는 것이 더 낫다. 나는 아무것도 하고 싶지 않다. 아무도 나를 간섭하지 말았으면 좋겠다. 다른 사람이 무엇을 하든 나와 아무런 상관이 없다. 사람들이란 언제든지 바꿀 수 있는 물건과 같다. 다른 사람들과 관계를

	맺으면 문제만 일으킨다. 주위 사람들만 없다면 인생은 별로 복잡하지 않을 것이다. 내 마음속은 텅 비어 있다. 나는 사회 속의 무리에 끼어들기에는 부적절한 사람이다. 나를 자극하고 흥분시킬 만한 일들은 세상에 없다.
자아상: 만족	자기만족적. 다른 사람의 삶이나 자기반성에 거의 관심 없음. 개인적인 감정이나 태도를 살피는 경향 없음. 자신에 대한 규정이 애매모호하고 표면적임.
대상표상: 미약	내면세계는 빈약함. 자아상의 발달이 미약하고 불안정하며 기억이 분명하지 않음(욕망, 충동, 갈등으로 인한 동요 거의 없음). 자극에 대한 정서적 반응 낮음. 내적 생명력은 외부의 모습과 같이 둔함.
방어기제: 지성화	자신의 경험을 기계적인 방식으로 묘사, 추상적인 것과 객관적 사실을 강조. 사건이 가져오는 정서적 영향을 거의 느끼기 어려움. 방어의 필요를 느끼지 못함.
자아상태: 미분화	내적 세계가 황폐되어 있고 흩어져 있음. 역동적인 면에서 활동력이 없음.
기분: 무감동	즐거움, 슬픔, 분노 등의 애정적 상태를 경험하는 능력 거의 없음.

3) 분열형 인격장애

　분열형 인격장애는 친밀한 대인관계에 대한 고통, 그러한 관계를 맺을 때 드러나는 사회적 대인관계의 손상, 인지적 지각 왜곡, 기이한 행동 등 광범위한 양상으로 표현된다. 분열형 인격장애를 가진 사람들의 생각이나 말과 행동은 특이하다 못해 기괴하고 이상하다. 감정 또한 상황에 부적절한 경우가 많다. 보통 사람들이 흔히 경험하지 못하는 이상한 감각이나 환상을 경험하기도 하며, 더러는 망상을 나타내기도 한다. 상황에 어울리지 않는 행동을 반복적으로 나타내 보이거나, 지저분한 외모와 복장 또는 화려하기는 하지만 구색과 상황에 맞지 않는 복장을 하기도 한다. 그리고 일반적으로 관습에 대해서 관심이 없어 보이고, 경우에 따라서는 이를 완전히 무시하는 것처럼 보이기도 한다(조성호, 2000b, 98-99). 이들의 가장 큰 적은 바로 자기 자신이어서 결혼, 직업 생활 등을 할 수 없으며 괴이한 속임수에 사로잡혀 있다. 예를 들면, "나는 오늘 내 손가락을 잘랐는데 하나님께서 자라게 해 주셨어요."라고 말한다(Oates, 2000, 166-167).

분열형 인격장애의 특징 및 태도를 요약, 정리하면 〈표 13〉과 같다(Litchfield & Litchfield, 2002c, 137-138; Oates, 166-168; APA, 822-828).

〈표 13〉 분열형 인격장애의 특징 및 태도

구분/ 양상	특징 및 태도
행동: 자기중심적	특별한 매너리즘 때문에 사회적으로 어울리지 못함. 이상한 옷차림을 하거나 종종 '개인적인 유니폼'을 선호, 고립되어 위축되어 있는 경향. 자신을 보호하기 위해 사회적으로 격리함.
대인관계: 비밀스러움	프리이버시와 고립을 선호함. 결코 활발하게 기능하지 않으며 일에서 중요한 자리에 있지 않는 편. 여기저기 비천한 단순직을 전전함. 자발성과 야망, 삶에 대한 흥미가 결여되어 있고 침착성과 의욕이 없음. 대화는 종종 기묘하거나 형이상학적인 주제로 흘러감.
인지유형: 해체됨	사고 조직 능력이 없으며 특히 대인관계에 대한 이해 능력이 없음. 다른 사람들의 사고, 감정, 행동에 관해 특이한 개념을 가지고 있음. 홀로 뒤로 물러나 심사숙고하고 자기 몰입이나 몽상에 빠지기도 함. 마술적 사고, 신체 망상, 기묘한 신념, 특이한 의심, 환상과 현실의 구분이 애매모호함.
자동적사고: 역기능적 신념	나는 다른 사람들이 무슨 생각을 하는지 다 안다. 무언가 나쁜 일이 일어날 것 같은 느낌이 든다. 나는 사람들이 나를 좋아하지 않는다는 것을 알고 있다. 나는 상대방의 마음속에 사악한 악마가 도사리고 있다는 것을 감지할 수 있다. 나는 존재하지 않는 사람이다. 세상은 매우 위험하기 때문에 항상 사람들을 주의 깊게 살펴보고 경계해야 한다. 내가 느끼는 감정은 앞으로 무슨 일이 벌어질 것인지를 미리 예고해 주는 신호이다. 사람들과 관계를 맺는다는 것은 매우 위험하다. 나는 마치 내가 아닌 것처럼 느껴진다.
자아상: 소원함	자신을 주변 세계와 고립된 존재로 봄. 종종 삶이 얼마나 공허한지 되새기며, 많은 경우 자신을 살아 있기 보다는 죽어 있고 부서지기 쉽고 낯설고 구체성이 없는 존재로 바라봄. 자신을 관찰자로 여김.
대상표상: 혼란함	초기 기억, 인식, 감정은 혼잡하게 뒤섞여 있음. 긴장과 필요, 목표를 조절하기 위한 틀이 비효과적이고 조화롭지 못함. 개인적인 부적절함과 빗나간 말 속에 방향 상실.

방어기제: 철회	기괴한 버릇과 특이한 사고는 이전의 행동 또는 개념을 철회하거나 폐지하는 것이며 이러한 취소 과정은 마술적 신념과 의식적 행동에서 볼 수 있음.
자아상태: 분열됨	부적절하고 빈약하게 형성된 방어사용. 자극에 지나치게 압도되기도 함. 과도한 스트레스에 대한 대처 방법으로 원시적인 충동과 망상적 사고, 기괴한 행동이 있음.
기분: 단조로움	매우 단조롭고 움직임이 느림. 지나치게 염려하고 사회적 만남에서 초조해 함.

4) 반사회성 인격장애

반사회성 인격장애는 생활 전반에 있어 타인의 권리를 무시하거나 침해하는 것으로, 이는 소아기 또는 사춘기에 나타나기 시작하여 성인기까지 지속된다. 이런 인격은 정신병리, 사회 병리, 비사회적 인격장애로 명명되기도 하였다. 이들은 어렸을 때 부모로부터 버림받았거나, 부모의 적대감을 받으며 살아온 경험이 있다(원하지 않는 임신, 직장이나 재정적으로 극심한 어려움 때문에 배우자에 대한 분노로 아이를 학대한 경우). 또 가난이나 피부색, 성, 혈연, 지연, 학연 등으로 인한 피해의식이 있다. 부드럽고 친밀한 것을 금기시하며 온유한 말이나 공정한 태도보다는 단호한 거절에 익숙해진 사람들이다.

이들은 불안정하고 공격적이며 반복적으로 신체적 싸움이나 폭력 행위를 저지르는 경향이 있고, 여기에는 배우자 또는 자녀의 구타도 포함된다. 이들은 심각한 위험이 있는 성적 행동이나 약물 남용에 빠지기도 하며, 자동차의 속도를 과도하게 높여 잦은 사고를 내기도 한다(Oates, 2000, 81).

또한 지속적으로 그리고 극단적으로 무책임하다. 경제적 무책임은 채무의 불이행, 자녀 부양이나 다른 피부양자 부양의 실패 등에서 나타난다. 이들은 자기 행동의 결과에 대해 거의 자책하지 않으며, 타인에게 상처를 입히고 학대하며 도둑질을 하고도 무관심하거나 얄팍한 합리화를 하기도 한다. 또한 이들은 책임져야 할 영역에서도 완전한 무관심을 드러낸다(신희천, 신은향, 2000, 30-32).

반사회성 인격장애의 특징과 태도를 정리하면 〈표 14〉와 같다(Litchfield & Litchfield, 2002c, 134-135; Oates, 75-97; APA, 828-833).

〈표 14〉 반사회성 인격장애의 특징 및 태도

구분/양상	행동 및 태도
대인관계: 무책임	관계에서 신뢰성이 없으며 믿음직하지 못함. 결혼, 자녀 양육, 직장, 재정 등의 의무를 다하지 못함. 사회 규범을 어길 때 쾌감을 느끼기도 함. 착취하고 돌보지 않는 경향. 사람을 목적을 위한 수단으로 이용. 어린 시절의 적개심을 없애기 위해 힘이나 물질을 추구. 경멸하는 마음을 가지고 있음에도 불구하고 사회적으로 순응하는 가면을 쓰기도 함. 죄책감과 충성심을 느끼지 않으며 병리적인 거짓말을 하는 재능을 발달시킴. 다른 사람들의 약점을 잘 찾아냄.
인지유형: 규범에서 벗어남	사회적으로 비전통적인 신념과 기묘한 도덕관념의 노선에서 사건과 행동을 해석함. 전통적인 개념을 경멸하는데 인지 과정과 논리력은 어느 정도 분명. '옳고 그름'을 적절하지 못한 추상적 개념들로 여김. 종종 순진무구한 '피해자'로 자신을 나타내며 비난을 피하려고 애씀.
자아상: 이기적	사회 기준을 거부. 영리하고 교활하며 무례하고 규범에서 일탈한 것을 가치 있는 자아상으로 여김. 애착과 책임에 의해 제한을 받지 않는 편. 사람, 장소, 의무, 일상의 틀에 박히지 않고 자신이 옳다고 믿는 대로 즉시 행함.
대상표상: 품위가 떨어짐	사람들에 대한 내적 이미지는 악의에 가득 차 있으며 잔혹. 학대적, 착취적이며 매우 지배적이고 잔인. 다른 사람들의 악의를 잘 인식하며 위협이 항상 존재한다고 여김. 기억 수준은 낮고 부패되는 속성을 갖고 있음.
방어기제: 행위 표출, 투사	내적 긴장은 억제되지 않고 직접적으로 표출. 죄책감이나 후회 없이 행동 표출. 종종 사회적으로 혐오되는 충동이나 감정도 공공연히 표현되며 투사를 종종 사용. 다른 사람들의 악 때문에 자신이 그런 방식으로 행동하는 것이라고 정당화함. 자신을 피해자로 여기고 악을 다른 사람들의 탓으로 돌림.
자아상태: 규칙을 따르지 않음	심리적 구조의 발달 미약. 자기 조절 능력 없음. 자기만족이 채워지지 않을 때 참고 기다리는 능력 없음. 내면적 가치감이 부족하고 자기 과장 심함. 쾌락을 채우려는 욕구가 두드러지게 나타남.
기분: 무정함	짜증이 많고 공격적인 편. 사회적 자비, 인간적 연민, 개인적 후회, 감수성 등이 결여. 흥분과 쾌락을 쫓아다니는 '삶에 대한 정욕'이 있는 편. 금지된 것을 탐구하려는 충동. 죄책감 결여.

5) 경계선 인격장애

경계선 인격장애의 필수 증상은 대인관계와 자아상 및 정동에서의 불안정성 그리고 심한 충동성이 광범위하게 나타나는 것으로 성인 초기에 시작되며 다양한 상황에서 나타난다. 그들은 학교나 직장, 결혼이나 삶의 여러 분야에서 처음부터 잘못하여 계속적 실패가 있음에도 불구하고 그 일을 반복한다(Oates, 2000, 160).

이들의 가장 핵심적인 문제 중의 하나는 자기 정체성의 혼란과 불안정성이다. 이러한 혼란과 불안정성은 자신을 가치 있는 존재로 인식하고 안정적인 인간관계와 사회생활을 영위해 나가는 것을 어렵게 만든다. 이로 인해 파생되는 심리적 문제는 우울, 불안, 분노, 적개심, 공포, 의심 등 웬만한 심리적 장애들에서 발견되는 주요 증상들을 거의 다 포괄할 만큼 다양하고 심각하다(조성호, 2000a, 5).

이들은 잠시 동안 정신병적 증세를 보이다가 다시 회복하기를 반복해서 한다. 극히 충동적으로 돈을 쓰며, 성행위, 도박, 약물 남용, 좀도둑질, 과식, 자해 행위 등도 충동적으로 행한다. 자신의 정체성에 대해 심한 혼란을 느끼며 하나님의 임재와 그분의 속성에 대해 의심을 가지며 자신이 누구인지, 어떤 사람이 되어야 하는지에 대해 혼란스러워한다. 우울증에서 불안으로, 불안에서 분노로 기분이 수시로 변한다(Oates, 2000, 161).

경계선 인격장애의 특징과 태도는 〈표 15〉와 같다(Litchfield & Litchfield, 2002c, 138-140; Oates, 160-162; APA, 833-38).

〈표 15〉 경계선 인격장애의 특징 및 태도

구분/양상	특징 및 태도
행동: 산만함	일관성이 없고 불규칙한 정도가 높음. 활기찬 모습에서 무감동한 모습 등 옷차림과 목소리가 급격한 변화를 보임. 매우 충동적이며 감정적인 반사 작용이 많고 차갑고 변덕스러우며 예측할 수 없음. 안정되지 못하고 동요가 많으며 주변 사람들을 상당히 피곤하게 함.
대인관계: 역설적	관심과 애정에 대한 큰 욕구가 있지만 대인 관계에서 조종을 하거나 변덕스러운 행동을 보임. 이러한 행동은 지지를 얻기보다는 거절을 유발함. 버림받음에 대한 두려움으로 미친 듯이 반응하며 분노와 격분의 폭발로 이어짐.
인지유형: 불안정	급격한 변화, 불규칙적인 변동, 사람이나 사건에 대한 양극단적인 인지와 사고를 경험. 자신과 다른 사람에 대해 양가감정적인 태도. 다른 사람에게 혼란스럽고 갈등을 유발하는 피드백이 생기도록 자극함.
자동적인 사고: 역기능적 인지도식	사람은 멋지게 생기고 똑똑하고 돈이 많지 않으면 행복해지기 어렵다. 다른 사람의 사랑 없이 나는 행복해질 수 없다. 다른 사람에게 도움을 요청하는 것은 나약함의 표시다. 절반의 실패는 전부 실패한 거나 다름없다. 인정을 받으려면 항상 일을 잘해야만 한다. 사람들은 언제 나에게 등을 돌릴지 모르기 때문에 믿을 수 없다.
자아상: 불확실함	미숙하고 흐릿하며 흔들리는 정체감의 혼란을 경험. 공허감. 모순된 자기 표상, 내적 응집성의 결여, 분열 때문에 자아감 유지하는 데 어려움.
대상표상: 상반됨	갈등에 찬 이미지, 일치하지 않는 태도, 모순된 욕구, 불규칙적인 충동, 갈등 해소에 대한 상반된 전략. 내적 갈등이 많을 때 명료하게 생각하는 것이 힘듦. 양 극단적 사고로 이상화하거나 평가 절하함. 다른 사람이 자신을 해치거나 예고 없이 버릴까봐 두려워 함.
방어기제: 퇴행	스트레스를 받으면 그 기능이 퇴행. 몇몇 공격적인 충동은 자신을 향하지만 대부분은 파괴적인 방법으로 다른 사람들을 향해 공격. 분열은 흔하면서도 근본적인 방어 기제이며 내면의 갈등을 계속 분리시킴.
자아상태: 분열	내적 구조는 기억이 분열됨. 통제력의 결여로 순간적 스트레스를 야기. 안전감을 절실히 필요로 함. 타인에 대해 신뢰하지 못함. 의지하는 사람에게 강렬한 분노 느낌. 수치감이나 약점이 개방될 까 두려워하여 그들의 힘을 배척함.
기분: 불안정	정서가 강렬하고 변덕스러움. 불안정한 기분과 외부의 현실을 관련시키지 못함. 종종 부적절하고 감정이 조절되지 않는 기간이 길게 나타나는 것이 특징. 아동 학대 및 방치와 연결됨. 미숙한 전략을 사용. 세상은 적대적이며 자신은 항상 공격받는다는 생각.

6) 히스테리성 인격장애

히스테리성[33] 인격은 연극성으로 표현되기도 하는데 이들은 다른 사람의 관심을 끌기 위해 광범위하고 지나친 행동이나 감정 표현을 나타내는 특징을 보인다. 이런 사람들은 자신이 관심의 초점이 되지 못하면 불편해하고, 도발적인 성적 행동도 서슴지 않으며, 감정이 잘 변하고, 극적이고 과장된 표현을 잘한다(Oates, 2000, 36-37). 이렇듯 히스테리성 인격장애란 스스로 자기 가치를 찾지 못하고 남으로부터 인정과 사랑을 받기 위해 자신을 애써 꾸며 보이려고 하는 사람들이 가지고 있는 장애라고 할 수 있다(김정욱, 한수정, 2000, 5)

이들은 첫눈에 주목을 끌며 감동적인 신앙생활을 시작하나 그리 오래가지는 못한다. 또한 성도들의 교제가 쉽게 변질될 수 있다. 건강하게 이성과의 관계를 이끌지 못하여 힘들어한다(Oates, 2000, 44-45). 자주 이사를 다니거나, 양육자가 바뀌면서 사귐이 피상적이 되어 애착 형성에 어려움이 있으며 이성의 부모와 동일시한 어린 시절의 억압된 상처가 내재한다.

히스테리성 인격장애의 특징과 태도는 아래의 〈표 16〉과 같다(Litchfield & Litchfield, 2002c, 132-134; Oates, 35-54; APA, 839-843).

---

33) '히스트리오닉'(histrionic)이라는 말은 라틴어 '히스트리오'(histrio)에서 파생된 말인데, 이는 '배우'를 의미한다. 최근의 정신 치료에 대한 문헌을 보면 과거에는 사람의 인격을 묘사할 때, '신경질적'이라는 뜻으로 '히스테리컬'(histerical)이라는 용어를 썼다. '히스테리'(신경질)라는 말은 그리스어 '히스테라'(hystera)에서 파생되었는데 이는 '자궁'을 의미하며, 여성에게만 적용되는 듯한 인상을 준다. 최근에 이런 주제를 다루고 있는 문헌을 보면 '배우형'(히스트리오닉)이라는 용어를 써서 여자와 남자 모두에게 적용한다(Oates, 2000, 35).

〈표 16〉 히스테리성 인격장애의 특징 및 태도

구분/양상	특징 및 태도
자아상: 사교적	사교적이고 우호적이며 상냥한 사람으로 여김. 자극적이고 매력적. 통찰력이 부족하고 자신의 불안전성을 바라보지 못하며 자신에게 관심이 집중되고 사람들이 좋아해 주기를 바라는 욕구가 있음
대상표상: 얕다	자극, 관심, 인정을 끝없이 갈구. 내적 자아의 공허감을 느끼며 그 공백을 채우려고 찾아다님. 핵심적인 자아가 결여되어 있는 히스테리성 인격은 주변의 사람들로부터 양육을 유도해 낼 필요성 느낌. 내적 세계는 변화무쌍하고 격변하는 감정, 얕은 수준의 관계, 충동적이며 순종적인 기억들로 삶을 살아가므로 '대상 불변성'에 대한 문제 발생.
방어기제: 해리(解離) 와 억압	내부 세계보다 외부 세계에 조율을 맞춤. 기억의 단편들을 봉쇄하고 억압하며 해리시킴. 사회적으로 매력적이면서도 계속 바뀌는 겉모습을 연속해서 만들어내기 위해 자신을 대표할 표상을 재창조. 연극적인 역할로부터 참된 자신을 단절하는 경향이 있음. 불편한 내적 사고, 기억, 또는 감정이 밀고 들어오지 못하게 억압함.
자아 상태: 해체	내적 세계는 느슨하며 주의를 기울이지 않은 채 연결되어 있으며 내적 통제력과 규범이 흩어져 있어서 통합되지 않음. 히스테리성 인격은 종종 다른 사람들을 의존. 시간 감각은 현재에 멈춰있으며 즉각적인 외부 자극에 집착.
기분: 기복이 심함	종종 에너지와 활동 수준이 높을 때가 있음. 재빠르고 반응을 잘 일으키며 특히 감정 표현이 많은 편. 감정은 자기 마음대로 극단적이며 신경증적으로 표현됨.

7) 자기애성 인격장애

자기애성 인격장애는 소위 '왕자병' 또는 '공주병'으로 보이는 사람들로서 이들은 자신이 왕자나 공주가 된 것처럼 자기도취에 빠져 잘난 체하고 뽐내어서 주변 사람들에게 심한 거부감을 줄 만큼 자기 과시를 하는 사람들을 말한다. 이들은 다른 사람들이 자신을 칭찬하고 찬양해 주기를 기대하고 요구하며, 인간관계를 자기중심적으로 해석하고 끌어간다. 그래서 다른 사람을 무시하거나 이용하고 자신에게 헌신할 것을 요구하는 등 다른 사람을 사랑하는 능력이 결

여되어 있다(권석만, 한수정, 2000, 13-15).34)

거만하고 자신감에 찬 태도, 지나친 자기 과시, 특별 대우에 대한 욕구가 있기 때문에, 다른 사람을 조종한다(Oates, 2000, 59). 공감과 심리적 자각이 부족하며 다른 사람에 대해 시기와 질투의 감정을 자주, 강하게 느낀다. 권력, 높은 지위, 리더십 등 지배적인 위치에 대한 욕구가 강한 편이며, 어떤 업적을 이루고 사회적으로 성공하고자 하는 성취동기 및 포부 수준이 매우 높다. 자기상 (self-image)이 과장되어 있어서 자신은 특별 대우를 받아야 하는 존재라고 생각한다(Oates, 2000, 61). 공상이나 행동에서의 과장성, 칭찬에 대한 욕구 등의 광범위한 양상이 성인기 초기에 시작되어 다양한 상황에서 나타난다.

자기애성 인격장애의 특징과 태도는 아래의 표와 같다(Litchfield & Litchfield, 2002c, 142-156; Oates, 55-74; APA, 843-847).

〈표 17〉 자기애성 인격장애의 특징 및 태도

구분/양상	특징 및 태도
자아상: 과장된 자기	자신의 중요성에 대한 과장된 지각을 갖고 있음(예: 자신의 성취나 재능을 과장함, 뒷받침할 만한 성취도 없으면서 최고로 인정받기를 기대). 끝없는 성공에 대한 공상과 권력, 탁월함, 아름다움, 또는 이상적인 사랑에 대한 공상에 자주 사로잡힘. 공감 능력 결여.
대상표상: 불안하며 강렬	주변 사람에게 불쾌감과 혐오감을 주게 되어 원만한 인간관계를 맺지 못하고 따돌림을 당할 뿐만 아니라, 자신에 너무 몰두해 있기 때문에 타인들의 감정이나 요구를 인정하거나 확인하려 하지 않는다. 대인 관계가 강렬하면서 불안정.

34) "자기애"는 "나르시시즘"(narcissism)을 번역한 말인데, 이 말은 그리스신화에서 유래한 말이다. 나르시서스(Narcissus)는 아주 멋있는 청년이었다. 에코(Echo)는 그 청년을 연모하였다. 그러나 그 청년은 에코에게 냉정하고 차갑게 대했다. 청년의 무관심에 에코는 소진하여 죽고 말았다. 정의의 여신 네메시스(Nemesis)는 악을 행하는 자에게 그 행한 대로 갚을 뿐만 아니라 그보다 더 심하게 심판하는 자였다. 네메시스는 에코에게 무관심했던 나르시서스를 심판했는데, 어느 날 나르시서스가 수면에 비친 자신의 모습을 보고서 이룰 수 없는 자기 사랑에 빠지게 만들었다. 자신의 모습을 연모하던 나르시서스는 그 사랑을 이루지 못하고 시들어 죽어 갔다. 그가 죽자 그의 육체는 꽃으로 변했는데, 사람들은 이 꽃을 그의 이름을 따라 "나르시서스"라고 불렀다(Oates, 2000, 57).

방어기제: 감정폭발	자존심이 위협받을 때는 감정이 폭발한다. 자신의 감정을 강하게 표현함으로써 자신의 약함을 포장한다.
자아상태: 비합리적	과도한 찬사를 요구하며 특권 의식을 가진다. 예를 들면, 특별 대우를 받을 만한 이유가 없는데도 특별대우나 복종을 바라는 불합리한 기대감을 가짐. 대인 관계가 착취적. 예를 들면, 자기 자신의 목적을 달성하기 위해 타인들을 이용. 자주 타인들을 질투하거나 타인들이 자신에 대해 질투하고 있다고 믿음. 거만하고 방자한 행동이나 태도를 보임.
기분: 분노와 고조	스스로 좌절과 분노를 자주 느껴 부적응적인 삶을 살아감. 자신이 특별하고 독특하다고 믿고, 특별한 사람이나 상류층의 사람들만이 자신을 이해할 수 있고, 또한 그런 사람들(혹은 기관)하고만 어울려야 한다고 믿기 때문에 기분이 대체로 고조되어 있음.

8) 회피성 인격장애

회피성 인격장애는 능동적으로 자신을 격리하는 특징을 보인다. 타인이 자기를 거부하지 않을까 하는 데 지나치게 신경을 써서 확실한 보장이 없는 한 대인관계나 사회적 관계를 갖지 못하는 것이다(민병배, 남기숙, 2000, 117). 대인관계에서 너무 예민하고 민감하며 비난과 거절을 두려워하고, 이러한 인간관계가 너무나 부담스러워 사회적인 접촉을 회피하는 사람들을 가리킨다(민병배, 남기숙, 2000, 118).

모두가 자신을 배척, 비난, 거부할 것이라고 생각하는 강한 예기 불안이 있다. 또 남들이 자기를 사랑하고 수용할지 의심한다. 이들은 자신의 생각과 감정을 거의 드러내지 않으며 다른 사람과 일정한 거리를 두기 때문에 다른 사람들의 눈에 잘 띄지 않는다. 이들의 대인관계 특징은 한 마디로 '거리두기'로 요약할 수 있다. 사람들이 자기를 좋아하고 완전히 받아줄 거라는 확신이 없으면 어떻게 해서든 인간관계를 피하려고 한다.

회피성 인격장애의 특징 및 태도는 다음과 같다(Litchfield & Litchfield, 2002c, 130-131; Oates, 147-156; APA, 848-852).

〈표 18〉 회피성 인격장애의 특징 및 태도

구분/양상	특징 및 태도
행동: 초조함	안절부절못하는 느낌이 확연함. 매우 소심하며 아무런 해가 없는 경험에 과대 반응. 어떤 사건에 대해 자기를 비웃거나 거부하는 표시로 과대 해석함. 주저하는 경우가 잦고 생각이 단편적이며 때때로 혼란에 빠지고 부적합한 탈선을 함. 벼랑 끝에 서있는 느낌.
대인관계: 회피	개인적 관계를 가질 때 사람들이 자신을 좋아하고 받아줄지 두려워 거리감을 유지. 때때로 느낀 거절 경험 때문에 수치감과 창피를 당하지 않기 위해 거리감을 유지. 뭔가 서툴고 불편해 보이며 '주고받는' 관계에서 뒷걸음침. 차갑고 위축된 것처럼 보이지만 매우 예민하고 까다로우며 잘 믿지 못함. 관계에서 적극적으로 이탈되려고 함.
인지유형: 산만	충격적인 외상을 경험한 생존자처럼 경계심이 많음. 마음을 괴롭히는 내적 생각을 쉽게 받아들이며 그 생각에 집착. 정신적 자극을 지나치게 받음.
자동적사고: 자기 포장	사람들이 나를 잘 알게 되면 나를 좋아하지 않을 것이다. 사람들이 나를 알 수 있도록 하면 내가 정말 못난 사람임을 알아차릴 것이다. 사람들하고 너무 친해져서 진정한 나를 알도록 하는 것은 위험하다. 사람들이 나를 좋아하게 하려면 가장을 해야만 한다.
자아상: 고립	대부분 사회적 부적격자이고 못난 사람이라고 느낌. 자신에게는 매력이 없으며 성공적인 결과를 거두어도 별것 아니라고 평가 절하. 부적절하고 열등하다고 봄. 고립되고 거절당하고 공허할 수밖에 없는 타당한 이유를 쉽게 찾아냄. 사람들을 비판적이고 배반하며 굴욕을 주는 존재로 봄.
대상표상: 공격적	초기 관계에 대해 갈등이 수반된 강력한 기억을 갖고 있음. 자기 주변의 스트레스를 회피하며 자기 상처로 인한 내면의 공허감 때문에 삶의 위안이나 자유를 찾지 못함. 부정적인 내면의 비판자가 마음과 정신세계를 장악함.
방어기제: 공상	고통스러운 기억들과 감정을 깨뜨리거나 억압하려고 애씀. 생각을 차단하고 자기 자신이 되려고 함으로써 극심한 고통과 고뇌에 초점을 맞추기를 피함. 혼란한 불균형을 선호함. '환상'을 사용해서 좌절된 애정에 대한 욕구를 처리.
자아상태: 상처 잘 입음	일그러진 감정들이 복잡함. 핵심 감정은 수치심. 그 감정은 쉽게 활성화되고 무기력한 회피성 인격을 압도하는 경향 있음. 상처를 잘 받음. 애정과 위로에 대한 욕구 등의 내적 갈등이 있는 것으로 예측됨. 불신 때문에 다른 사람들을 향해 노력을 해보지 않음.
기분: 고뇌	보이지 않는 긴장, 슬픔, 분노가 혼란스럽게 계속 흐름. 이것이 일반적인 마비 상태로 이어짐. 비판받을 것이라고 계속해서 예상함. 상황을 부정적으로 내다보고 고통을 회피하며 어떤 것도 필요로 하지 않고 어느 누구도 의지하지 않으려고 애씀. 자신의 필요를 부인함.

9) 의존성 인격장애

의존성 인격의 소유자들은 두 사람이 마치 하나의 공생체인 것처럼 여기는 심리적 미분화의 상태에 머물러 있다. 우호적이고 친절하며 순종적이나 독자적으로 삶을 살지 못한다.[35] 자신을 약한 존재로 보기에 자신을 이끌어 주고 보호해 줄 대상을 찾고 그런 사람이 없으면 심리적 혼란 상태에 빠진다. 다른 사람의 행복을 위해 기쁘게 자신을 희생하며 자기의 개성을 무시하고 갈등을 싫어한다. 이들은 의존성의 정도가 지나쳐서, 혼자서는 좀처럼 아무것도 하지 못하고 뭔가를 하기 위해서는 자신보다 크다고 여겨지는 타인에게 의존해야 한다. 자신이 살아가기 위해서는 타인의 존재가 필수적이라고 느끼기 때문에 타인의 감정을 상하지 않게 하려고 노력한다. 타인의 감정을 해치지 않기 위해서 타인이 원하는 대로만 살려고 하고 좀처럼 자기를 내세우지 않는다. 또한 이들은 습관적인 의존 때문에 분리에 대한 염려와 공포감에 시달린다(Oates, 2000, 22-24).

의존성 인격장애의 특징과 태도는 다음과 같다(Litchfield & Litchfield, 2002c, 131-132; Oates, 15-34; APA, 852-857).

〈표 19〉 의존성 인격장애의 특징 및 태도

구분/양상	행동 및 태도
표현행동: 무능	자세, 음성, 태도에서 무능함이 나타남. 지나치게 협조적임. 친구들이 보기에는 너그럽고 사려 깊고 겸손하며 부드러움. 항상 칭찬받는 것을 추구함. 무기력함과 집착이 분명하게 나타나며 내적인 힘이 없음.
순응적인 행동: 무기력	이 유형은 책임을 포기함. 자신의 운명을 권위자의 손에 맡김. 중대한 문제를 다른 사람에게 넘김. 유사 종교나 기도원에 심취함. 다른 사람에게 집착. 자신의 개성을 묻어버리고 차이점을 부인함. 자신의 힘을 표현하기를 피함. 무기력하고 순응적이며 순종적인 태도 취함. 이러한 행동으로 필요한 양육과 보호를 끌어냄.

---

35) 그들은 모든 좋은 것들은 외부에 있으며 원하는 것—물질, 애정, 사랑, 지식, 쾌락 등—을 얻으려면 외부에서 얻어야 한다고 느낀다(Fromm, 1947, 65-67).

인지유형: 순박	자신과 타인에 대한 자각이 좁은 범위에 한정되어 있음. 자기 반성이 매우 적고 지나치게 낙천적임. 상황에서 좋은 것만 바라보는 경향
역기능적 신념	사랑받지 못하는 것은 끔찍한 일이다. 누가 나를 버리면 나는 죽을 것이다. 능력 있는 사람과 접촉할 때만 잘 살 수 있다. 내가 독립적으로 행동하면 나는 혼자가 되고 고립될 것이다. 독립이란 완전한 혼자를 의미한다.
자아상: 부정적	자신을 약하고 부적절한 존재로 봄. 혼자 있을 때나 버림받았을 때 상처 입기 쉬움. 다른 사람의 지원이나 지도 없이 자기 힘으로 하지 못함. 확신이 부족할 뿐만 아니라 자신의 유능성을 낮춤. 적극적으로 자신을 헐뜯음. 자신의 잘못과 결함을 과장하고 다른 사람들을 이상화하는 경향 있음.
대상 표상: 미성숙	다른 사람들에 대해 갖는 이미지는 어린아이와 같은 수준임. 과거의 이미지와 뒤섞인 이미지를 고정적으로 붙들고 있음. 어려 보이는 인상을 남기는 데 강조점을 둠. 완전히 순응적이고 충성 어린 역할을 내면화해야만 지속적인 보살핌과 애정을 받을 수 있다고 확신함. 따스하고 애정이 많으며 찬사를 받을만한 행동을 하기도 함. 열등한 역할을 잘 습득하며 우등한 파트너에게 자신이 필요하다는 느낌을 쉽게 줌.
방어 기제: 내사와 부인	내사는 다른 사람들의 신념과 가치관을 자기 속으로 내면화하는 것임. 다른 사람을 더 힘 있는 존재로 바라보기 쉬움. 부인은 긍정적인 사고를 가진 지나친 낙천주의자의 기질에서 나타나는 것으로 현실감이 부족함. 조금이라도 위험의 기미가 느껴지면 후회와 자신의 품위를 떨어뜨리는 행동이 나옴.
자아 상태: 자기 경시	모든 책임을 포기함. 다른 사람의 동정과 관심을 불러일으킴. 주로 대인 관계가 뒤얽힘으로 자기주장적인 추진력을 억제함. 자신의 감정을 부인하기 위해 조심함.
기분: 수동적	따스하고 친절하고 비경쟁적이며 소심하고 갈등을 회피함. 배후에는 불안전감을 갖고 있음. 중독이나 우울증에 빠지기 쉽다.

10) 강박성 인격장애

이들은 지나치게 엄격하고, 완벽주의적이며, 독단적이고, 도덕적이다. 그리고 일에 대한 열성을 넘어서 삶에 휴식이 없고, 우유부단하고, 융통성이 없으며, 감정적으로 억제되고 메말라 있는 모습을 나타내게 된다. 강박성 인격자들의 근본적인 특징은 이들의 내면세계에 뿌리 깊게 잠재된 양가감정에 있다. 한편으로는 자기주장이 강하고 자율적인 태도를 취하기를 원하지만, 다른 한편으로는 남들에게 순응하고 동조함으로써 인정과 지지를 받고 편안한 상태를 유지하고 싶어 한다.

강박적인 사람들은 순응과 자율 사이에서 끊임없는 갈등을 느끼게 된다. 강박적인 사람들이 보이는 정확성, 양심적이고 도덕적인 태도, 깔끔함, 질서 정연함, 완벽주의, 규칙의 엄수, 신뢰성 등은 표면에 부각된 양가감정의 일면으로서, 성숙하고 건설적인 내면의 힘으로부터 비롯된 것이기보다는 권위에 대한 두려움에서 파생되는 것이다. 반면에 완고함, 인색함, 도덕과 원칙이라는 미명하에 이루어지는 가학적 태도 등은 숨겨진 분노의 표현으로 이해할 수 있다(민병배, 이한주, 2000, 23-27). 뿐만 아니라 이들은 지나친 율법주의로 자신과 타인을 가혹하게 대하며 맹목적인 신앙으로 종교에 과잉 충성하며 종교의식에 집착한다(Oates, 2000, 116-117).

강박성 인격장애의 특징 및 태도를 정리하면 다음과 같다(Litchfield & Litchfield, 2002c, 135-137; Oates, 115-135; APA, 857-861).

〈표 20〉 강박성 인격장애의 특징 및 태도

구분/양상	특징 및 태도
행동: 절제됨	외모는 엄하게 통제됨. 분위기가 엄격하고 생각이 진지. 자세와 움직임은 빈틈이 없으며 일사불란하게 통제되고 신중하게 조직된 생활로 감정을 통제. 정확하게 말하며 옷차림은 형식을 따르고 예의 바름.
대인관계: 예의 바름	사회적 관습과 예의를 고수하며 윤리적인 면에서 양심적임. 타인과 개인적인 관계를 맺지 못하고 직위를 통해서만 관계하며 외모가 권위주의적으로 보이는 편. 우월한 사람에게 경의를 표하고 열등한 사람에게는 독단적임. 거만하고 자기 의가 있는 모습으로 비침. 예의바르며 시간을 정확하게 지키고 사소한 일에 신경을 쓰며 힘 있는 사람을 닮기 위해 자신의 개별성을 묻어 버림. 관료적인 구조에서 강력한 힘을 발휘하는데 이러한 힘은 적대감을 배출할 수 있는 출구를 마련해 줌. 매우 비판적인 경향.
인지유형: 경직되고 제약됨	생각은 상투적인 규칙과 규정을 강조함. 그들의 삶의 구조화는 형식적인 지침들을 완고하고 경직되게 고수하는 편. 낯선 상황과 새로운 아이디어에 쉽게 화를 냄. 행동 과정의 타당성이 확실하다고 생각되지 않으면 그들은 움직이지 않고 결정을 내리지 못하는 편이며 경솔하고 충동적으로 행동하는 사람들을 업신여김.
자아상: 양심적	자신을 헌신적으로 일하는 근면하고 믿을 만한 사람, 사소한 일에 지나치게 신경을 쓰지만 능률적인 사람이라고 생각함. 그들은 일반적으로 훌륭한 조직체의 일원이며 또한 자신을 가혹하게 비판하기도 함. 다른 사람들에 대한 의무감이 강함.
대상표상: 숨김	오직 사회적으로 용인되는 내면화된 표현만 의식적으로 느끼거나 표현되도록 허락함. 기억들이 매우 틀에 박혀 있고 꽉 묶여 있음. 금지된 충동은 무의식으로 남아 있음. 자기 탐구에 대해서는 비능률적이라고 여기며 저항함.
방어기제: 반동형성과 동일시	사회적으로 용인되는 행동을 하고 금지된 충동을 숨기는 것을 중요시함. 성숙한 분별력을 보여주는 편임. 자신을 권위자와 동일시하며 규범을 어기는 열등한 사람에게 적대감을 터뜨림. 이런 식으로 반동 형성을 나타내는 것이 그들의 이상적인 방어 기제임. 자신이 행한 악을 말소하기 위해 의식적인 행위에 빠지기도 함.
자아상태: 억압, 봉쇄됨	내적 세계는 엄격하게 구획이 나뉘어 있으며 꽉 봉쇄되어 있음. 깊은 양가감정과 갈등에 둘러싸임. 가장 큰 과제는 자신의 충동과 감정을 통제하는 것. 인정받지 못하고 처벌받는 것에 대한 두려움이 퍼져 있음. 이러한 두려움은 진정한 감정이 발각될 것이라는 끝없는 불안감.
기분: 엄숙	충동이 강렬하고 기쁨이 없으며 따스하고 애정 어린 감정은 제한되어 있고 모든 것이 억제되며 신체장애가 있는 편. 강렬한 두려움과 깊은 분노의 내적 갈등이 있음. 삶 또는 쾌락을 즐기는 능력이 발달되어 있지 못함.

그 외에 인격장애가 존재하기는 해도 어떤 특정한 인격장애로 진단을 내리기에 불충분할 때에 '기타(other) 인격장애'라는 진단이 붙여진다. 이러한 인격장애는 다른 의학적 조건 때문에 생긴 인격장애(불안정형, 억제되지 않는 형, 공격형, 냉담형, 편집형 등)가 있다. 또한 임상적으로 볼 때 특정한 인격장애의 특징을 갖고 있지만 여러 가지가 혼합되어 있을 때는 혼합형이라고 진단이 붙여진다.

5. 인격장애의 치료

인격장애는 오랫동안 지속되어 온 개인의 성격적 특성이기 때문에 일반적으로 단기간에 치료하기는 어렵다. 또한 인격장애를 가진 사람들은 자아동조적인 경향이 많아서[36] 자신에게 장애가 있음을 깨닫는 경우는 드물고, 설사 깨닫는다 하더라도 치료적 도움을 받을 필요성에 대해서 강력하게 부인하는 경향이 강하다. 그러므로 이러한 경향을 염두에 두고 치료에 임할 필요가 있다.

임상적인 관점에서 보면 인격장애의 유형에 따라서 그 원인 및 특징이 다르므로 치료개입 또한 다양한 관점에서 이루어져야 할 것이다. 인격장애는 인지, 정서, 행동, 대인관계에서의 기능손상을 포함하고 있기에 어느 한 부분에 초점을 두기보다 다양한 방법이 요구된다. 각각의 심리치료방법은 나름대로 도움을 제공하고 있다. 여기에서는 정신분석적-대상관계 치료, 지지적치료, 인지행동치료, 약물치료 등에 대해 간단히 언급하고, 각 인격장애의 치료법에 대해서도 소개하고자 한다.

정신역동치료는 전이 관계 속에서 다양한 부적응적인 인격특징이 분명하게 드러난다고 생각한다. 따라서 어린 시절의 가족관계의 맥락 하에서 부적응적인

---

36) 자아동조적인 사람은 다른 사람의 말을 잘 신뢰하지 않고 자신의 생각을 고집하는 특성이 있어서 상담자도 신뢰하는 데에 어려움을 겪는다. 따라서 치유의 효과를 위해서는 상담자와의 신뢰 형성이 그 무엇보다 중요하다

특성이 어떻게 생겨나게 되었는지 면밀히 탐색하고, 발달적 변화는 어떠했는지 살피며, 무의식적인 갈등은 무엇인지 통찰하는 방법을 사용한다. 정신역동적 치료기법은 치료목표와 치료기간에 따라 다양하며, 대부분의 경우 치료목표를 근본적인 인격유형의 변화보다는, 부적응적이고 융통성 없는 특징을 적응적으로 변화시키거나 일상적이고 의미있는 대인관계에서의 기능손상을 감소시키는 것으로 설정하는 것이 현실적이다. 이런 치료기법이 효과적인 인격장애 유형은 자기애적 인격장애, 의존적 인격장애 및 히스테리성 인격장애 등을 들 수 있다 (원호택, 2004, 373-378).

대상관계 치료기법은 편집성 인격장애나 경계선 장애의 치료에 효과적인 것으로 나타나고 있다. 치료자를 전능한 이상적 대상으로 보다가도 갑자기 형편없는 사람으로 가치절하하기도 하는데, 치료자는 한결같이 따뜻한 수용적인 관계를 유지하면서 내담자가 갖는 분열되어 있는 대상표상 및 자기표상을 통합하도록 돕는다(원호택, 2004, 373-378).

정신분석적 치료 중 지지치료는 무의식의 깊은 내면을 파헤치는 통찰치료와는 달리 역동적인 입장을 갖지만 현실생활 문제나 내담자의 자아의 기능을 강화시키며 대인관계나 사회적 기능을 향상시키는 기법을 주로 사용한다. 대부분의 정신분열형 성격장애나 편집형 성격장애의 경우 통찰치료는 너무 위협적이고 스트레스를 줄 우려가 있다. 이런 경우 지지적이고 구조화된 접근방법이 환자의 인지적 왜곡이나 자아경계(ego-boundary)의 문제에 대처하는데 효과적이다(Stone, 1985).

인지행동치료는 인격장애가 완고하고, 비합리적이며 비논리적인 인지유형에서 비롯될 수 있다고 보고 합리적인 인지와 적응적인 행동을 갖도록 체계적으로 도와줄 수 있다는 점에서 효과적인 치료기법이 될 수 있다. 예를 들어, 경계선 장애의 경우 친밀과 거절의 반복적인 행동방식 때문에 치료자와 지속적인 신실한 관계를 유지하기가 어렵다. 이러한 경우, 상담자가 너무 친근하게 다가오면 오히려 부담이 되어 불안에 빠질 수도 있으므로 이들에게는 구체적인 문제에 초점을 맞추어 인지와 행동 변화를 위해 단계적으로 접근하여 마음의 부담을 덜 갖도록 하는 인지행동치료 방법이 효과적일 수 있다.

강박적 인격장애나 의존성 인격장애의 경우에도 인지행동적인 치료가 선호된다. 내담자의 엄격하고, 비합리적인 신념을 알려주면서 유연하고도 합리적인 인지와 함께 바람직한 행동에 대해 구체적으로 알려주어 연습하고 실행해보도록 한다면 좋은 효과가 있을 수 있지만 이때 논쟁적인 다툼이 되지 않도록 조심해야 한다. 의존성 인격의 경우에 자기주장훈련 및 사회적 기술훈련 등의 인지적인 치료개입 또한 유용하다(Pilkonis, 1984).

인격장애를 가진 내담자들이 뚜렷한 표적 증상을 보이는 경우, 약물치료를 심리치료와 병행하여 유용하게 사용할 수 있다. 인격장애는 때로는 신경화학적인 기능의 문제를 수반할 수 있는데, 이런 신체적 소인에 대하여 약물치료는 효과적일 수 있다. 또한 정동, 불안, 정신병적 증상들이 뚜렷할 경우 비단 신경화학적 문제가 아니라고 하더라도 약물치료는 일시적으로 그러한 증상을 완화하는 데 도움이 될 것이다(원호택, 2004, 373-378).

편집성 인격장애를 위한 치료 방법의 핵심은 천천히 신뢰를 쌓는 것이다. 상담자의 조용하고 정중하고 솔직한 존중을 통하여 그들이 자신의 불안을 다른 사람과 나누어도 업신여김이나 냉대가 일어나지 않음을 점차적으로 인식하도록 하면서 신뢰를 키워가야 한다. 내담자가 망상적 비난을 할 때에는 이를 현실적으로 다루어야 하지만 부드러우면서도 자존심을 손상시키지 않는 태도로 대하도록 해야 한다. 상담자는 내담자에게 무기력하다는 인상을 주어서도 안 되며 그렇다고 너무 위압적이거나 위협적인 태도를 취해서도 안 된다(민성길, 1998, 125).

편집성 인격장애를 가진 내담자는 상담자에 대해 자신을 박해하는 나쁜 사람으로 인식하고 대한다. 상담자가 이런 내담자의 태도에 대해 방어적이 되고 내담자의 투사를 다시 내담자에게 되돌리는 해석을 시도하게 되면, 내담자는 자기가 공격받고 오해받고 기만당했다고 느끼게 된다. 이러한 악순환을 피하려면 상담자는 내담자가 정서적 생존의 수단으로 투사를 사용한다는 점을 공감해야 한다. 즉 내담자의 미움과 악함과 무기력과 절망의 감정들을 기꺼이 수용해야만 한다.

이러한 신뢰의 관계를 바탕으로 편집성 인격자에게 새로운 대상관계(인간관계) 경험을 통해 의심과 망상적 관계를 더 하지 않아도 되는 안전한 경험과 함께 인지의 변화가 일어나도록 하는 것이 필요하다. 상담자와의 관계는 지금까지 내담자가 경험해 온 타인과의 관계와는 다른 새로운 경험이다. 이는 장기간의 치료를 통해서 내담자에게 안정적으로 내재화될 수 있으며, 점차적으로 사고의 전환을 가져올 수 있다.

분열성 인격장애의 치료 방법은 먼저 사회적 상황으로부터 철수하려는 경향성을 줄이고 어떤 것에서든 즐거움을 경험할 수 있도록 돕는 것이 중요하다. 정서적 경험의 폭과 깊이를 확대 또는 심화시켜야 하며, 인간관계를 맺고 유지하는 데 필요한 구체적인 인간관계 기술들을 습득할 수 있도록 도와야 한다.

그리고 이들이 홀로 있고 싶어 하는 마음을 인정해야 한다. 그들이 현재 있는 모습 그대로 존중받고 사랑받도록 격려해야 한다. 자신을 무가치한 존재라고 생각하는 관점을 수정하도록 자아상을 격려한다. 부모와의 관계에서 형성된 무가치감에 변화가 일어나도록 돕고 인간관계에 대한 어려움을 상담자와의 관계를 통해 조금씩 익히도록 하고 이것을 실제 인간관계 및 사회적 관계에서 어떻게 적용하며 살아야 하는지 알려주되 조급한 마음을 갖지 않고 조금씩 서서히 변화하는 것에 대해 지지를 하는 것이 중요하다.

분열형 인격장애자들은 구강기 고착이 있었을 것이라고 추정되며 그 때문에 원시적인 자아 방어들을 종종 사용하므로 치료적 관계를 형성하고 유지하는 것이 치료를 시작하는데 결정적이다. 따라서 그들이 공유하는 내용들이 아무리 기이하다 하더라도, 수용적인 자세로 관심을 보여 주는 자세가 유지되어야 한다.

이들은 자신들의 기이한 관념들을 완전히 없앨 수는 없겠지만 부정확함을 인정함으로써 정서적인 안정을 얻을 수 있다. 현실적인 목표는 행동적, 정서적 반응들을 감소시키고 자신의 부적절성에 대해 깨달음을 증가시키는 대처기술들을 가르친다. 다음과 같은 말을 반복하는 것이 도움이 된다. "내가 이 생각(느낌)을 가지고 있다는 그 이유 때문에 그것이 실제 일어나는 것은 아니다." 치료 과정 중에 현실의 왜곡이 일어날 때 내담자에게 자신들의 초기 경험과 비현실적인 사고 사이를 연결하게끔 가르침으로써 현실 왜곡은 교정될 수 있다(장우성, 2003, 191-194).

반사회성 인격장애자는 적대-공격적 잔혹함이나 복수심을 버리기까지 긴 기간이 필요하다. 아무런 힘이 없는 자를 괴롭게 하여 수치심을 품게 하고 여기서 쾌감을 느끼던 무정한 자들은 평생 동안 다른 사람의 입장을 생각하는 훈련을 해야 한다(Oates, 2000, 96). 그리고 자신의 분노를 잘 다스리도록 훈련받아야 한다. 이들은 분노와 공격성, 잔혹함 때문에 마음 깊은 곳에는 자신이 처벌받을지도 모른다는 두려움이 내재되어 있을 수 있으므로 신앙적 관점에서 예수님의 사랑 안에서 죄사함과 용서를 믿으며 하나님의 대속적인 따뜻함을 믿고 경험하는 것이 필요하다. 그리고 자신 및 세상에 대한 불신을 버리고 자신과 타인을 신뢰하는 것에 대해 경험하고 배우도록 돕는다.

경계선 인격장애자들은 자아정체의 혼란이 뚜렷하고 투사나 부인 같은 원시적 방어기제를 주로 사용하지만 현실검증 능력은 손상되지 않은 것으로 본다. 이들을 치료하기 위해서는 대상관계 치료방법이 유용한데 경계선 내담자들은 유아기에 어머니로 대표되는 대상관계에서 통합된 자기나 대상에 대한 개념이 형성되지 못한 것이 특징이다. 따라서 주요 대상에 대해서 전능하고 완벽한 이상적인 존재로 보거나 악의에 차고 거절적인 대상으로 보는 분리된 표상

(representation)을 갖고 있다. 이들에게는 신뢰의 관계를 기반으로 하여 전이 관계를 형성하고, 분열된 대상이 서로 나누어진 존재가 아니라 같은 존재임을 깨닫도록 하여 통합적 관계를 하도록 돕는 것이 필요한데 이를 위해서는 해석 및 설명의 방법이 도움이 될 수 있다. 내담자가 호소하는 증상을 가능한 한 빨리 경감시키고 내담자가 정서적 균형을 회복하고 현실 생활에 적절히 적응할 수 있도록 돕기 위해서는 인지행동적인 기법으로 이들의 왜곡된 인지를 교정해 주는 것이 도움이 될 수 있다. 이때 너무 서두르지 않는 것이 필요하다. 적절한 방어능력을 갖도록 도우면서 현실적이면서도 합리적인 사고 기능을 갖도록 도움으로써 스트레스로 작용하는 환경적 요인들을 제서하거나 감소시키는 것에 초점을 맞춘다.

히스테리성 인격장애의 치료 방법은 먼저 감정적이며 대상에 대해 과대한 기대가 충족되지 않을 때 히스테리가 발생한다는 점에 대해 충분히 설명하는 것이 필요하다. 그리고 감정 중심적인 경향성은 쉽게 없어지지 않지만 조금씩 꾸준히 훈련해가다 보면 감정에 우선하기보다 사고를 중심으로 관계하는 것이 자신 및 대인 관계에 훨씬 더 좋다는 경험을 갖도록 해야 한다. 그리고 과대 포장하는 습관이 있음을 알게 하되 자존감에 상처입지 않도록 배려하며 비밀스러운 모임 대신 진실하고 개방된 만남을 하도록 한다. 그리고 다른 사람을 배려하고 그들을 이해하는 것을 통해 관계 속에서 사랑을 경험하고 자신에 대한 새로운 느낌과 존재에 대한 새 인식으로 자신의 인생관을 바꾸도록 돕는다(Oates, 2000, 49). 사고체계 중심으로 살아가는 것이 감정중심보다 더 효과적임을 깨닫게 하고 유익한 경험을 늘려가도록 돕는다. 삶의 성실성과 일관성을 지속적으로 배워가도록 훈련한다.

자기애성 인격장애의 치료 방법은 먼저 내면적 감정을 분출하지 않고 마음에 담아 두는 연습을 한다. 차후에 자신의 감정이 과연 어떤 것인지, 왜 그런 감정이 들었는지를 곰곰이 따져보는 작업이 반드시 필요하다. 주로 자기애성 인격장애자들을 고통스럽게 만드는 감정은 분노와 적개심으로, 다른 사람의 비난을 받거나 기대했던 인정과 칭찬을 받지 못했을 때 생긴다. 이때는 다음과 같은 질문을 스스로에게 던져보도록 한다. '저 사람이 나를 비난하는 것인가? 객관적으로 내가 그렇게 해석하는 것이 타당한가? 그 증거는 무엇인가?' 이런 식으로 스스로 질문하고 답을 해 나가다 보면, 감정의 폭이 조금씩 줄어들게 된다.

이들에게 있어서 치료란 자기애적 속성을 포기하는 것을 의미하므로, 치료에 대한 저항이 많기 때문에 치료상 어려움이 많다. 자기애적 사람들의 치료에 있어서는 이들의 손상받기 쉬운 자기애적 감정을 잘 받아 주고 이해해 주어야 한다. 반면, 치료 초기부터 이들의 과대성과 그에 따른 비적응적인 면들을 보다 직접적으로 해석해 주고 직면하게 해 줌으로써 자신의 문제점을 인식하도록 해 주어야 한다고 주장하는 학자도 있다. 그러나 공감적 태도가 치료에 있어서 중요한 요소이며 문제와 사람을 분리해서 보는 것이 치료의 대안이다.

회피성 인격장애의 치료 목표는 자신이 모욕과 거절, 실패의 모험이 가득 차 있다고 보는 '세상' 속으로 나아가게끔 격려하는 것이다. 어린 시절에 학대와 고통을 받았기에 조금만 상처받아도 자신을 절제하지 못하는 아픔을 치료하고 불신을 단계적으로 치료하도록 해야 한다. 언어폭력으로 인한 '보이지 않게 피를 흘리는 마음의 상처'를 사랑의 말로 치료하면서 그에게 실망을 주지 않도록 약속을 성실하게 지켜나간다(Oates, 2000, 154-155).

의존성 인격장애의 치료 방법은 독립을 두려워하는 내면적인 원인을 탐색해 나가면서, 자아가 약하기 때문에 내담자 중심으로 접근하되 상담자에 대한 내담자의 의존적인 전이 현상을 해석해 주면 효과적이다. 비록 의존적인 태도가 유치하고 미숙하다 할지라도 상담자는 내담자의 태도를 비난하는 태도를 취해서는 안 되며 인격을 존중하고 이해하는 태도를 보여야 한다. 이들은 자신의 능력을 믿지 않는다. 따라서 자신의 은사, 능력을 확인시켜 스스로 자기 삶을 책임지도록 돕는다.

강박성 인격장애의 치료 방법은 치유 관계 형성을 통해 내담자의 내면세계에 대한 탐색과 개입을 할 때, 지금-여기의 관점에서 사랑의 감정이 느껴지도록 접근하는 것이다. 즉 하나님의 은혜와 조건 없는 사랑을 깊이 체험하게 한다. 피곤한 그들의 육체에 쉼과 안식을 주며 무엇이든 서두르지 말고 차분히 하도록 돕는다(Oates, 2000, 130). 따뜻한 마음으로 그들을 격려하고 스트레스를 늘어주고 공감하며, 창조적 휴식을 취하게 한다(여행, 묵상, 모든 압박을 벗는 신체적 편안함). 하나님은 악하거나 가혹한 신이 아니다. 하나님에 대한 잘못된 관점을 바꾸도록 이끌어 나간다(Oates, 2000, 134).

4장 인격치유와 성숙한 인격

　죄로 인해 타락했지만 여전히 하나님의 형상인 그리스도인은 치유와 회복이 필요한 존재다. 여기에서는 기독교 상담에서 보는 치유의 개념은 무엇이며 인격치유의 방향과 목표, 방법은 어떠해야 하는지 살펴보고, 인격 치유의 목표인 성숙한 인격은 어떠한 특징을 가지고 있는지에 대해서 제시하고자 한다.

1. 인격치유

1) 치유의 개념

통상적으로 '치유'는 '치료'라는 용어와 뚜렷한 개념적 구분 없이 혼용해서 사용되고 있다. 하지만 임상학적 관점에서는 치유와 치료는 구분하고 있다(김정선, 2024, 6). '치료'는 질병을 제거하는 것을 목적으로 증상을 완화하거나 상태를 개선하기 위해 약물이나 치료, 수술과 같은 특정 조치를 취하는 것을 포함하여 질병을 고치는 차원으로 보는 것이 일반적이다. 반면 '치유'는 질병의 치료뿐 아니라 질병 예방과 건강증진까지 확대된 의미로 환경적, 심리적, 사회문화적 모든 영역에서의 회복의 개념을 포괄하고 있다(Diane et. al., 2014: 김정선. 재인용 2024).

치유에 대해 좀 더 자세히 살펴보면 치유라는 용어는 "halelen"이라는 고대 영어에서 유래한 것으로, '완전해짐'을 뜻한다. 구체적으로는 예측할 수 없는 과정에서의 전체성(wholeness)과 영적 초월(spiritual transcendence), 삶에 대한 재해석을 통해 긍정적이고 주관적인 변화의 의미를 내포하고 있다(McElligott, 2010). 전체론적(holistic) 관점에서는 자신의 몸과 마음, 정신(spirit)의 모든 영역이 조화와 균형을 이루는 과정으로 개인의 자연 상태에 대한 전체성과 일체감으로의 회복적 특성을 갖는다(McKivergin & Daubenmire, 1994; 김정선 재인용).

기독교에서 치유라는 용어는 '신유'라는 개념과 동일시하면서 특수한 종교적 예식(안수 등)을 통한 질병(physical illness) 또는 정신병(mental illness)의 치료를 시도하는 것으로 이해되기도 하였지만 치유와 신유는 다른 개념이다. 신유는 질병을 고치는 쪽의 개념이 좀 더 강한 반면, 치유는 인간이 범죄하여 잃어버린 전인 회복 뿐 아니라 환경과 온 세계의 모든 것에 대한 온전한 회복까지 그 의미가 확장된다(Morton, 6).

신유 외에도 치유와 혼동하여 사용되고 있는 개념으로 '내적 치유(inner

healing)'가 있다. 내적치유는 억압되거나 왜곡된 정서적 어려움, 또는 어린 시절의 상처(쓴 뿌리)를 치료하는 것에 중점을 두며, 그 방법은 말씀, 기도, 찬양 등 영성을 통하여 정서를 치료하는 것에 중점을 둔다. 내적 치유는 한때 여러 선교단체나 기독교 단체에서 훈련을 하기도 하였으나, 시간이 지나면서 과거의 문제가 여전히 나타나는 점과 내적 치유의 학문적인 정립과 체계적인 연구가 뒷받침되지 못하여 최근에는 많이 지지받지 못하고 있는 실정이다.

기독교 상담에서도 치유와 비슷한 개념으로 심리치료가 있다. 심리치료(psychotherapy)는 개인의 내면세계에 숨겨진 과거의 상처, 억압된 감정과 갈등, 성장 과정의 기억들을 탐색하고 치료하여 그의 인격에 전인적, 근원적 변화를 일으키는 심층적, 장기적인 도움의 과정이다. 특별히 기독교 상담에서의 심리치료는 다른 심리치료와 마찬가지로 개인의 심층적 변화를 목표로 하면서도, 영적 생활, 가치, 의미 그리고 하나님과의 관계가 올바르게 되도록 하는 것에 초점을 두고 상담한다. 즉 개인으로 하여금 영성을 중심으로 전인성을 향해 나아가는 과정에서 그 진행을 가로막고 있는 내적, 혹은 외적 장벽들을 적절하게 제거하여 보다 효과적으로 치료목표에 도달하도록 도와주는 치료의 과정으로 이해되고 있다. 목회자가 주도하는 심리치료를 목회심리치료라고 하는데 이 개념은 '심층목회상담', 또는 '치유상담'과 같은 의미로 이해할 수 있다(박윤수, 1996, 9).

본 교재에서 말하는 치유의 개념은 '영을 중심으로 한 전인건강(을 목표에 두고, 그 목표를 향하여 나아가는데 방해가 되는 여러 가지 심리적이며 정신적인 문제들을 일반상담과 기독교상담을 통합한 기법들을 활용하여 문제들을 제거하고 성경에서 말하는 성숙한 인격으로 변화하도록 돕는 조력 과정'이라고 말하고자 한다. 이런 점에서 기독교상담에서 말하는 심리치료와 치유가 비슷한 개념이긴 하지만 치유 사역이 보다 더 포괄적인 개념으로 이해할 수 있다.

기독교 상담의 치유사역은 예수 그리스도를 떠나면서부터 타락된 인간의 인격은 본질적인 변화가 필요하다고 본다. 즉 신앙과 생활의 전 영역에서 거듭남이 필요하며 의식수준 뿐만 아니라 무의식 수준까지도 변화를 받아야 하는 것이다. 또한 치유에 대한 기준과 표준이 무엇이냐고 할 때, 그 의미를 성경에서 찾아 볼 수 있다. 즉 '우리가 다 하나님의 아들을 믿는 것과 아는 일에 하나가 되어 온전한 사람을 이루어 그리스도의 장성한 분량이 충만한 데까지 이르리니(에베소서 4;13)'라는 말씀에서 그 의미를 찾을 수 있다.

기독교 상담과 치유는 교인들이 신앙과 삶에서 부딪치는 여러 가지 문제들을 해결하고자 한다. 상담이 문제해결 내지는 전인적 구원을 목표에 두고 있듯이, 치유 역시 전인적 신앙 성장에 장애가 되는 것들을 제거하여 온전히 회복하도록 하고 극복하도록 하는데 그 목표가 있다. 그러므로 기독교 상담과 치유는 서로의 과정을 통해서 교인들의 전인적인 관점, 즉 영적, 심리적, 신체적 문제를 지닌 개인들에게 전인적 성장을 목표로 하여 이루어지는 사역이라고 말할 수 있다.

2) 투르니어의 인격치유

기독교상담에서 말하는 치유 사역에 있어 필자는 인격치유 또는 인간치유의 개념을 정립하여 소개하고 있는 폴 투르니어(Paul Tournier)의 인격의학, 인격치유의 개념을 통합하여 전인 치유적 관점에서 인격 치유 개념을 소개하고자 한다.

인격치유와 인격의학에 대해서 성경적이며 의학적인 관점을 가지고 소개한 최초의 사람은 투르니어다.[37] 투르니어는 인격적인 관계를 맺을 수 있는 역량

---

[37] 1898년 제네바에서 태어난 투르니어는 정통 칼비니즘을 주창하는 열성적인 신도였으며 1923년 의사가 되었다. 그의 삶에 영향을 준 최초의 사람은 고등학교 선생님으로 자신을 16년간 그의 집에 초대하면서 친구가 되어 주었다. 그는 서른네 살 때 '두 번째 상담자'인 옥스퍼드 그룹의 멤버이며 국제 연맹에서 높은 위치에 있는 네덜란드인 금융 전문가를 만났다. 투르니어는 그와의 만남에서 '개인적이고 정서적인 대화'를 경험하면서 고아로서의 그의 고통을 생애 최초로 나눌 수 있었다. 1970년에 넬리와 결혼한 그는 '그녀를 지도하고 모든 것을 지적으로 설명하려는' 경향에서 벗어나 '진정으로 개인적인 관계'를 맺도록 장려하는 아내가 그의 '세 번째 상담자'가 되었다. 1935년 투르니어가 가족들을 태우고 운전하는 도중 빗길에서 미끄러져 그의 삼촌이 죽고 아내가 심하게 다치는 사고로 인해 밤

이 인간 본성의 한 특성이며, 사실 이것이 인간을 인간답게 만드는 요소라고 하였다. 인간은 자신을 숨기고 싶어 하면서도 개방하여 인격적인 관계를 맺고 싶어 한다. 즉 자신의 내밀한 마음을 여는 것을 두려워하면서도 자신을 표현하고 자기 인격을 외부 세계에 드러내고 싶어 하는 강렬한 욕구가 있다(Tournier, 1995, 113). 그런데 사람들은 대부분 인격적인 관계에서 오는 당황스럽고 고통스러운 경험을 사물의 세계로 피하고 싶어 한다. 이것은 모든 인간이 죄로 인해 온전한 인격적인 관계를 갖지 못하고, 비인격적인 세상과 비인격적인 관계에 익숙해져 왔기 때문이다. 그들은 인격적인 관계에 대한 욕구를 가지면서도 인격적이지 못한 자신이나 타인, 또 사회 때문에 갈등과 상처를 받으므로, 다시 비인격적인 세계 속으로 피하게 되는 것이다.

투르니어는 사람을 돕는 데 가장 필수적인 것은 일종의 개인적인 관계를 맺어 자신의 감정을 개방하여 회복하도록 돕는 것이라고 하였다. 그는 자신의 내담자들과 대화할 때 영적인 교제를 나누며 내담자의 질병뿐 아니라 개인적인 문제에 깊은 관심을 가지고, 의사인 자신의 삶과 문제들을 개방하여 인격적인 신뢰 관계를 형성하였다. 이러한 의사의 개방은 내담자로 하여금 의사를 신뢰하여 자신의 삶을 진실하게 여는 용기를 갖게 한다. 이런 인격적인 신뢰 관계를 맺는 것에 대해서 투르니어는 '인격의학'이라고 명명하였다(Tournier, 1997, 14).

'인격의학'이란 심리치료사든 외과 의사이든 '내담자의 인격'과 '그의 질병에 대한 인격적인 의미'에 관심을 기울이는 것을 뜻한다. 진실성을 전제로 내담자와 인격적인 관계를 맺으면서 의사 자신이 인격적인 헌신을 하는 것이 인격의학의 특성이다. 따라서 내담자를 대하는 동안 그들에게 인격적인 관심을 기울이지 않고 상투적으로 대할 위험성을 항상 주의하고 모험 정신을 유지할 필요가 있다고 하였다(Tournier, 1995, 17, 51).

투르니어는 '인격의학'의 기본을 형성하는 두 가지 특징을 기술적인 실력과

새도록 그의 양심을 탐색하였다. 그는 '십자가의 발 아래에서' 용서와 새로운 평안을 발견하면서 자신이 과실이 있는 동시에 희생자라고 결론내렸다. 2년 후 그는 '신의 부름'의 결과로써 그가 돕고자 하는 사람들의 생활에서 '하나님의 영광으로 가는 문'을 열기를 추구하면서 '기독교적 관점의 의학'에 일생을 바치겠다고 결정했다(Hurding, 2000, 384).

개인적이며 인격적인 관심이라고 보았다(Collins, 1998, 126). 상담자는 문제를 지닌 사람들을 돕기 위해 기술적으로 실력이 있어야 하며 사람에게도 깊은 관심을 가져야 한다. 기술적인 실력은 지성의 활동을 통해 얻어질 수 있으나, 인격적인 관심은 지성보다는 삶 속에서 정직과 순수함, 사랑으로 선한 마음을 키워가는 인간적인 자질38)에서 비롯된다. 내담자가 자신만의 비밀스러운 문제와 삶을 이야기할 때 하나의 사례가 아니라 존중받아야 할 인간으로서 진지하게 경청하며 그들을 이해하기 위해 대화를 나눌 수 있어야 한다.

이런 점에서 치유의 본질은 사랑의 대화이며, 내담자가 자신의 비밀을 자유롭게 털어놓을 수 있는 관계 형성을 이룰 때 인격적인 만남이 가능하다. 그는 내담자 위에 군림하지 않고 형제나 자매를 대하듯이 존중하며, 자신도 그들에게 자신의 갈등과 문제를 이야기한다. 이를 위해 내담자와 진정한 인격적인 대화를 추구하는 것이다. 이런 점에서 상담자에게 필요한 인격적인 특성은 인내심, 다른 사람에 대한 진심 어린 관심, 기꺼운 경청과 이해하려는 자세다. 상담자는 내담자가 실수를 저지르며 잘못된 길로 가는 것처럼 보여도 신뢰와 사랑과 희망으로 용납하고 위로해야 한다.

투르니어는 인격적인 관심과 온정이 개인적인 신앙에서 나온다고 보았다. 상담자는 창조주 하나님께 순종하는 사람으로 겸손해야 하며, 기도하는 사람인 동시에 성경에 대한 충분한 지식을 가진 사람이어야 한다. 그리고 하나님 앞에서나 다른 사람, 그리고 경우에 따라서는 내담자에게 자신의 결점과 약점까지 정직하게 고백할 수 있는 믿음의 사람이어야 한다.

그는 인격의 회복을 위해 가장 필수적이고 기본적인 것이 하나님과의 개인적이고 인격적인 만남으로 보았다. 인간의 참된 존재를 이해하고자 하는 의사라면 과학적 지식에 인간의 영적 본질에 대한 체험을 더해야만 하는데, 그 이유

---

38) 로저스는 상담에 있어서 내담자를 무조건 수용하고 존경하며 공감적으로 이해하고 진솔하게 만나는 기술이 상담자의 인격이 되어야 내담자를 치유할 수 있다고 보았다(Rogers, 1998, 37, 115-119).

는 하나님 앞에서 자신을 자세히 보지 못하면 자기 자신을 거의 이해하지 못하고 이렇게 되면 의사나 상담자의 조언은 아무런 삶을 변화시키는데 효과를 나타내지 못한다고 하였다(Tournier, 2002, 33-34). 하나님께서는 모든 사람에 대한 목적을 가지고 계신다. 이 목적과 일치하는 생활을 하는 것이 인간의 정상적인 생활이다. 육체적, 도덕적, 영적으로 이 목적을 벗어나는 것은 잘못된 생활이다.

그러므로 의사나 상담자의 과업은 인간으로 하여금 그들의 생애에 대한 하나님의 목적이 무엇인지를 알 수 있도록 도와주는 일이다. 진정한 변화와 치유는 그리스도께 삶을 의뢰하고 그분의 인도하심을 믿을 때, 다른 사람과 세상에 대한 태도는 변화되기 시작하고 새로운 일들이 일어나기 시작하는 것이다. 모든 치유가 하나님께로부터 온다는 이 믿음은 심리학적인 기술들을 부정하거나 무시하는 것은 아니며 오히려 심리학적인 면과 영적인 면을 통합하려고 노력한 것이라고 할 수 있는데 본서에서 말하는 치유는 바로 이와 같은 맥락과 같이 한다.

3) 인격치유의 신학적 배경

인간은 하나님의 형상으로 창조되어 하나님의 영광을 드러내어야 함에도 불구하고 타락하여 하나님의 형상 노릇을 제대로 감당하지 못하는 왜곡된 형상이 되어 버렸다. 그러므로 이 세상에 있는 모든 죄인은 다 '왜곡되고 뒤틀린 하나님의 형상'으로 있는 것이다(이승구, 2003, 131). 따라서 우리는 모두 각각의 독특한 생활양식을 따라 독특한 장애를 안고 살아간다. 여기에 인격 문제나 인격장애를 가진 사람들의 고통이 있다.

그러므로 이런 타락한 지위에 있는 사람들은 비록 그들이 하나님의 형상이기는 하나, 하나님을 제대로 반영하지 못하므로 그 형상이 회복되어야 한다. 그런데 이 '형상의 회복'은 그리스도의 구속 사역을 성령께서 우리에게 적용시켜 주실 때 일어난다. 그리스도와 성령께서 이루시는 이 구원 사역으로 말미암아 '왜곡된 형상'이 '개혁된 형상'으로 변화되는 것이다. 즉 성령께서 하나님의 참된 형상이신 그리스도를 우리에게 덧입혀 줄 때 형상이 회복된다. 그러나 이 형상의 회복은 단번에 이루어지는 측면도 있고(중생, 즉각적 성화, 칭의), 점진적으로 이루어지는 측면(점진적 성화)도 있다(이승구, 2003, 132).

점진적 성화를 돕기 위한 하나의 접근이 인격치유다. 인격치유는 인격의 문제나 장애를 가진 사람들을 그리스도를 닮아가는 사람으로 회복시키려는 것이다. 이들의 장애는 잘못된 생활양식에서 비롯된다. 이런 장애들은 신앙생활에도 그대로 나타나는 경향이 있다. 때로는 예수를 믿고 삶이 갑자기 변하여 인격장애가 아주 놀랍게 치유되기도 한다. 그러나 인간은 근본적으로 악하며 자아 중심적이기에 타락된 인격이 단번에 다 변하는 것은 아니며 여전히 성화되어야 하는 존재이다. 그래서 늘 자신을 돌아보고 하나님의 은혜를 구하며 겸손한 삶을 위해 애써야 한다.

그럼에도 불구하고 인격장애자의 공통된 특징은 배우려 하지 않는 것이다. 이것은 교만함에서 비롯된 것이기에, 수용적이며 부드러운 마음으로 말씀을 배우고 하나님의 사랑으로 격려를 받으며, 자존감을 회복해 가면서, 기도로 주님께 나아가도록 도와야 한다. 특히 다른 사람들이나 가족과의 관계에서 성실함과 사랑으로 책임을 다하도록 이끌어 주어야 한다.

이러한 인격치유의 궁극적 목적은 자신 안에 하나님의 형상이 회복되어 풍성한 삶을 살 뿐 아니라, 믿지 않는 자들에게 평안하고 행복한 삶을 보여 주어 영혼 구원과 회복으로 초대하는 데 있다. 이것이 "양으로 생명을 얻게 하고 더 풍성히 얻게 하려고"(요 10:10) 이 땅에 오셔서 죽으신 예수님께 영광을 돌리는 것이다.

인격치유의 기본 철학은 성경에 그 가치를 두고 있다. 따라서 성경에서 사람의 문제를 다루는 방법이 곧 인격치유의 방법이다. 그리고 치유 관계에 대해서는 투르니어의 인격의학에서 도움을 입었기에 여기서는 인격치유의 기본이 되는 인격의학과 인격치유에 대해 개괄적으로 기술하고자 한다.

2. 인격치유 개관

인격치유에 대하여 인간관, 목표, 치유 관계, 상담자, 치유 방법, 그리고 공동체와의 관계에 대하여 개괄적으로 정리하면 다음과 같다.

첫째, 인격치유의 인간관은 성경에 근거한 인간관을 기본으로 하고 여기에 심리학적인 인간 이해를 통합하고자 한다. 성경에서는 창조, 타락, 구속과 회복의 관점으로 인간을 이해하는 데 그 입장을 수용하면서도 인간의 고통이 죄뿐 아니라, 심리적인 여러 요인으로 인해 발생한다는 심리학적 입장을 수용하고자 하는 것이다.[39]

둘째, 인격치유의 목표는 개인으로 하여금 하나님으로부터 부여받은 잠재력을 최대한 실현하게 하는 데 있다. 다시 말하면 개인으로 하여금 하나님이 창조하신 아름다운 형상을 회복하도록 하는 것을 목표로 한다. 이와 같은 목표에 도달하기 위해서 말씀으로 권면하여 변화를 이룰 수 있다면 말씀으로 권면하고 심리적, 상담적 도움이 필요하다면 그 방법도 함께 병행하고자 하는 것이 인격치유의 방법이다.

만일 개인의 문제가 잘못 습득된 행동이라면 행동 치료를 통하여 학습된 행동을 수정해야 하며, 신체상의 장애라면 의료적 도움을 받을 수 있고, 내면세계의 갈등이나 과거의 상처가 원인이라면 심리치료를 통하여 해결할 수 있다. 만일 영적인 문제라면 사탄의 정체를 알고 이를 대적해야 할 것이며, 죄의 문제라면 하나님의 용서를 체험해야 한다. 기독교 상담자들은 문제를 가지고 있는

---

39) 심리학의 관점은 자신을 발견하여 인생을 최대한으로 충만하게 살라고 강권한다. 기독교적 관점은 자기 부인과 자비와 온유, 사랑의 삶을 호소한다. 하지만 이 두 가지는 서로 다른 것이 아니다. 어린 아이는 성장하면서 부모에 대한 미성숙한 의존에서 벗어나기 위해 먼저 자신을 주장할 줄 알아야 하며, 삶에서 자신의 자리를 찾아 자신을 용납할 수 있을 때 다른 사람을 섬기는 삶으로 나아갈 수 있게 되는 것처럼 먼저 자기를 회복하되 그 목적은 하나님 나라와 그 영광을 위한 방향임을 놓지 말아야 한다.

사람에게 성경에 어긋나지 않는 모든 방법을 지혜롭게 활용해 예수를 닮도록 해야 한다.

셋째, 치유 관계에 대한 것으로써, 내담자가 사랑과 신뢰 속에서 자신의 생각과 감정을 있는 그대로 개방할 수 있는 관계가 이루어질 때 인격치유가 가능하다고 본다. 신뢰는 쉽게 이루어지는 것이 아니며 사람은 자신의 감정을 개방하는 것을 두려워하기 때문에 상담자는 내담자와의 관계에서 신뢰 형성을 위해 노력을 해야 한다. 그리고 진실성과 온정성을 가지고 내담자의 삶의 문제와 아픔에 관심을 가질 뿐 아니라 영적인 대화까지 나눌 수 있어야 한다. 또한 진실한 관계를 위해 상담자 자신의 삶도 열어 주는 용기가 필요하다. 즉 인간의 문제를 치유하기 위해 가장 중요한 접근 방법으로써 상호 동등하며 평등하게 만나는 인격적 관계가 무엇보다 중요한 것이다. 이때 내담자는 한 인간으로 존중받고 이해받으며 그 누구에게도 느껴보지 못한 사랑의 진실성을 체험하게 된다. 이러한 만남 속에서 사람의 문제는 치유되고 변화될 뿐 아니라 성장을 향해 나아갈 수 있는 힘을 얻게 되는 것이다. 여기에 진정한 치유, 즉 인격치유가 이루어진다.

넷째, 상담자에 관한 것으로서, 상담자는 예수 그리스도로 인해 거듭난 기독교인이어야 한다. 왜냐하면 한 인격이 성령을 통해 하나님을 접하기 전까지는 어느 누구의 삶도 진정으로 온전해지거나 충분히 통합될 수 없기 때문이다. 따라서 인격의 회복을 위해 가장 필수적이고 기본적인 것은 하나님과의 개인적이고 인격적인 만남이다. 우리가 그리스도께 삶을 의뢰하고 그분의 인도하심을 믿을 때, 성령의 인도에 의해 다른 사람과 세상에 대한 우리의 태도는 변화되기 시작하고 새로운 일들이 일어나기 시작한다. 물론 회심이 즉각적으로 유토피아에 이르게 해 주거나 모든 문제로부터의 해방을 가져다주는 것은 아니다. 신자도 종종 죄의 유혹을 받거나 유혹에 넘어가기도 한다. 그럼에도 불구하고 그리스도인에게는 새로운 힘의 원천이신 하나님이 내주 하시고 성령의 이끄심이 있기에, 사람들이 예수 그리스도와 개인적인 관계를 맺도록 인도하는 것은 아주 중요하다. 따라서 상담자는 매일 묵상과 기도 시간을 통해 하나님과의 인격적인 교제를 함으로써 말씀과 성령의 인도함을 받아 자신의 치유를 계속해 나가야 한다.

다섯째, 치유적 방법에 관한 것으로써, 기독교 상담과 인지행동치료를 통합하였다. 그 이유는 인지행동치료가 그 내용이나 치유 방법에 있어 기독교 상담과 같은 입장을 취하고 있기 때문이다. 이 둘은 지향하는 기본 관점이 일치한다. 즉 사람의 정신·정서의 장애는 왜곡된 사고로부터 비롯되므로 사고의 변화, 즉 왜곡된 사고의 수정을 치유의 핵심으로 본다. 그리고 기독교 상담과 인지행동치료는 '현재'에 치유의 초점을 둔다. 따라서 현재의 관찰 내용을 명료하게 하기 위한 목적이 아니라면 아동기 기억에는 주의를 기울이지 않는다.

여섯째, 교회 공동체의 자원이다. 공동체는 관계를 통해 서로를 세워가는 상호 의존을 경험할 수 있는 장이다. 따라서 서로 신뢰하며 사랑의 관계가 넘치는 교회 공동체 안에 있을 때에 인격장애를 가진 사람도 그 사랑 안에서 새롭게 치유되고 변화될 수 있는 가능성이 있는 것이다. 성도들이 서로를 섬기는 마음으로 지지와 격려의 삶을 살 때 인격의 성숙은 더욱 가속화될 것이다.

3. 기독교 상담에서의 성숙한 인격

그리스도인이 추구해야 하는 인격의 모습은 예수님이시므로 우리는 예수님의 모습을 닮기 위해 애써야 한다. 그러나 우리는 은혜입은 죄인이지만 이 땅에서는 온전한 인격성숙에 도달할 수 없다. 필자는 이러한 전제를 가지고 통합적 관점에서 성숙한 인격에 대하여 다음과 같이 연구하여 제시하였는데 그 내용을 소개하면 다음과 같다(심수명. 2013. 83-113).

첫째, 성숙한 사람은 십자가의 은혜와 하나님을 의지함이 없이는 한 순간도 살아갈 수 없음을 아는 자다. 기독교 상담적 인간 이해는 인간을 죄성 때문에 쉽게 이기적이 되며 타락할 수밖에 없는 존재라고 본다. 바울도 자신의 존재됨에 대하여 "오호라 나는 곤고한 사람이로다 이 사망의 몸에서 누가 나를 건져 내랴(롬 7:24)"고 고백하였듯이 성숙한 인격자는 자신의 악이 자신의 인격 전 존재에 영향을 미쳤음을 인정해야 한다. 따라서 하나님의 보혈이 필요한 존재이며, 자신의 내면에 본능적인 죄성과 상처가 혼합하여 작동하고 있음을 인정한 후 스스로 해결할 수 없음을 깨닫고 겸손히 하나님께 엎드려 자신의 무능과 악, 상처를 구분하여 다스리기 위해 애쓰는 자이어야 한다. 그리고 하나님의 위로와 긍휼, 은혜가 임하기를 믿음으로 사모할 때 하나님이 있는 그대로 나를 용서하시며 수용하시는 축복을 체험하는 자다(심수명, 2010, 308-310).

둘째, 성숙한 인격을 가진 사람은 하나님의 아가페 사랑을 근거로 하여 자신을 사랑하며 타인을 사랑하는 자다. 어린 시절 자신을 돌보는 사람과의 관계에서 충분한 사랑을 받아서 자신과 타인을 사랑할 수 있는 경우, 건강한 사랑을 할 수 있는 가능성이 크다. 하지만 기독교적 관점에서 성숙한 사람은 하나님의 사랑을 체험하여, 하나님을 목숨을 다하고 뜻을 다하고 힘을 다하여 사랑하며, 더 나아가 자신과 타인을 아가페할 수 있는 사람이다. 따라서 어린 시절 충분한 사랑을 받지 못하여 사랑의 능력이 부족하여도 하나님의 아가페 사랑을 깊고 크게 체험하거나 믿음의 사람이나, 선배, 동료를 통해 그리스도의 무조건적인 사랑을 경험함으로 부모님의 사랑보다 더 큰 사랑을 경험하게 되면, 사랑의 관계를 이루어 갈 수 있게 될 뿐 아니라 성숙한 인격을 갖출 수 있는 가능성이 있다.

셋째, 성숙한 사람은 영성을 중심으로 지, 정, 의 등 전인의 통합을 추구하는 자다. 통합은 자신의 모습 중 좋은 점이나 나쁜 점 모두를 있는 그대로 수용하는 것이다. 통합이 된 사람은 인성의 모든 요소들을, 가장 깊은 차원에서부터 가장 표면적 차원에 이르기까지 긴장, 갈등, 분열이 아니라 균형과 통합과 상호관계적 통전성을 보여준다. 의식과 무의식, 외적 기대와 내적 요구, 남성성과 여성성, 몸과 정신 등이 균형과 통합을 이룬다. 따라서 성숙한 사람은 심리적으로 긴장이 아니라 건강을 유지하면서도, 이원론적 대립이 아니라 통합을 이룬다(조성국, 2002, 114-141). 기독교적 가치를 중심으로 통합이 된 사람은 존재 의식을 신적 존엄에 두고 자신의 모든 연약함, 부정, 죄와 악을 회피하지 않고 있는 그대로 인정하고 수용하는 자다. 그리고 자신의 부정과 단점을 인정하면서도 성령의 은혜를 힘입어 자신에 대한 존엄성을 가지고 계속 변화하고 성장해 나갈 수 있다. 또한 다른 사람에 대해서도 부정의 모습이 있다 하더라도 그 사람의 긍정을 믿어주고 격려한다.

넷째, 성숙한 사람은 영적인 성숙을 바탕으로 가면적, 내면적, 관계적 인격이 조화롭게 균형 잡힌 사람이다. 영적으로 성숙한 사람은 심령이 가난하여 하나님에 대한 강렬한 목마름을 가지고 하나님을 구하는 자다. 이런 사람은 자신의 모습이 다른 사람에게 해를 끼치지 않도록 수시로 자신을 돌아보며(가면적 인격), 자신의 내면에 악이 있음을 인정하고 겸손하게 하나님의 은혜를 구하며 성령님께 의존하며(내면적 인격), 하나님과 가깝고 친밀한 관계를 유지하면서도 사람들과의 관계도 하나님의 사랑으로 사랑의 관계를 할 수 있는 능력을 가지고 있다(관계적 인격).[40] 또한 통전적 개념의 영성을 가지고 있어서 영과 육의 이원론적 생각을 배격하며 영성을 중심으로 지성과 감성과 의지를 포함하는 종합적이고 전인적 개념의 인격 관계를 추구한다(심수명, 2009, 95).

---

40) 필자는 인격의 요소에 대하여 가면적 인격, 내면적 인격, 관계적 인격으로 구분하여 설명하고 이런 인격의 제요소가 건강하고 성숙하게 되기 위해서 필요한 부분에 대하여 『상담목회(다세움, 2024)』책에 기술하였다. 이 부분을 참조바란다(188-195).

다섯째, 성숙한 사람은 신적 자존감을 가지고 자신을 존중할 뿐 아니라 타인을 존중하는 사람이다. 원래 자존감이란 자기 존재에 대한 자부심을 의미하는데 '신적 자존감'이란 하나님이 보시는 시각으로 자기를 보는 것을 의미한다(심수명, 2012, 40-41). '나는 하나님의 사랑과 축복을 받는 자이며 나를 향한 하나님의 기대와 사랑을 가지고 내 삶의 존엄과 자존감을 회복해 가는 것'이 바로 신적 자존감을 가진 자의 태도다. 신적 자존감을 가진 사람은 성경에서 말씀하는 것[41]을 나의 것으로 삼고 산다. 성경에서는 인간을 심히 귀한 존재, 예수님의 목숨과도 바꿀 만큼 귀한 존재로 보고 있다. 그러므로 나를 존중하고 수용하듯이 타인을 존재 자체로서 존귀하게 여기며 수용하게 된다(심수명, 유근준, 2009, 28-30). 뿐만 아니라 모든 사람에 대해서 하나님의 형상으로 지음 받은 존재이기에 귀한 존재로 보고 자신과 타인의 생각을 존중하는 사람이 성숙한 인격자다.

여섯째, 성숙한 사람은 자신의 과거와 현재를 정리하고 미래에 어떤 삶을 살아야 할지 분명한 목표의식을 가지고 살아간다. 미성숙한 사람은 과거 중심으로 살며 과거에 얽매인다. 그러나 성숙한 사람은 '이전 것은 지나갔으니 보라 새 것이 되었도다(고후 5:17)'는 말씀에 따라 자신을 보고 새로운 정체성을 가지고 현재에 일어나고 있는 일과 시대적 현상에 대해 바르게 해석하며 살아간다. 또한 미래의 삶에 대해 하나님이 주신 소명에 따라 믿음을 가지고 비전을 향해 나아간다. 비전은 하나님의 은혜 아래 자신이 누구이고, 어디로 가고 있으며, 무엇이 그 여정을 인도하는지 미리 알고 살아가는 힘이다. 따라서 비전을 가진 사람은 '과거, 현재, 미래'의 흐름이 아니라 '미래, 현재, 과거' 순서로 삶을 바라본다(심수명, 2007, 18).

---

41) "너희 안에서 착한 일을 시작하신 이가 그리스도 예수의 날까지 이루실 줄을 우리는 확신하노라(빌1:6)." "너희 안에서 행하시는 이는 하나님이시니 자기의 기쁘신 뜻을 위하여 너희에게 소원을 두고 행하게 하시나니(빌2:13)."

일곱째, 성숙한 사람은 유연하고 개방적인 사고를 하며 현실 상황을 객관적으로 파악할 수 있다. 경직되고 완고한 사람들은 융통성이 없고 유연성이 없으며 극단적인 생각을 하는 경향성이 있어서 자신들이 원래 가지고 있던 틀을 벗어나면 불안을 느껴 변화에 저항하는 특성을 가진다. 따라서 일반적으로 인격에 문제가 있는 사람은 경직되거나 주변 환경에 잘 적응하지 못하는 특성을 가지고 있으며 성숙한 인격을 갖지 못한다. 그러나 유연하고 개방적인 사고를 가지고 있을 때 계속해서 배우려 하고 자신을 성장하고 변화시키려는 열망을 가지기 때문에 유연한 사고는 성숙한 인격에 아주 중요한 요소다.

여덟째, 성숙한 사람은 성경에 근거한 하나님의 뜻을 실현하는 것을 최고의 목표로 삼는 자다. 성경은 인간을 근본적으로 하나님께 의존된 존재로 묘사하고 있다. 인간은 창조주와의 관계에서 자신의 존재 목적과 사명감을 발견하며 살 때, 다른 사람과의 관계에서도 좋은 관계를 유지할 수 있는 자율과 의존을 함께 내포하게 된다(Hurding, 2000, 294). 그러므로 창조-타락-구속의 맥락을 만족시키기 위해서는, 자아실현적 존재를 추구하기 보다는 하나님의 뜻을 실현하는 존재가 되는 것을 추구해야 한다(박애리, 2007, 94). 따라서 성숙한 사람은 하나님이 창조 시에 의도하셨던 창조 본연의 질서에 있어서 인간의 자기 회복과 자기실현, 자연과 우주의 자기실현을 추구하되 무엇보다 하나님의 뜻을 추구하는 자다.

4. 인격치유 프로그램 구성 과정 및 방법

인격치유 프로그램이 나오게 된 과정을 소개하면 다음과 같다.

1) 주제 선정을 위한 예비 조사

인격치유에 대한 기본 접근 방법과 목적에 따라 인격치유 프로그램을 구성하기에 앞서 실제로 일반 기독교인들이 자신의 인격 성장과 변화를 위해 치유받고 싶어 하는 주제는 무엇인지 알아보기 위한 예비 설문조사를 실시하였다. 설문의 문항은 먼저 필자의 교회 성도들을 대상으로 치유받고 싶은 문제가 무엇인지 주관식으로 조사한 후 그중에서 20문항을 선정하였다. 그리고 한국 기독교인들은 어떤 부분에 대해 치유받고 싶은지 알아보고자 서울과 부산 지역의 기독교인들 800명에게 설문지를 돌렸다. 실험에 응한 800명 중에서 프로파일을 한 개라도 적지 않거나 설문에 정확하게 답하지 않은 사람 62명을 제외한 738명의 자료를 분석하였다.

교회 다닌 연수, 결혼 유무, 직분 등의 기준으로 응답자를 구분한 결과 미혼보다는 기혼이 훨씬 많았으며, 교회 다닌 연수는 남녀 모두 20년 이상이 가장 많았다. 그리고 직분은 집사가 가장 많았고 다음으로는 직분이 없는 사람이어서 이들은 초신자일 것으로 추정된다.

남자 응답자 중 치유받고 싶은 주제 중에서 1위부터 10위까지 살펴보면 열등감이 1위이며 그 다음으로는 분노, 낮은 자존감, 완벽주의, 부정적 자아, 불안, 죄책감, 충동조절, 거절감, 신앙의 순으로 나타났다. 이러한 결과를 살펴볼 때 신앙인이라 하더라도 인격적인 영역에 대한 치유에 관심이 많음을 알 수 있었다. 여자 응답자들의 경우 치유받고 싶은 주제 1위는 남자와 같은 주제인 열등감이었다. 그 다음으로는 낮은 자존감, 완벽주의, 분노, 불안, 부정적 자아, 신앙, 죄책감, 편견, 거절감 순이었다. 10위 내의 결과를 남녀 비교해 보면 남자는 여자에 비해 충동조절을, 여자는 편견의 문제에 대해 더 치유받고 싶어 하는 것으로 나타났다. 남녀를 합한 전체 결과, 치유받고 싶은 주제는 열등감, 낮은 자존감, 분노, 완벽주의, 부정적 자아, 불안, 신앙, 죄책감, 편견, 그리고 거절감 순으로 나타났다.

〈표 21〉 기독교인들의 치유 관심도 설문 결과-전체

번호	관심과 치유 받고 싶은 부분	연령					합계	
		20대	30대	40대	50대	60이상	명	%
1	열등감	27	89	109	52	16	293	10.7
2	낮은 자존감	25	93	89	50	11	268	9.8
3	분노	15	91	103	44	5	258	9.4
4	완벽주의	18	72	100	49	18	257	9.4
5	부정적 자아	23	70	52	37	6	188	6.9
6	불안	22	57	72	28	6	185	6.7
7	신앙	18	40	59	32	8	157	5.7
8	죄책감	12	42	49	41	7	151	5.5
9	편견	11	33	57	30	4	135	4.9
10	거절감	18	44	49	18	4	133	4.9
11	우울증	13	40	40	19	4	116	4.2
12	충동 조절	9	30	43	28	5	115	4.2
13	비만	5	24	39	29	9	106	3.9
14	강박증	8	27	41	18	4	98	3.6
15	자기 연민	8	23	41	16	2	90	3.3
16	폭식	8	8	16	16	4	52	1.9
17	성적 문제	9	12	18	6	5	50	1.8
18	이혼, 재혼	0	11	23	8	0	42	1.5
19	중독	3	17	10	8	0	38	1.4
20	폭행	0	5	3	1	1	10	0.4
합계								100.0

[단위: 명, %] N=738

2) 인격장애에 대한 연구

인격장애에 대해서는 진단 방법, 치료 방법, 예측 가능성 등에 대한 연구가 이루어져 있는 DSM(Diagnostic and Statistical Manual of Mental Disorders)을 참고하였다. 이것은 정신질환진단 및 통계편람으로서 미국정신의학협회(American Psychiatric Association)에서 정신질환의 진단에 있어 가장 널리 사용되고 있는 자료집이다. DSM은 대략적으로 10년 정도에 걸쳐 개정이 되고 있는데 현재 5번의 개정 작업을 걸쳐 DSM-5가 출간되어 사용되고 있다. DSM-5에서는 인격장애를 A군, B군, C군으로 분류한다.

데오도르 밀론(Theodore Million)은 인격장애의 유형을 분류한 의사진 중 한 사람으로서 11가지의 유형에 대해 다른 이름을 붙였다(Oates, 2000, 10).

〈표 22〉 인격장애 유형별 분류

분류	DSM	밀론	특징	핵심 인지
A군	편집성	의심형	불신과 의심, 다른 사람의 행동 의심, 망상	사람들은 모두 적이다.
	분열성	비사교적	사람들과 어울리는 것 기피, 제한된 정서 표현.	나에겐 나만의 공간이 필요하다.
	분열형	기괴함	강한 대인 불안, 공상적 생각, 심한 인지 왜곡, 특이하고 괴이한 생각과 행동.	내가 원하기만 하면 그 일이 일어나게 할 수 있다.
B군	반사회성	공격적	타인의 권리 무시, 침범, 충동적, 무책임.	사람들은 다 착취의 대상이다.
	경계선	불안정	대인 관계, 자아상, 감정의 불안정, 지나치게 충동적.	나는 너무 불안하며 이 세상과 사람은 무섭다.
	연극성	사교적	굉장히 감정적, 관심을 끔.	나는 다른 사람들을 감동시켜야 한다.
	자기애성	자기 중심적	자기 과대평가, 칭찬에 대한 강한 욕구, 공감 결여.	나는 특별한 존재다.

C군	회피성	고립적	회피적 대인 관계, 부적절한 사회 행동, 부정적 평가에 과민.	나는 상처받기 쉬우므로 사람들과 떨어져지내는 것이 좋다.
	의존성	복종적	순종적이고 의존적, 보살핌 받으려 함.	나는 무력하므로 의존대상이 필요하다.
	강박성	순응적	정리 정돈, 청결, 완벽성, 강한 통제 욕구.	실수를 범해서는 안 된다.

기독교인들을 대상으로 조사한 치유받고 싶은 주제에 대한 연구 결과와 DSM과 밀론의 분류, 그리고 필자의 30년 이상의 목회 경험과 25년 이상의 상담 및 임상 경험들을 종합하여 한국인들에게 가장 필요한 인격치유 영역을 선정하였다. 그리고 최근에 인터넷이나 성 중독뿐 아니라 알코올이나 흡연 그리고 관계 중독 등의 심각성이 드러나고 있음을 인식하여 인격치유의 주제에 중독의 문제를 다루어야 한다고 생각하였다. 최종 완성된 인격치유 프로그램은 거절감, 부정적 자아상, 완벽주의, 불안, 분노, 죄책감, 열등감, 우울증, 그리고 중독이다.

3) 인격치유 방법

프로그램 내용을 선정한 후, 저자는 기독교 상담과 인지행동치료를 통합하여 다음과 같은 방법으로 인격치유를 하고자 하였다. 첫째, 주제 내용에 따른 자기 발견, 둘째, 부정적이고 비합리적인 자기대화를 긍정적이고 합리적인 자기대화로 바꾸기, 셋째, 비합리적이며 왜곡된 사고를 합리적·성경적 사고로 바꾸기, 넷째, 성경적 사고 모델에 따라 자신의 실제 사건에서 일어난 일을 작성하고 적용하는 것이다. 이 중에서 성경적 사고 모델은 필자가 기독교 상담과 인지행동치료를 통합하여 새롭게 구성한 것이다.

(1) 주제에 따른 자기 발견

매회 인격치유 프로그램의 주제에 따른 강의 내용을 읽고 자신에게 해당되는 것이 무엇인지 발견하여 얻은 깨달음을 적는다. 매회기 마다 제시하고 있는 여러 척도(체크리스트)를 참고하여 자신의 현재 상태가 어떠한지 점검한다. 그리고 강의 내용에 따라 자신에게 해당되는 문제는 무엇이며, 그 문제의 원인, 증상과 치료법 등에 대해 숙지하여 자신에게 적용해야 할 점이 무엇인지 찾아본다.

(2) 자기대화 바꾸기

자기대화(self talk: 또는 내면의 독백, 내적 대화)는 어떤 상황이 일어났을 때 자신이 처한 상황 속에서 마음과 생각 속으로 하는 자기와의 대화다. 이러한 자기대화 또는 사적인 대화는 하나가 아니라 여러 개가 동시에 생각날 수 있다. 삶속에서 어떤 일이 일어날 때마다 우리는 생각 속에서 어떤 내적 독백을 한다. 자기대화는 핵심 신념과 관련이 있다. 자기대화는 1분에 600개의 단어가 떠오를 정도로 생각의 속도가 매우 빠르기 때문에 자기대화를 전혀 인식하지 못할수도 있다. 따라서 많은 사람들은 자신의 자기대화의 범위가 어느 정도인지 인식하지 못한다(심수명, 2003, 288).

자기대화는 그 수준이나 층이 달라 치유를 통해 발견하고 다루어야 한다. 자기대화는 이미 입력된 소리가 있어 그 소리가 나도 모르게 자동적으로 재생되곤 하는 것이다. 아마도 우리는 한 가지 주제에 대해 두 가지 이상의 생각을 갖고 있을 것이다.

예를 들어, 한 쪽에서는 '나는 모든 사람에게 사랑받고 인정받고 싶어!'라고 말하지만 다른 목소리는 '나는 할 수 없어! 사람들이 나를 싫어할 거야.'라는 생각을 할 수도 있다. 또한 '나는 내게 힘을 주시는 그리스도 안에서 모든 것을 할 수 있어! 나는 하나님께 소중하고 귀한 존재야!'라고 말하지만 '나 같은 것을 하나님이 사랑하실 리가 없어.'라는 또 다른 생각도 있을 것이다. 이러한 내적 소리는 대개 부정적인 소리가 긍정적인 소리보다 훨씬 더 영향력이 커서 부정이 긍정의 소리를 삼켜버릴 때가 많다.

비합리적인 자기대화를 합리적인 자기대화로 바꾸는 예는 다음과 같다.

〈표 23〉 자기대화 바꾸기

비합리적 자기대화	합리적 자기대화
"나는 항상 잘해야만 해(완벽주의적 사고)."	"인간은 불완전한 존재이므로 실수할 수도 있어. 나의 실수를 편하게 받아들이자."
"나는 친절하고 상냥한 대우를 받아야 해."	"다른 사람이 나에게 친절하지 않을 수도 있어."
"내가 원하는 대로 되지 않으면 너무 슬프고 우울해."	"상황이 내가 원하는 대로 되기를 바라는 것은 합리적이지도 현실적인 생각도 아니야."

자기대화법을 통한 인격치유 방법은 사람들로 하여금 자기대화가 어떤 식으로 이루어지는지 인식하여 그것이 얼마나 비합리적인지 분석하도록 돕고, 비합리적인 사고를 합리적인 사고로 바꾸도록 하는 것이다. 이렇게 되면 부정적이거나 적절하지 않은 자기대화가 좀 더 적절하고 건설적이며 합리적으로 바뀌어 삶의 태도도 바뀌게 된다.

(3) 합리적, 성경적 사고로 바꾸기

건강한 삶에 방해가 되는 자동적인 사고와 비합리적 사고를 찾아서 합리적인 사고로 바꾸고 성경적인 사고로 바꾸는 연습을 한다. 합리적 사고는 자기 자신, 다른 사람들, 주변 세상에 대한 적합하고 적절한 사고며, 현실적인 사고다. 성경적 사고는 성경의 진리와 일치하는 사고다. 자동적 사고를 합리적인 사고로 바꾸는 예는 다음과 같다.

〈표 24〉 합리적 반응의 예

<상황: 교통 체증 때문에 가야 할 곳에 가지 못하고 갇혀 있을 때>

느낌	자동적 사고	합리적 반응
좌절	매일 이런 일이 일어나고 있어. 정말 끔찍하고 싫어.	자주 일어나긴 하지만 매일 일어나는 것은 아니다. 불편하긴 하지만 끔찍한 것은 아니다.
분노	사람들이 제대로 운전하는 법을 안다면 이런 일은 일어나지 않을 거야.	사람들이 제대로 운전하는 법을 알아도 차가 워낙 많으니 교통 체증은 어쩔 수 없는 것이다.
걱정	늦으면 어떡하지. 아들 피아노 공연에 가지 못할 것 같은데.	공연을 놓칠 것 같지는 않지만 만약 늦더라도 아들은 이해해 줄 것이다.

자동적 사고를 바꾸는데 도움이 되는 성경 구절을 예로 들면 다음과 같다.

〈표 25〉 자동적 사고를 바꾸기 위한 성경 구절

자동적 사고	성경
나는 더 이상 이것을 참을 수 없어.	사람이 감당할 시험 밖에는 너희에게 당한 것이 없나니 오직 하나님은 미쁘사 너희가 감당치 못할 시험당함을 허락지 아니하시고 시험당할 즈음에 또한 피할 길을 내사 너희로 능히 감당하게 하시느니라(고전 10:13)
이런 일을 하다니! 나는 정말 역겹고 무가치한 존재야.	만일 우리가 우리 죄를 자백하면 저는 미쁘시고 의로우사 우리 죄를 사하시며 모든 불의에서 우리를 깨끗하게 하실 것이요(요일 1:9)
나는 구제 불능의 죄인이야!	너희 중에 이와 같은 자들이 있더니 주 예수 그리스도의 이름과 우리 하나님의 성령 안에서 씻음과 거룩함과 의롭다 하심을 얻었느니라(고전 6:11)
아무도 나를 사랑하지 않아.	우리가 아직 죄인 되었을 때에 그리스도께서 우리를 위하여 죽으심으로 하나님께서 우리에게 대한 자기의 사랑을 확증하셨느니라(롬 5:8)
아무도 믿을 수 없어.	여호와께 감사하라 그는 선하시며 그 인자하심이 영원함이로다 (대상 16:34)

다음은 일반적인 거짓 신념 체계가 어떻게 속죄, 칭의, 화해, 중생, 입양과 같은 성경의 위대한 진리로 대체될 수 있는지 보여 준다(Litchfield & Litchfield, 2002, 50).

〈표 26〉 거짓 신념과 진리

거짓 신념		진리
실패하는 자는 사랑을 받을 가치가 없고 정죄를 받아 마땅하다(처벌의 두려움).	속죄 (요일 4:9-10)	하나님은 나를 호의적으로 바라보시고 무조건적으로 사랑하신다.
나 자신에 대해 좋은 느낌을 가지려면 성취를 해야 한다(실패의 두려움).	칭의 (롬 3:19-25)	나는 예수님의 십자가를 통해 용서를 받고, 의롭게 되었으며, 하나님과 화목하게 되었다.
나 자신에 대해 좋은 느낌을 가지려면 다른 사람들로부터 인정을 받아야 한다(거절의 두려움).	화해 (골 1:19-22)	나는 하나님께 전적으로 수용되었다.
지금 이 모습이 바로 나다. 나는 변화될 수 없으며 희망이 없다. (자기 증오-수치감의 두려움).	입양 (엡 1:3-7)	하나님은 나를 거룩하고 흠이 없게 하시려고 예수로 말미암아 나를 하나님의 아들이 되게 하셨다.

인격치유가 지향하는 것은 결국 성경적인 사고다. 그러기 위해서는 자기 안에 있는 자동적이며 비합리적인 사고가 무엇인지 정확하게 살펴보고 인정한 다음 그것을 합리적인 사고로 바꾸어야 한다. 그리고 그 합리적인 사고를 다시 성경적 사고로 바꾸어야 한다. 엘리스는 12가지 비합리적인 사고를 합리적인 사고로 바꿀 수 있다고 하였다(Ellis, 1994). 그리고 그것을 다시 성경적 사고로 바꾸면 다음과 같이 정리할 수 있다.

〈표 27〉 비합리적 사고, 합리적 사고, 성경적 사고[42]

	비합리적 사고	합리적 사고	성경적 사고
사랑	모든 일에 대해 중요한 사람들에게 사랑과 인정을 받아야만 한다.	내가 한 일에 대해 중요한 사람들에게 사랑과 인정을 받기보다 스스로 인정하고 존중하는 것에 집중한다.	하나님은 독생자를 주실 만큼 나를 사랑하신다. 나는 그 사랑으로 나와 모두를 넉넉히 사랑한다.
악	어떤 행위는 나쁘고 악하며 그런 행위를 한 사람은 반드시 비난받고 처벌받아야 한다.	나쁘고 악한 행동을 한 사람을 비난하는 것은 도움이 되지 않으므로 변화를 위해 도움을 주는 것이 더 낫다.	모든 사람은 하나님의 형상으로 존엄하며 은혜 입은 존재이지만 악의 잔재를 잘 다룰 수 있도록 주님을 의지해야 한다.
일	일이 내가 원하는 대로 되지 않으면 끔찍한 일이다.	일이 내 뜻대로 되면 좋겠지만, 그렇게 안 된다면 그것을 수용하고 받아들인다.	모든 일이 하나님의 섭리 안에 있지만 나는 청지기로서 내게 맡겨진 일에 최선을 다한다.
결정	불행은 외부 사람과 사건들에 의해 결정된다.	외부 조건을 바꾸려 할 때 괴로움은 더 가중되므로 외부 상황을 바꾸려 하기보다 받아들인다.	성경적 사고를 통해 하나님의 시각을 알고 하나님께 순종하면서 점점 더 많은 것을 책임지는 삶을 살겠다.
미래	위험하거나 두려운 일이 일어날 가능성을 늘 생각하고 있어야 한다.	걱정한다고 미래를 바꿀 수 없으므로 위험한 일을 바꿀 수 없다면 그 일을 받아들인다.	하나님은 나에게 최선의 것을 주시려고 준비하셨기에 그리스도와 함께 할 영광을 바라보고 확신 있는 삶을 살겠다.
대응	인생에서의 어려움은 책임지고 부딪치기보다 피하는 것이 더 쉽다.	어려움을 피하고 쉬운 길로 가려고 하면 궁극적으로 더 힘든 삶을 살게 되므로 맞서보자.	하나님의 의를 따라 믿음으로 나아가며 사랑과 지혜로 도전하겠다.
의존	우리는 강하고 의지할 만한 누군가가 있어야만 한다.	도움이 필요할 때 의지할 수는 있지만 의지할 생각보다 스스로 헤쳐나가는 것이 더 낫다.	인간은 서로 의지하고 도움받을 수 있지만 절대적으로 의지할 분은 하나님뿐이다.

성공	모든 면에서 유능하고 지적이어야 하며 성공해야 한다.	인간은 누구나 인간적인 한계와 부족이 있으므로 항상 잘해야만 한다는 생각보다는 불완전한 존재임을 받아들이는 것이 좋다.	최선을 다하고 그 결과를 받아들이지만 실수와 연약함을 통해 성령의 지혜를 얻는다.
운명	인간의 문제는 완전한 해결책이 있고 만약 그 해결책을 발견할 수 없다면 끔찍하다.	세상은 불확실하다. 그럼에도 가장 좋은 결과를 위해 위험을 무릅쓰고 모험에 도전한다.	하나님은 나에게 삶을 맡기셨다. 나는 청지기로서 하나님의 뜻을 살펴 최선을 다해 주도적으로 살겠다.
통제	우리는 모든 일을 분명하고도 완벽하게 통제해야만 한다.	세상은 우연과 기회로 가득 차 있으므로 세상을 통제하기보다 인생을 즐기는 것이 더 낫다.	모든 것은 하나님의 섭리 안에 있으므로 매 순간 최선을 다하며 기쁘게 살자.
과거	현재의 행동은 과거의 사건이나 경험에 의해 결정되므로 과거로부터 벗어날 수 없다.	과거의 영향에 집착하지 말고 잘못된 편견에서 벗어난다.	하나님은 우리에게 각자 은사를 주셔서 은사대로 섬기고 영혼을 위해 섬길 사명을 주셨다.
감정	나는 힘든 사건(일)이 발생하면 불안한 감정을 떨쳐버리기 힘들다.	감정의 지배를 받기보다 합리적으로 사고하고 행동하는 연습을 하는 것이 필요하다.	우리의 감정과 사고와 행동을 성령님의 인도하심에 맡기고 항상 기뻐하고 감사하며 살기로 결심하자.

깊이 뿌리박힌 비합리적 신념은 합리적이고 성경적인 사고로 바뀌기까지 몇 개월이 걸릴 수도 있다. 어린 시절부터 습관화된 자동적이고 비합리적이며 왜곡된 사고가 합리적이며 성경적인 새로운 사고로 변화되기까지는 많은 노력과 시간이 걸릴 수밖에 없다(Litchfield & Litchfield, 2002, 49-50). 그래서 인격치유를 위해서는 성령의 은혜와 도우심 안에서 자신을 믿어주고 격려하는 관계와 함께 변화를 위한 지속적인 노력이 필요하다.

---

42) 앨리스가 말한 비합리적 사고와 합리적 사고를 정리한 후 저자가 성경적 사고를 추가하여 재구성하였다.

(4) 성경적 사고 5단계 모델 적용하기

비합리적 신념을 찾아 성경적 사고로 바꾸어 인격이 치유되도록 하기 위한 방법으로써 필자는 래리 크랩(Larry Crabb, 1997, 184)의 7단계 모델을 좀 더 쉽게 적용하도록 하기 위해 5단계 모델을 제시하고자 한다.

---

1) 1단계: 사건(상황, 환경, 행동)은 무엇이었으며 그때의 반응은 어떠했나?

2) 2단계: 그 당시의 감정은 무엇인가?

3) 3단계: 그러한 감정이나 행동은 어디에서 생긴 것인가?

4) 4단계: 잘못된(비합리적, 자동적) 사고는 무엇인가?

5) 5단계: 합리적이며 성경적 사고는 무엇이며 그때의 감정은 무엇인가?

① 합리적 사고:

② 성경적 사고:

③ 새로운 감정:

5장 인격치유 프로그램

1회: 거절감 치유

〈사례〉

언제부터 내 주위에 담을 쌓기 시작했는지 나도 잘 모르겠다. 아마도 담을 쌓기만
하면 싫은 사람들로부터 벗어날 수 있을 거라는 생각을 하면서 시작된 것 같다. 처음
에는 담이 그리 높지 않아서 담에 부딪쳐 넘어지는 사람도 있었다. 또 어떤 사람들은
담이 있다는 사실을 알면서도 마구 넘어와서 나에게 아주 가까이 접근해 오곤 했다.
그럴 때마다 나는 몹시 부담스러워 담을 더 높이 쌓게 되었다. 그 후 좀 편해지는가
싶더니 또다시 사람들이 찾아오기 시작했다. 어떤 사람은 지겹도록 오래 머물기도 했
고 내가 좋아하지 않는 사람들도 찾아왔다. 어느 날 어떤 사람은 담을 뛰어 넘어오기
도 했다. 나는 무척 화가 나서 담을 더욱 높이 쌓기로 결심했다. 담을 쌓으면 쌓을수
록 내 마음은 더 편하고 만족스러웠다. 돌 위에 아름답게 색칠도 하고 유리도 끼웠다.
그리고 아무도 들여다보지 못하도록 어둡게 칠했다. 나 역시 담 너머 다른 세계를 보
고 싶지 않았기 때문이다.

나는 담을 쌓는 일에 계속 몰두했다. 담의 모양이 마음에 들 때까지 몇 차례 쌓았
다가는 헐고 다시 쌓았다. 이제는 담이 너무 높아져서 지나가는 사람들을 볼 수도 없고
소리도 들리지 않았다.

어느 날 갑자기 나는 외롭기도 하고 두렵기도 했다. 그래서 소리쳤다.

"거기 아무도 안 계세요?" 그러나 아무런 대답도 없었다. 담 안쪽은 어두웠고 불쾌
한 냄새도 났다. 오랫동안 혼자 있는 것은 너무 적적하고 외로운 일이었다. 나의 담
은 너무 높았고 보기에도 무척 흉했다. 내가 원해서 담을 쌓았건만 이제는 깊은 고독
과 허무감 외에는 남은 것이라고는 아무것도 없었다. 제발 누가 날 도와주면 좋으련
만......(Evans, 1998. 참조).

1. 거절감이란?

브루스 리치필드(Bruce Litchfield)와 넬리 리치필드(Nellie Litchfield)는 거절감을 내적 결핍의 차원에서 다루고 있다. 모든 사람은 타인으로부터 안전감과 자기가치감, 중요한 느낌을 내적으로 받고 싶은 간절한 마음이 있다. 그러나 이러한 필요가 채워지지 않으면 사랑의 결핍이 생기면서 거절을 경험하게 된다(Litchfield & Litchfield, 2002a).

데렉 프린스(Derek Prince)는 거절을 '다른 사람이 나를 원하지 않는다고 느끼는 상태(Prince, 2007, 8)'라고 정의하고 있다. 다른 사람이 나를 원하지 않는다는 것은 인간관계속에서 상대방이 보여주는 태도에서 나타난다. 이러한 관계를 통해 거절감은 인간관계의 상호작용 속에서 생겨나는 감정이라고 볼 수 있다.

자녀에게 가장 소중한 사람은 부모다. 그런데 부모가 자신을 버렸다는 느낌을 자녀가 갖게 되면 세상이 나를 버렸다는 생각이 들면서 부모도, 세상도 나를 사랑하지 않으니 나 자신도 나를 사랑할 수 없는 사람이 되는 것이다. 자신이 살 만한 가치가 없는 사람으로 여겨져 황량한 가슴이 되는 것, 이때 느껴지는 감정이 거절감이다. 특히 깊은 거절감은 존재를 거절받은 느낌을 주기 때문에 절망적인 상태가 되며 이때 인간은 자신에 대하여 수치감을 갖게 된다.

노엘 깁슨(Noel Gibson)은 거절감에 대해 "가장 진단이 안 된 것이며, 가장 많이 다루어지지 않은 것으로, 오늘날 그리스도인의 몸 안에 있는 만성적인 질병"이라고 진단하고 있다(Gibson & Gibson, 2000, 6). 장기화된 깊은 거절감은 상처의 주된 원인이며 성격 전체에 부정적이며 파괴적인 영향을 미친다. 사람이 거절감을 경험하게 되면 더 깊은 상처를 받지 않도록 자신을 보호하기 위해서 주위에 벽을 쌓는다. 이때 참된 '나'는 숨겨지고 거짓 자아가 그 자리를 차지한다(Litchfield & Litchfield, 2002a, 79). 이러한 거짓된 나를 나 스스로가 사랑하거나 존귀하게 여길 수 없기 때문에 다른 사람들도 내가 원하는 만큼 내게 호의적이거나 사랑을 베풀지 않는다고 생각한다. 거절감을 받은 사람은 부정적 신념이나 경험을 바탕으로 거절감이 일어나도록 관계하는 패턴을 가지고 있어서 다시 거절감을 경험하게 되는 악순환이 있다는 점에서 그 심각성이 있다. 또한 거절감은 자신의 존재에 대하여 수치심을 갖게 하여 인격적으로, 관계적으로, 능력적으로 모든 영역에서 심각한 상처와 문제를 낳는다.

2. 거절감의 증상

거절감을 느낄 때 크게 두 종류의 양상이 나타난다. 하나는 거절감의 상처로 자기를 학대하는 사람이고 또 다른 하나는 그 화를 가지고 타인을 학대하는 사람이다. 그것을 살펴보면 다음과 같다(Litchfield & Litchfield, 2002a, 79).[43]

〈표 28〉 거절감의 증상

자기 학대	타인 학대
슬픔, 자기연민, 자기증오, 우울감, 무관심, 열등감, 불완전감, 실패감, 죄책감, 수치심, 낙심, 절망	적대감, 자만심, 궤변, 고집, 우월감, 경쟁심, 군림, 완고함, 조종, 배우려 하지 않음, 망상, 적개심/원망, 쓴 뿌리, 비판, 통제, 소유욕

1) 자기학대

자기학대를 하는 사람은 어떤 모습을 갖는지 살펴보면 다음과 같다.

첫째, 슬픔이다. 자연스러운 슬픔은 상실 뒤에 따라오는 정상적인 애도 과정의 한 부분으로서 사람으로부터 수용 받을 때 회복되는 특징이 있다. 또한

---

43) Litchfield & Litchfield의 개념에서 불명확한 것은 저자가 일부 수정하고 추가하였다.

슬픔은 내버려두면 장기화되어 만성적인 슬픔이 된다. 심각한 슬픔은 부정적 관심을 유발하여 병리적 관계를 만든다.

둘째, 자기연민이다. 자기연민은 자기 자신에게 지속적으로 슬픈 감정을 가지고 있는 것이다. 자신의 개인적 상황과 환경에 대해 부정적으로 실망감과 슬픔을 허용한다. 계속 슬픔과 실망감으로 자신을 달래기 때문에 연민은 치명적인 자기 파괴 행위며, 저자는 이것을 녹슨 감정이라고 부르고자 한다. 자기연민 속에 빠져있는 사람은 거절감을 표출하는 것이지만 결과적으로는 거절감을 더 강화시킨다.

셋째, 자기증오다. 자기증오(자기혐오)는 수치감의 특징으로 다른 사람들로부터 거절을 받은 후 스스로 자신을 거절하는 것이다. 자기증오는 중독이나 배신, 성적 학대같이 인간관계 속에 깊은 충격이나 상처를 받은 사람에게 흔히 볼 수 있다. 근친상간의 경우 자기증오는 더욱 심각하다. 그것은 가족 구성원으로부터 배신과 버림을 당한 것이기 때문이다. 이런 상처들은 내면에서 자기 가치를 거부하게 만든다.

넷째, 무관심(냉담)이다. 무관심은 열정이 없이 혼자 존재하는 것, 삶의 의미와 소망 없이 생각이나 감정이 죽은 것처럼, 자신을 포기하며 버리는 것처럼, 살아가는 나태한 상태를 뜻한다. 무관심은 삶의 도전을 포기했음을 보여 주는 초기 신호다. 이러한 무관심은 지속적인 거절과 반복적인 실패의 감정에서 비롯되는 부정적인 정서다. 그래서 노력하는 것이 "무슨 소용이 있느냐."라고 그들은 말한다. 삶의 아픔이나 고통에 맞서 보았지만 실패하여 자신과 타인에 대해 냉담해졌기 때문이다.

다섯째, 불안전감이다. 불안전감은 미래의 불확실과 사랑과 인정 욕구에 대한 보장이 없는 내일에 대한 두려움 때문에 끊임없이 존재의 공포를 경험하는 것이다. 이것은 어릴 때부터 받은 사랑의 결핍과 거절, 또는 존재의 불안에서 만들어진다.

여섯째, 실패에 대한 두려움이다. 거절 속에 살아가는 사람들의 가장 큰 갈등 중 하나는 그들의 무가치성을 신념으로 받아들여 계속적으로 자신이 부적절하다고 느끼는 것이다. 어릴 때부터 자신이 실패자며 좋지 않은 아이라고 취급되었기 때문에 실패에 대한 두려움을 강박적으로 갖고 있어 항상 실패를 예견하면서 일을 한다. 그래서 결국 실패를 반복하게 된다.

일곱째, 수치감이다. 수치감은 세상의 다른 누구보다 자신이 유난히 더럽고 부적절하며 가치가 없다는 느낌이다. 자신을 가치 없다고 생각하는 수치감은 자기를 거절하는 것이며 자기증오의 감정이다. 수치감은 사람이 모든 것에서 완벽해서 어떤 문제나 잘못이 없어야 한다는 거짓말에 깊이 뿌리박고 있다.

여덟째, 낙심이다. 낙심은 일종의 좌절 감정으로써 자신의 감정을 죽여 가며 자신이 사라지는 느낌을 가지게 한다. 낙심은 자신의 삶을 포기하여 하나님이 주신 영적 에너지와 삶의 모든 열정과 에너지까지 서서히 상실하게 만들며 문제와 어려움을 과장하여 스스로 항복하다가 결국 해결할 의욕까지 잃어버려 심한 경우 삶을 포기하게 된다.

아홉째, 절망이다. 절망은 낙심보다 더 깊은 부정적 정서로서 인생을 포기하고 싶어 하는 마지막 감정이다. 절망은 영적인 눈과 귀를 멀게 하며, 심리적으로 자기 존재의 마지막을 경험하기도 하며, 양심이 그 기능을 정지시키기도 한다. 그리고 감정적으로 이 모든 책임을 하나님과 타인에게 돌려 적대적인 마음을 갖게 한다.

2) 타인학대

공격적인 성격을 가진 사람은 거절에 대해 타인학대로 반응한다. 타인학대는 다른 사람들에게 자신이 거절받을 만한 사람이 아니라는 것을 증명하기 위한 노력으로 거절에 대해 공격적으로 반응하는 것이다.

첫째, 자만심이다. 자만심은 자신은 잘못이 없으며 문제가 발생한 모든 잘못은 다른 사람에게 있다고 생각하는 것으로 다른 사람들을 짓밟거나 착취하는 것을 당연하게 여긴다. 또 개인적인 허영심과 자기중심주의를 반영하는 것이다. 이런 사람들은 이중적으로 그 양상이 나타난다. 타인의 아픔에 대해 잔인한 태도를 취하면서 자신의 깊은 외로움은 심리적으로 숨기는 것이다. 자만심은 보통 복잡한 궤변과 결합되어 나타난다.

둘째, 궤변44)이다. 궤변은 간단한 것을 복잡하게 만들어서 진짜 감정을 숨기도록 만든다. 자만심과 복잡한 궤변은 대화가 피상적이 되고, 거짓으로 논리를 조작하기 때문에 비현실성을 가지게 된다. 이들은 옳고 차분하게 보이려는 욕구가 있지만 그 이면에는 불안전감, 두려움, 열등감이 있다.

셋째, 고집이다. 고집은 열등감과 불안전감의 또 다른 신호로서, 특히 새로운 상황에서 나타난다. 고집은 어린 시절의 습관적인 패턴으로부터 발달될 수 있는데, 특히 자신의 지위를 남용하는 강한 권위자를 대하는 태도에서 수동적 공격 성향으로 이러한 습관이 생길 수 있다.

넷째, 우월감이다. 우월감은 학문, 지식, 종교, 전문직의 세계에서 흔한 것이다. 종종 우월감은 자기 과시의 모습으로 나타나는데 그 속에는 자기애적 병리가 숨어있다. 우월감의 이면에는 깊은 열등감과 불안전감이 자리 잡고 있다.

다섯째, 경쟁심이다. 경쟁심은 과잉 성취, 일 중독, 자기 과시적 행동, 완벽주의와 밀접한 관련이 있다. 경쟁심은 사랑을 얻기 위해, 또 뭔가 대단한 사람이 되기 위해 혹은 시기와 질투에 의해 움직이는 것이다. 자신을 세상에 보여주기 위해 '나는 할 수 있다.'는 것을 입증하려고 애쓴다. 경쟁적인 태도는 어린 시절 부모들이 자기 자녀들에게 무엇이든 잘하도록 압력을 준 것에서 시작된다.

여섯째, 군림이다. 군림은 불완전감의 신호로서, 심각한 사랑의 결핍이나 폭력적 가정에서 비롯되곤 한다. 군림하기를 원하는 사람은 다른 사람을 지배하여 자신의 힘을 과시하고 싶은 마음이 있기도 하지만 약자로 보이는 것이 너무 불안해서 군림하고 지배하려는 태도를 보이기도 한다. 이런 사람은 자신의 약

---

44) 궤변은 속이기 위한 의도를 지닌 거짓 논쟁을 뜻하는 sophism이라는 말에서 유래되었다.

함이 드러날까 봐 노심초사하면서 미리 힘을 과시하려 한다.

일곱째, 완고함이다. 완고함은 '융통성이 없고 유연성이 없으며 극단적으로 강직하다'는 뜻을 가지고 있다. 완고한 사람들은 그들이 생각하는 구조를 벗어나면 불안전감을 느낀다. 이들은 융통성과 타협을 악한 것으로 보려는 경향이 있고, 선과 악으로 보는 자신의 편견에 익숙한 대로 살게 한다.

여덟째, 조종이다. 조종은 기만적이거나 간접적인 수단을 통해 사람이나 환경을 자신이 원하는 대로 지배하려는 시도다. 조종은 그 영향력이 매우 다양하다. 조종의 유형은 4가지가 있다(Tomson, 1993, 145-146).

〈표 29〉 조종의 유형

종류	목적	중심
능동형	통제	강자의 입장에 서서 자신의 약함을 숨기고 약점을 이용하여 타인을 지배하고 이용함.
수동형	수비	자신이 손해 본다는 것을 보여주기 위해 약자로 포장함. 하지만 뒤에서는 이익을 챙기는 간교한 속임수로 살아가는 다양한 방법이 있음.
경쟁형	이기는 것	이기기 위해 수단과 방법을 가리지 않음.
무관심형	자기 편한 것	누가 어떻게 되든 관심이 없다고 하면서 스스로를 기만하고 교묘하게 자기를 속임. 사람들의 관심이 자기에게 집중되도록 연민과 부정으로 조종함.

아홉째, 배우려 하지 않는 것이다. 배우려 하지 않는 태도는 "나는 다 알고 있어. 그것엔 새로운 게 없어. 난 이미 다 들었어."라고 말한다. 때때로 "내가 몰라서 배운다 하더라도 도움이 되는 것은 없어."라고 말하며 지독한 게으름과 고집으로 살아간다.

열째, 망상이다. 기만이 만성화되면 쉽게 망상으로 발전될 수 있다. 예를 들어, 실제로는 그렇지 않은데 남편이 외도를 하고 있다고 지속적으로 생각하게 되면 나중에 망상으로 발전하게 된다. 공상과 망상은 다른 사람에 대한 불신을 갖는 편집증(과대망상증)으로 발전될 수 있다.

열한 번째, 적개심과 원망이다. 적개심과 원망은 문제들 이면에 있다. 상처를 입었을 때 분노, 슬픔, 죄책감, 수치심 등이 나타날 수 있는데 이러한 것들이 잘 해결되지 않은 채 부정 감정이 점점 더 쌓이면 적개심과 원망, 증오 등의 감정으로 남을 수 있다.

열두 번째, 비판이다. 비판은 부정적인 시각으로 상대의 약점을 지적하는 것인데 여기에는 긍정적인 시각이 없고 불만족이 가득하다. 거짓된 가르침이 만연하는 현실 속에서 이를 올바르게 비평하고 분별하여 진리를 추구하기 위해 적절한 분별력은 필요한 것이지만 부정과 비판적인 시각으로 상대방을 공격하는 것은 타인을 학대하는 것이다.

열세 번째, 지배욕과 소유욕이다. 지배하는 태도는 자기가 주도권을 잡으려하며 소유욕은 상대방이 나를 위해 살도록 조종한다. 두 가지 모두 타인의 인격을 파괴하는 치명적인 무기다. 장성한 자녀나 결혼한 자녀에게 독립을 허락하지 않는 것 역시 바로 지배와 소유욕의 한 단면이다.

자기학대와 타인 학대의 여러 양상 중에서 자신에게 어느 부분이 더 많은지 살펴보면 자신을 이해하는데 도움이 될 수 있다.

3. 거절감으로 인한 성격 유형

거절감으로 인해 형성되는 성격 유형은 수동형, 부정형, 공격형, 허무형의 4가지로 나타난다.

1) 수동형

수동적인 사람은 위대하고 충성스러운 봉사자며 조력자로서, 유능하고, 헌신

되고, 민감하고, 잘 보살피는 경향이 있고 상담에 흥미를 느끼는 경우가 많다. 이들에게는 친절하게 대해 주는 것이 중요하다.

수동형은 자신의 필요를 충족시키기 위해서 중요한 권위자에게 접근할 수 있다. 이 유형의 주된 언어 표현은 "나는 당신에게 충성하겠습니다.", "당신이 원하는 것은 뭐든 할게요.", "제발 나를 격려해 주세요." 라고 말하거나 그런 감정적 태도를 취한다.

그 사람의 깊은 내면에서 정말 말하고 있는 것은 '제발 나를 사랑해 주세요'다. 그들은 사랑의 결핍 때문에 권위자로부터 수용과 사랑을 바라며 권위자가 자신에게 신이 되어 주길 바란다. 그들은 논쟁이나 직면을 좋아하지 않고 의존적으로 밀착하며, 매혹적일 수 있다. 또한 관계에서 본의 아니게 도덕적 확신을 제공하기도 한다. 잘못을 지적받을 때는 과다하게 반응하거나 깊은 거절감, 자기연민, 우울증에 빠지는 경향이 있으므로 사랑과 격려를 받기 위해 권위자보다 하나님과 관계를 맺도록 격려해야 한다.

사울왕은 전형적인 '수동적' 인물이었다. 사울이 하나님께 불순종한 이유는 사람을 두려워했기 때문인데(삼상 15:24) 이것은 사람에게 버림받을 것에 대한 두려움, 순응, 자기연민 때문이었다. 그는 하나님의 확언보다 사람들의 인정을 원했다. 타인에 대한 두려움을 해결하는 유일한 해답은 하나님을 경외하는 것이다.

2) 부정형

부정형은 권위자를 멀리하는 유형으로서, 전형적으로 "나는 할 수 없어. 나는 포기했어."라고 말하곤 한다. 그들이 정말로 말하는 것은 '아무도 나를 사랑하지 않아.'이다. 이러한 부정적인 성격은 현대인들의 일반적인 성격이다. 이들은 무관심한 조종자로, '관심 없어', '상관없어'라는 태도를 취한다. 하지만 이런 태도를 취하는 것은 자신의 깊은 욕구와 사랑받고 싶은 욕구에 대해 알아차리지 못하기 때문이다. 따라서 부정형은 시도를 포기하고, 의욕을 상실한 사람이다.

　모세는 전형적으로 '부정적'인 인물이었다. 애굽과 자기 민족인 히브리인들로부터 거절당하고 광야에서 40년을 보낸 그는 불타는 떨기나무 앞에서 하나님을 만났다. 거기서 그는 애굽으로부터 이스라엘 백성들을 인도하라는 부르심을 받았지만, 갈 수 없는 이유를 다섯 가지나 제시하면서 '할 수 없다.'고 말했다. 이들은 자기부정을 인식하면서 자신의 상처와 태도를 치유 받은 다윗처럼 하나님을 바라보는 믿음의 태도를 배워야 할 것이다.

3) 공격형

　공격형은 사랑과 인정, 수용을 얻기 위해 권위자에게 반항한다. 자기주장이 강한 인본주의 시대에 가장 많이 접할 수 있는 성격 유형이다. 성공하라고 강조하는 시대 속에서 살아가는 이들은 실패에 대해 깊은 두려움을 갖고 있으며, 칭찬을 받으면서도 칭찬을 받아들이기를 어려워한다. 그들은 자신의 부족을 인정하기 힘들어하기 때문에 자신의 약점을 고칠 수가 없다. 이들은 다른 사람들과 함께 하는 것을 좋아하지 않으며 친밀한 관계를 유지하는 데 갈등을 느낀다. 또한 매사에 기다리지 못하고 스트레스성 질환이나 성적인 부도덕, 탈진에 쉽게 빠진다. 이들이 배워야 하는 것은 은혜(갈 3:1, 5:1)와 안식(히 4장)이다.

　야곱은 공격형의 전형적인 인물이었다. 그의 이름은 '약탈자'라는 뜻을 갖고 있었으며, 이것은 그가 살아온 생활방식의 특징이었다. 그는 조종의 기술로, 자신의 것을 빼앗은 삼촌 라반과 심리적 전쟁으로 재물을 얻었다. 밧단 아람에서 20년간 긴 세월을 보낸 후, 결국 그는 하나님과 씨름을 하게 되었고 하나님은 그의 환도뼈를 치셨다. 그것은 조종하는 야곱의 마지막 모습이었다. 그 후 야곱은 약한 자신의 모습을 인정하고 하나님과 형에서 앞에 엎드려졌다. 결국 하나님의 긍휼 속에서 그의 이름은 '하나님과 씨름하여 이긴 자(이스라엘)'로 바뀌었던 것이다.

4) 허무형

허무형은 반항심을 갖고 권위자를 멀리하는 반응을 나타내며 사랑을 믿지 않는다. 이들은 너무나 많은 관계에서 상처를 입은 후, 사랑을 포기해 버리고 자신은 사랑스럽지 않다고 결론짓는다. 이들은 타인에게 공격적으로 반응하며, 다른 사람들 역시 사랑스럽지 않다는 확신을 갖는다. 그들의 생각과 전달하는 메시지는 "나는 사랑스럽지 않아. 너도 그래."이다. 또한 다른 사람들을 깎아 내림으로써 자신을 높인다. 종종 건설적인 비판을 하지만 그 뿌리가 부정적이고 파괴적이며, 반대를 위해 반대를 하기 때문에 주위 사람에게도 허무를 전달한다.

가룟 유다는 허무형의 사람이었다. 그는 마리아가 예수님의 발 위에 값비싼 향유를 부었을 때 돈을 낭비한다고 비판했다(요 12:1-6). 그는 예수님의 발 위에 기름을 부은 여인만 정죄한 것이 아니라 그것을 허락한 예수님도 정죄한 것이다. 그의 허무감은 예수님을 팔아 배신하는 것으로 이어졌다. 그는 쓴 뿌리와 자기 증오로 인해 마침내 자살로 자기 생명을 끝맺었다(마 27:3-10). 압살롬 역시 허무형 성격으로서, 아버지 다윗왕에게 반항해 반란을 일으켜 자신이 죽고 자기 아버지와 이스라엘 전체에게 허무적인 결과를 안겼다. 허무형 성격을 이기는 방법은 사랑의 하나님을 만나 그 황량한 가슴을 치유하는 것이다.

〈표 30〉 거절감 유형에 따른 특징

유형	수동형	부정형	공격형	허무형
권위자와의 관계	충성하며 유혹적으로 접근.	멀리하며 부정적으로 조종함.	반항하며 경쟁함.	공격 또는 함께 파괴함.
성경 인물	사울	모세	야곱	가룟 유다
언어 표현	"당신이 원하는 것은 뭐든지 할게요."	"나는 할 수 없어. 나는 포기했어."	"나는 성공해야만 해."	"나는 사랑스럽지 않아. 너도 그래."
핵심 신념	'나는 사랑받고 싶어'	'나는 사랑받을 수 없어'	'나는 실패할거야'	'나나 너나 별 수 없어.'

피하는 것	논쟁, 직면.	어떤 일을 시도하는 것.	친밀한 관계.	가능성 있는 일.
문제점 (증상)	깊은 거절감, 자기 연민, 우울증에 빠짐.	타인에 대한 무관심, 거짓 겸손, 교만.	칭찬 거부, 자기 고집, 갈등관계 만듦.	반대를 위한 반대, 파괴적, 부정적, 핍박을 기대

4. 거절감의 원인

거절감을 갖게 되는 원인을 살펴보면 다음과 같다.

1) 인간의 타락과 버려짐

거절감을 갖게 되는 근본 원인은 인간의 죄성과 타락 때문이다. 아담과 이브의 원죄는 하나님의 심판을 가져왔다. 그래서 에덴에서부터 추방되었다. 이렇게 타락으로 인해 낙원을 잃어버린 인간은 그 거절감을 이길 수 없어 자기를 스스로 정죄하며 타인을 학대하게 되었다. 모든 심리적이며 정신적인 문제의 근본은 바로 인간의 타락과 죄성 때문이다. 이로 인하여 인간은 자기중심성을 가지게 되었다. 자기중심성이란 세계가 자신을 중심으로 돌아가고 자신이 우주의 중심이며 자신의 필요가 다른 사람의 필요보다 더 중요할 뿐 아니라, 모든 사람은 나를 위해 존재해야 한다고 생각하는 이기적인 생각을 하는 성향이다. 이런 사람은 늘 짜증스럽고 불만과 원망, 미움과 분노 속에 살게 된다. 자기만 생각하고 자기만 아는 이기주의가 그 마음에 뿌리를 내리고 있기 때문에 마음 깊게 병이 드는 것이다. 이기적인 사람들의 공통적인 생각은 "우선 내 욕구부터 충족시키자."이다. (죄의 문제는 모든 영역에 적용되므로 이후의 모든 내용에서는 설명하지 않고 넘어가고자 한다.)

2) 부모에게 받은 상처

다른 상처와 마찬가지로 거절감의 상처도 부모와 밀접한 연관이 있다. 거절감의 주된 원인은 크게 불행했던 가정환경과 부모의 잘못된 양육 방식으로 나눌 수 있지만 여기서는 4가지로 나누어 살펴보기로 하겠다.

첫째, 거절감은 어린 시절의 불행했던 가정환경으로부터 온다. 예를 들어 너무나 무섭기만 한 아버지, 술만 드시면 온 식구를 두들겨 패는 아버지, 하루 종일 화만 내고 욕을 해대며 미워하는 어머니, 항상 바빠서 밖으로만 돌아다니며 자녀에게는 전혀 무관심한 부모, 너무 바빠서 대화할 시간이 없는 부모, 하루도 부부 싸움을 거르지 않는 부모, 필요한 것들을 다 해 주지만 감정의 교류가 없고 사랑이 없는 부모 밑에서 자란 아이는 상대적으로 거절을 받고 사랑을 받지 못하는 것처럼 느끼게 된다.

또한 부모 중 한 사람이 상대방에게 불만이 있는 경우 그 불만을 상대방에게 직접적으로 터뜨리지 못하고 자녀에게 화를 내며 스트레스를 푸는 경우가 있다. 이때 아이는 거절감을 경험하게 된다. 또 아이에게 평소에는 잘 해 주려고 노력하는데 자기도 모르게 감정적인 폭발을 자주 하는 것은 아이에게 굉장히 큰 상처가 된다. 이러한 행동은 일관성이 없기 때문에 아이는 미래를 예측할 수 없는 불안감이 생기고 사람들과의 관계에서 긴장하며 사람과 하나님에 대해 신뢰를 갖기가 어렵다. 또 어려서 장기간 어머니나 아버지가 편찮으셔서 제대로 보호받지 못한 경우나 아주 가난하여 먹고살기 조차 힘든 환경들을 통해서도 거절감을 경험할 수 있다(이성훈, 2000, 70-72).

둘째, 부모가 과잉보호할 때 거절감을 느낀다. 과잉보호하는 부모는 아이 대신 부모가 결정해서 선택해 주기 때문에 아이가 스스로 살아갈 기회를 박탈하는 셈이 된다. 따라서 아이는 낮은 자아감을 갖게 되고 이로써 거절감을 갖게 된다. 그리고 과잉보호하는 부모는 아이를 믿지 못하는 마음이 내재되어 있어서 아이도 자기 자신을 신뢰하기 어려운 것이다.

셋째, 부모가 조건적으로 사랑할 때 이 조건을 충족시키지 못하는 경우 거절감을 느낀다. 거절감은 조건적 사랑을 받게 될 때 생긴다. 예를 들어 공부를 잘해야 원하는 것을 사 주겠다고 하거나, 밥을 잘 먹어야 여행을 보내 주겠다는 식의 조건을 제시하거나, 높은 기준을 세워놓고 이것을 지켜야지 사랑받을 수 있다는 등의 율법주의적인 강압 속에서 조건적인 관계가 지속될 때 거절감을 갖게 된다. 아이를 교육하기 위해서는 조건적인 교육이 필요할 때도 있지만 은혜와 용서도 있어야 한다. 부모가 조건적으로 사랑하고 잘못하거나 실수했을 때 용서하지 않으면 아이는 부모에게 심한 거절감을 느끼게 된다.

넷째, 비교를 당할 때도 거절감을 느낀다. 직접적인 비교를 당해도 거절감을 느끼지만 간접적인 비교에도 존재의 거절을 느끼기도 한다. 거절감은 다른 사람에게 사랑받을 수 없다는 느낌을 갖게 될 때 오는데 다른 사람과 비교하여 부족한 존재라는 느낌을 갖게 되면 거절감을 갖게 된다.

3) 그 밖의 상처

이외에도 교사나 권위자들의 비난이나 거절의 말과 행동 때문에 거절감의 상처를 입을 수 있다. 교회의 지도자들이 복음과 말씀에서 벗어난 옳지 못한 행동을 반복해서 하는 경우 성도들은 상처를 입는다. 정부와 사회 기관 역시 공평과 정의에 따라 일하지 않을 때, 대중 매체도 왜곡된 인식을 심어주고 비교의식을 심어줄 때 인간의 마음에 상처를 준다.

5. 거절감 치유

거절감은 자신의 존재 가치를 인정받지 못하고 배척당하여 생긴 것이기에 여기서는 거절감 치유를 위해 낮은 자존감을 회복하는 방법에 대해 설명하고자 한다.[45]

1) 부정적 악순환 인식하기

거절감으로 인하여 낮은 자존감을 가진 사람은 자신의 삶에 있어서 중요한 사람들이 자신에게 대했던 방식대로 자신을 바라보고 느끼며 행동한다. 낮은 자존감을 가진 사람은 거절감의 상처로 인하여 자기학대 또는 타인학대의 삶을 살게 된다. 이들의 내면에는 자기와 타인에 대한 부정적인 대화가 많은데 이것은 대부분 왜곡된 견해들로 가득 차 있다. 이들은 이러한 왜곡으로 인해 부정적인 느낌을 가지고 있으며 이것은 결국에는 부정적인 행동으로 이어진다. 그 결과 삶은 열매가 없으며 관계도 피상적인 관계를 맺곤 한다.

자신이 살아오면서 거절감의 상처가 많은 경우 낮은 자존감을 가질 수밖에 없으며 낮은 자존감을 가진 경우 이러한 부정적인 악순환이 계속되고 있음을 인식하는 것이 거절감치유의 첫 번째 과정이다.

---

45) 김계현은 자존감의 향상을 위해 다음과 같이 제안한다. 첫째, 소속에 대한 욕구충족: 따뜻한 말한마디가 소속감을 향상시킨다. 둘째, 자율성에 대한 욕구충족: 자신들의 의견이 수용된다고 느껴지면 자율성이 일어난다. 셋째, 유능감에 대한 욕구충족: 자신이 유능하고 뭔가 값진 것을 성취하고 있다고 느낄 수 있는 영역이 필요하다. 넷째, 안전에 대한 욕구충족: 실수에 대한 두려움을 적게 가질수록 보다 편하고 안전해진다. 자기통제에 대한 욕구충족: 자기통제와 자기규율 능력을 기르도록 분명한 원칙을 가지고 지도한다(김계현, 2001, 63-64).

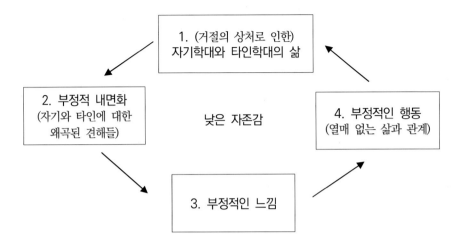

[그림 12] 거절감으로 인한 부정적 악순환

부정적 악순환을 인식한다는 것은 자신에게 자기학대나 타인학대의 양상이 있다는 것을 인식하는 것이다. 이 모든 것이 상처로 인한 것이었으며 이것을 시작으로 자기 이미지 또는 타인 이미지를 부정적으로 내면화하고 있으며, 느낌도 부정적이며 과장되었고, 행동도 부정적으로 행동함으로 삶의 결과도 부정적이거나 열매가 없었음을 인정하는 것이다. 그리고 이러한 악순환이 자신의 삶에 얼마나 치명적이었는지 인정하는 것으로부터 치유는 시작된다.

2) 거절감 상처 찾아 기억하기

부정적인 순환 방식이 얼마나 자신을 해롭게 했는지 인식했다면 그 부정 고리를 끊기 위해서 해야 할 다음 과정은 거절감을 준 사건이나 상처를 기억해내는 것이다. 상처를 치유하기 위해서는 상처 부위가 어떻게 생겨났으며 그 결과 어떠한 부정감정과 부정사고가 생겨났는지 찾는 일부터 시작해야 한다. 그러므로 거절감을 느낀 사건을 기억하여 그 사건이 과거에서부터 현재까지 나에게 부정적인 영향을 미쳤음을 인식하고 기억하는 수고가 필요하다.

과거의 힘든 사건과 사람, 또는 그 상황을 기억한다는 것은 고통스러운 일이다. 그러나 그러한 고통을 억압하고 묻어두고 잊어버리면 상처는 낫지 않는다. 그러므로 용기를 내어, 하나님의 은혜와 성령님의 도우심을 입어 힘든 과거의 상처를 직면해야 한다. 그리고 그 상처 앞에서 고통당하여 힘들어했을 그 아이의 감정과 마음을 어루만지고 수용하고 보듬어주어야 한다. 나를 수용하고 이해할 수 있는 한 사람의 도움이 있을 때 상처는 더 잘 치유될 수 있다.

3) 부정적 패턴 바꾸기

상처 밑에는 상처를 숨기고 부정하기 위해서 만든 어떤 패턴이 있다. 그것은 대부분 부정적이면서도 부적절한 감정, 사고, 행동, 그리고 관계 패턴들이다. 이것은 자신을 보호하기 위해 만들어진 것이지만 적절하지 않은 패턴으로 굳어져 있을 가능성이 많음을 인식하고 부정감정과 부정적 사고 그리고 자신이 본인과 타인을 보고 이해하는 방식, 타인과 교류하는 방식 등에 대해 변화가 필요함을 인식하고 적극적으로 바꾸기 위한 노력을 해야 한다. 이러한 사고와 행동은 현재 삶에서도 괴로움을 느끼거나 일상생활에 어려움을 겪을 때도 지속적으로 꾸준히 나타나곤 한다.

그러므로 과거의 자신의 패턴이 잘 기억나지 않는다면 현재 상황에서 나타나는 부정적이며 적절하지 않은 패턴들을 찾아내어 그것이 자신과 타인을 해롭게 하고 있음을 인식해야 한다. 그리고 그것을 바꾸기로 결심한 뒤 실제적이면서도 구체적으로 바꾸어 나가야 한다. 먼저 뒤의 활동에 있는 부정적인 자기대화를 긍정적인 자기대화로 바꾸고 부정적인 자기 묘사와 느낌과 행동을 긍정적이며 자신을 사랑하는 말과 느낌과 행동으로 바꾸는 방법을 찾아 실천하는 것이다. 또한 합리적이면서도 성경적인 사고로 계속해서 바꾸는 연습을 해야 한다.

4) 자기 사랑하고 양육하기

마지막 과정은 자신과 타인에 대하여 부정적으로 대하던 자신을 이제는 사랑하기로 마음먹는 것이다. 자신을 사랑하는 것은 자기도취(나는 세계의 중심)나 이기적인 것이 아니라 자신을 하나님의 형상으로 지음 받은 존재로서 사랑스러운 존재임을 받아들이는 것이다.

하나님께서는 우리를 너무나 사랑하신다는 사실을 인정하고 다음 네 가지를 할 수 있어야 한다(Carlson, 1995, 95-96).

첫째, "하나님은 내가 나를 사랑하는 것을 기뻐하신다."라고 자신에게 반복적으로 말하라.
둘째, 하나님께서 나를 사랑하시는 것을 반복적으로 이미지화하라.
셋째, 자신을 사랑하고 아끼는 사랑의 방식으로 계속 행동하라.
넷째, 자신이 너무 귀한 존재임을 알고 자신을 사랑하라.

자신이 하나님의 자녀로서 너무 귀한 존재임을 인식하고 사랑하는 것은 건강한 자존감을 가지는데 꼭 필요한 일이다. 자신을 사랑스러운 존재로 인식하기 위해 자신의 장점과 단점을 찾아, 자신을 수용해야 한다. 장점만 수용하면 자신의 부족이나 약점을 볼 때 낙심하고 좌절할 수 있다. 그러므로 자신의 모습 그대로, 부족하면 부족한 대로 잘하면 잘하는 대로 수용해야 자존감이 건강하게 형성될 수 있다. 또한 자신을 있는 그대로 수용할 때 자신에 대해 현실적인 요구를 할 수 있다. 현실성이 있는 사람은 실제적인 능력보다 자신을 높게 평가하여 우월감을 가지거나, 반대로 자신을 낮게 평가하면서 자기 비하를 하지 않는다.

자신을 사랑스러운 존재로 인정하게 되면 이제 스스로를 양육해야 한다. 자신을 양육하라는 말은 우리의 삶에서 중요한 사람들로부터 내가 원하거나 필요로 하는 모든 것을 얻을 수 없기 때문에 스스로를 지지하고 돌보며 사랑하라는 의미다. 예수를 구주로 고백하고, 예수님을 의지하는 영혼에게는 예수님의 사랑이 그 안에 흐르게 된다. 그래서 그 사랑으로 자기를 사랑하고 수용하고 양육하며, 나를 용납하시고 끝없는 사랑으로 품어주시는 그 사랑으로 나도 다른 사람을 사랑하고 섬기려 할 때 거절감의 쓴 뿌리와 버려진 아픔과 상처들이 온전히 치유될 수 있다.

"너희 안에서 착한 일을 시작하신 이가 그리스도 예수의 날까지 이루실 줄을 우리는 확신하노라"(빌 1:6). 영적인 삶과 마찬가지로 자존감도 계속적인 과정을 통해 회복되기 때문에 거절감의 상처 치유의 과정을 계속하면서 건강한 자존감을 세우기 위해 평생 노력해가야 한다.

활동

1. Rosenberg의 자아존중감 테스트(Self Esteem Inventory)[46]

각 문항을 읽고 자신을 나타내는 숫자에 표시한다.

전혀 그렇지 않다	약간 그렇지 않다	약간 그렇다	항상 그렇다
①	②	③	④

	문항 내용				
1	나는 내가 다른 사람이었으면 한 적이 거의 없다.	①	②	③	④
2	나는 여러 사람 앞에서 이야기하는 것이 어렵지 않다.	①	②	③	④
3	나는 대체적으로 실패한 사람이라는 느낌이 들지 않는다.	①	②	③	④
4	나는 어렵지 않게 마음 결정을 할 수 있다.	①	②	③	④
5	나는 다른 사람과 재미있게 지낸다.	①	②	③	④
6	가족 중 나에게 관심을 보여주는 사람이 있다.	①	②	③	④
7	나는 새로운 것에 쉽게 익숙해지는 편이다.	①	②	③	④
8	나는 친구들과 잘 어울리고 인기가 있는 편이다.	①	②	③	④
9	우리 가족은 나에게 많은 기대를 하지 않는다.	①	②	③	④
10	우리 가족은 대체로 나의 기분을 잘 이해해주는 편이다.	①	②	③	④
11	나는 매사를 쉽게 포기하지 않는 편이다.	①	②	③	④
12	나는 비교적 남보다 행복한 편이다.	①	②	③	④
13	나는 보편적으로 계획적이고 안정된 생활을 한다.	①	②	③	④
14	대체로 다른 사람들이 내 생각을 따라주는 편이다.	①	②	③	④
15	나는 나 자신에 대하여 내세울 것이 많다고 생각한다.	①	②	③	④
16	집을 나가고 싶다는 생각을 거의 해 본적이 없다.	①	②	③	④
17	나는 내가 하는 일은 거의 뜻대로 된다.	①	②	③	④
18	내 신체 몸매와 외모는 멋진 편이다.	①	②	③	④
19	나는 할 말이 있을 때 대체적으로 그 말을 하는 편이다.	①	②	③	④
20	우리 가족은 나를 잘 이해하고 있다.	①	②	③	④
21	다른 사람에 비해서 나는 사랑을 많이 받는 편이다.	①	②	③	④

46) 출처: 성인의 우울 감소와 자아존중감 향상을 위한 내면가족체계(IFS)적용 음악심리치료 프로그램 개발(전순애, 2022, 181.)

22	나의 가족들이 나를 미워하는 것 같지는 않다.	①	②	③	④
23	나는 내가 하고 있는 일에 대해 항상 자부심을 느낀다.	①	②	③	④
24	나는 모든 것이 그다지 어렵게 생각되지 않는다.	①	②	③	④
25	다른 사람이 나에게 의지해도 될 만큼 강하다.	①	②	③	④

〈채점 및 분석〉

문항 번호에 표시한 것을 아래 표에 기입하여 하위 요인별로 합계를 내고 총점도 합계를 낸다. 전체 총점은 100이다. 점수가 높을수록 자아존중감이 높은 것이다. 하위 요인 중에 자신은 어느 부분이 취약한지 확인해보자.

하위 요인	문항 번호							총점	내점수
자기 비하	1	3	11	15	16			20	
타인과의 관계	6	7	9	10	20	21	22	28	
지도력과 인기	2	5	8	14	18	25		24	
자기주장과 확신	4	12	13	17	19	23	24	28	
전체 합계								100	

〈전체 점수 해석〉

• 60이하: 자신에 대해 대체로 부정적이며 있는 그대로의 자신을 받아들이지 못하고 자기를 비하하며 자기 확신이 약하다. 그래서 타인과의 관계에서도 자신의 의견을 잘 말하지 못한다. 심한 경우, 자학하며 자기연민에 빠지고 자신을 자해하거나 가족에게 상처를 주기도 한다. 상담이 필요하다.

• 61~70점: 다른 사람이 자신에 대해 평가하는 말과 분위기에 민감하게 영향을

받는 편이다. 자기를 주체적으로 세워야 한다. 자존감을 높이기 위해서는 과거 지향의 삶을 청산하고 현재 하나님의 사랑 가운데 있는 자기를 있는 그대로 수용해야 한다.

• 71점 이상: 자신에 대해 대체로 만족하며 현재 모습 그대로를 받아들인다. 그러나 80점 이상인 경우, 자기 확신이 지나쳐 독선과 교만에 빠질 가능성이 있다. 자신의 악이 사람들과의 관계 속에서 순수성과 투명성에 영향을 미치고 있지 않은지 늘 점검해야 한다.

2. 자기대화 바꾸기

거절감과 관련된 사건이나 상처가 기억나는 것이 있으면 그때의 부정적인 자기대화는 어떤 것이 있는지 찾아보고 긍정적으로 바꾸어 보자.

부정적 자기대화	긍정적 자기대화

3. 거절감 치유를 위한 5단계 성경적 사고 모델 연습하기

1) 1단계: 사건(상황, 환경, 행동)은 무엇이었으며 그때의 반응은 어떠했나?

2) 2단계: 그 당시의 감정은 무엇인가?

3) 3단계: 그러한 감정이나 행동은 어디에서 생긴 것인가?

4) 4단계: 잘못된(비합리적, 자동적) 사고는 무엇인가?

5) 5단계: 합리적이며 성경적 사고는 무엇이며 그때의 감정은 무엇인가?

① 합리적 사고:

② 성경적 사고:

③ 새로운 감정:

1) 사건(상황, 환경, 행동)은 무엇이었으며 그때의 내 반응은 어떠했나?

교회에서 새가족부서를 담당하고 있는데 새 신자에게 전화로 연락할 때, 또는 별로 가깝지 않은 사람을 만나기 전에 항상 심장이 쿵쾅거리며 마음에 부담이 있었다.

2) 그 당시의 감정은 무엇인가?

두려움, 긴장, 불안, 거절에 대한 염려

3) 그러한 감정이나 행동은 어디에서 생긴 것인가?

내향적인 성격을 가지고 있는 나는 늘 대인관계에서 소극적으로 살아왔다. 그런데 새로운 성도들을 만날 때 마다 거절당할까봐 두려운 마음이 들었다. 거절당하면 내가 초라하고 별 볼일 없는 사람으로 느껴져서 불쾌하고 자존심 상하고 위축될까 봐 미리 긴장하게 된다. 그래서 새로운 만남에 대한 두려움을 맞닥뜨리고 싶지 않아서 피하려고 한다.

4) 잘못된(비합리적, 자동적) 사고는 무엇인가?

나를 거절하는 느낌을 주는 것은 나를 무가치하게 여기거나 나를 싫어하는 것이다. 상대가 나를 거절하면 상대방이 나를 귀찮아하는 것이니까 더 이상 귀찮게 하지 않으려면 그와의 접촉을 시도하지 말아야 한다.

5) 합리적이며 성경적 사고는 무엇이며 그때의 감정은 무엇인가?

① 합리적 사고: 낯선 사람에게 다가가는 것은 내성적인 나에게는 어려운 일이다. 그런데도 다가가기 위해 노력하는 것은 칭찬받을 만한 일이다. 혹 나를 거절한다 해도 그것은 내 존재를 거절하는 것이 아니라 그 사람도 낯선 사람에 대해 경계심이 있기 때문일 것이다.

② 성경적 사고: 예수님은 하나님이시지만 거절당하셨다. 그러나 예수님은 더 큰 사랑으로 자기를 거절한 사람들을 품으셨고 영원히 나를 사랑으로 품어주신다. 예수님의 사랑으로 내가 나를 사랑하고 존중해주고, 상대방이 처음에 나를 거절한다 해도 나는 더 큰 사랑으로 그를 품어야겠다.

③ 새로운 감정: 평안함, 따뜻함과 넉넉함, 예수님의 사랑으로 충만함.

2회: 부정적 자아상 치유

<사례>

34세의 가정주부인 이집사는 다음과 같은 부정적인 말을 늘 되풀이해 왔다.

"기가 막혀, 내가 나이를 먹더니 더 멍청해졌어. 내가 얼마나 멍청한지 제대로 할 수 있는 일이 없다니까. 이제는 아무것도 하고 싶지가 않아."

그녀는 이러한 말들이 자신에게 해로울 것이라고는 생각하지 못했다. 그녀는 습관적으로 "나는 아무런 쓸모가 없기 때문에 다른 사람들이 나를 좋아하지 않을 거야."라는 결론을 혼자 내리고 있었다.

이러한 말은 평소에 아무 뜻 없이 한 말들이었지만 그것이 아무런 뜻 없는 결과를 가져온 것은 아니었다. "기가 막혀."라는 말은 결코 유쾌하거나 기분 좋은 말이 아니며 "나는 어떤 일도 제대로 할 수 없어."라는 말도 의욕을 꺾어 놓는 말이었고, 실제로 그러한 결과를 초래하고 있는 것이다. "또 일을 그르쳤군." 따위의 말은 다음 일에 대해서도 자신감을 갖지 못하게 만들 것임에 틀림없다. "아무것에도 관심이 없어."라는 말도 스스로에게 최면을 거는 말이다. 아무리 하찮고 사소한 말이라도 사람에게는 영향을 주게 된다. 다만 의도적으로 관심을 갖지 않도록 유도하는 것일 뿐이다. 그렇다고 해서 영향을 미치지 않는다고 생각하는 것은 너무 어리석은 것이 아닐까?

이런 사고와 말로 이 집사의 8년 결혼 생활은 불행했으며, 그러한 그녀의 태도는 자식들을 불안하게 했고, 주위 환경을 부정적으로 바라보도록 했으며, 친구들과도 멀어지게 만들었다. 그녀는 행복을 추구했지만 말과 행동은 다른 사람의 따뜻한 관심과 호의마저도 거절하며 자신의 가치를 스스로 버리는 것이었다. 그녀는 자신이 아무리 부족해도 다른 사람은 자신을 사랑해 주기를 갈망하였으며, 내면에서는 자신을 끊임없이 비하하고 있었다.

1. 부정적 자아상이란?

부정적 자아상이란 자신에 대해서 객관적이며 긍정적으로 바라보고 해석하는 것이 아니라 부정적 감정으로 바라보고 해석하여 자기를 비하하는 것이다.[47] 이러한 감정들은 자기혐오와 자기증오를 가져오고 이것들은 자기 패배적인 행동에 의해 강화된 여러 가지 경험에서 나오는 것이다(Carlson, 1995, 207-208).

부정적인 자아상을 가지고 있는 사람은 자신을 다음과 같이 느낀다.
• 사람들이 나를 좋아하지 않을 것이다.
• 나는 사람들의 기대에 제대로 부응하지 못할 것이다.
• 사람들이 나를 거부할 것이다.
• 나는 실패할 것이다.
• 나는 쓸데없는 말을 하거나 쓸데없는 짓을 할지 모른다.
• 나는 잠시 행복감을 맛볼지 모르나, 그것을 곧 잃어버릴 것이다.
• 한 때는 다른 사람의 사랑을 받을 수 있겠지만 오래가지는 못할 것이다.
• 다른 사람들처럼 좋은 사람으로 안 보일지 모른다.
• 그들이 나를 인정해 주지 않을지도 모른다.
• 아무도 나를 사랑해 주지 않을지도 모른다.
• 나는 마음에 상처만 받게 될지 모른다.
• 내가 처리할 수 없는 일을 하도록 요구받을지 모른다.
• 지금 내가 갖고 있는 모든 것을 잃게 될지도 모른다.

---

47) 사람은 누구나 태어나면서 약하고 의존적이기 때문에 자기에 대해 부정적이다. 그리고 신학적 관점에서 볼 때 근원적인 악으로 인하여 부패되었기에 자기에 대해 부정적일 수밖에 없다. 그러므로 하나님의 구속적 사랑과 끝없는 용서를 통해 자기와 화해하며 자기 상처를 치유한 사람만이 자기 사랑과 자기 긍정이 있게 되는 것이다. 따라서 부정적인 자아상을 가진 사람들이 자신의 감정을 긍정적인 것으로 만들려면, 그들이 자신에게 무엇을 말하는지, 자신을 어떻게 묘사하는지, 자신을 어떻게 대하는지를 연구해야만 한다.

부정적인 자아상이 어떤 과정을 거쳐 형성되는지 그림으로 표현하면 다음과 같다.

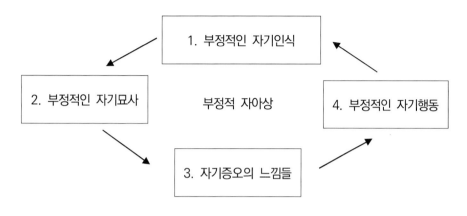

[그림 13] 부정적 자아상의 형성 과정

사람들은 생활 속에서 부정적 사건들을 경험하면서 자기 자신에 대한 부정적 평가를 하게 되고 결국 부정적인 자아상을 지니게 된다. 자아상은 인간의 행동과 정서에 영향을 미치는 매우 중요한 심리적 요인이다.[48]

2. 부정적 자아상의 증상

부정적 자아상의 증상은 다음과 같다.

---

48) 자아상은 크게 네 가지 구성요소로 볼 수 있다. 첫째, 영적 자기: 하나님 중심의 삶이냐 자기중심적 삶이냐를 구분하는 것으로 하나님을 경험하는 삶, 하나님의 뜻을 구분하는 성경적 지식, 신앙과 삶의 일치성을 말한다. 둘째, 물질적 자기: 육체와 그 특성, 소유물 등 나와 관계된 가시적인 물질적 측면을 말하며, 외모와 신체적 매력, 건강과 체력, 가족의 재산 등을 말한다. 셋째, 심리적 자기: 성격, 능력, 적성 등과 같이 내면적 특성으로서 성격 및 성격적 매력, 지적 능력, 자기조절 능력, 학업/직무 능력, 인생관 및 가치관 등을 말한다. 넷째, 사회적 자기: 타인과의 관계 속에 나타나는 위치와 신분을 의미하며 교우관계, 이성/부부관계, 가족관계, 사회적 위치 등의 측면이 있다(권석만, 2000, 108).

첫째, 자신이 부족하다고 느끼며 자신의 가치를 무시한다. 그래서 자기 자신을 싫어하거나 자신의 신체 일부를 싫어한다. 또한 자신의 성격을 싫어하며, 계속 부정적인 생각과 말을 자신에게 던진다. 출생 시부터 수치심을 물려받은 경우, 즉 기대하는 성별이 아니었거나 원하지 않았는데 태어난 경우 수치심을 가질 수 있다. 이런 사람은 잠재력이 마비되어 그를 향한 하나님의 이상을 보지 못하게 되며, 그릇된 하나님 상을 가지게 된다.

둘째, 자신을 싫어하며 다른 사람이 되기를 바란다. 삶의 어려움이나 고통을 직면할 용기와 힘이 없으며, 어려운 일이 생기면 '다른 사람이라면 이렇지 않았을 텐데……'라고 상상하면서 비현실적인 생각을 가지고 산다. 자신을 혐오하는 것이 심한 경우, 자신을 저주하고 부모를 원망하면서 부모가 자신의 부모가 아니기를 바라며 그렇게 믿기도 한다.

셋째, 자신의 죄를 용서하지 못하고 죄책감에 사로잡혀 괴로워한다.

간호사 훈련을 받고 있는 한 여성의 경우, 위장병이 심해서 훈련조차 계속 받기 어려웠다. 검사결과 신체적으로는 그런 증세를 일으킬 만한 원인이 하나도 발견되지 않았다. 상담을 통해 과거의 성적(性的) 경험에 대해 심한 죄의식을 느끼고 죄책감에 사로잡혀서 이것이 병으로 표현되고 있음을 알게 되었다. 그 간호사는 상담을 통해 자신의 수치심을 직면하고 예수님의 보혈의 은혜로 용서를 구하고 죄책감으로부터 자유함을 경험하였다. 그 후 그녀의 위장병 증세는 없어졌고, 다시 재발하지 않았다.

넷째, 무의식에서는 자신에 대해 무가치감을 느끼지만 이것을 느끼지 않기 위해서 필사적인 노력을 한다. 어떤 여성은 목숨까지도 아끼지 않고 극도의 희생적인 삶을 살고 있었는데 그 밑 마음에는 실제로 자신이 무가치하기 때문에 무엇인가 남을 돕는 일을 통해 자신이 괜찮은 사람이 되고 싶은 마음이 자리잡고 있었다. 이것은 승화적 차원의 자기 회피이지만 이 외에도 약물 복용, 과음이나 과식, 심한 운동, TV 중독, 심지어는 종교 중독 등으로 자신의 무가치감을 감추려 하기도 한다(Au, 2001, 199).

다섯째, 과도한 수줍음과 두려움이 있다. 근본적으로 자기는 사랑받을 만한 가치가 적다고 생각하므로, 자기를 주장하지 못하고 소극적이며, 과도하게 수줍어한다. 또한 사람을 두려워하고 타인의 비판을 두려워하는 모습을 가지기도 하는데 부정적인 자아상을 가지고 있어서 자신에 대한 부정적 평가를 두려워하며, 궁극적으로 타인이 자신을 싫어하고 거부할 것이라는 신념을 가지고 있다.

여섯째, 모든 규칙이나 법규에 기계적인 정확성을 가지고 순종하려 한다. 어렸을 때부터 타인의 말에 순응하여 상이나 칭찬을 받고 자란 경우, 자신을 믿지 못하고 타인의 말이나 법도가 자신의 가치를 결정짓는 척도가 되어버린다. 이런 경우 자율적인 생각이나 감정을 갖는 것이 무엇인지 모른 채 어떤 틀에 사로잡혀 그 생각에서 벗어나지 못하는 획일적 사고가 패턴화 되기도 한다.

일곱째, 타인의 인정에 민감하며 관계 중심적이기 보다 성취 지향적이다. 자신을 사랑하고 수용하지 못하는 사람은 사람들의 인정을 받을 수 있는 일을 하지 않으면 사람들이 자기를 받아들이지 않을 것이라고 믿는다. 그래서 인정욕에 에너지가 집중되어 항상 무엇인가를 성취하여 인정받고 싶어 많은 업적을 세우면서도 스스로 만족하지 못한다. 이들은 오직 무엇을 성취해야만 사랑과 인정을 받는다고 믿는다. 그들은 부모로부터 때로는 많은 칭찬을 받지만, 그것은 자신이 자녀라서 사랑받은 것이 아니라 무엇을 성취했기 때문이라고 생각한다(Au, 2001, 201).

여덟째, 자신을 너무 쉽게 포기한다. 이것은 자신이 무가치하다고 생각하기 때문에 모든 것을 쉽게 포기하는 것이다. 이들은 내면에서 '자신은 잘난 것이 없으며 매력도 없고 능력도 없고 미래에도 별 볼일 없을 것이다.'는 소리를 듣고 있으며 이러한 소리 때문에 자주 마음의 평화를 잃고 불안해한다. 이들은 남들을 부러워하면서도 성공한 사람들의 좋은 점을 모방하지 않는다. 그 이유는 무언가 성취한 사람을 부러워하면서도 이들에 대해 부정적이고 비판적인 이중적 생각이 있기 때문이다. 아마도 성공한 사람들을 깎아 내림으로써 자신들이 덜 무가치해 보인다고 생각하기 때문일 수도 있는데 이들의 내적 생각에는 모든 것에 대해 부정적으로 생각하는 것이 깊이 내면화되어 있다.

마지막으로 좋은 사람 노릇을 하려고 한다. 타인으로부터 작은 인정이나 수용을 얻기 위해서 언제, 어떤 문제에 대해서도 동의하고 나선다. 그러나 내면에서는 동의하지 않으면서도 동의하는 행동을 할 때가 많아서 진실성은 결여되어 있다. 자신을 신뢰하지 못하여 외롭기 때문에 고독하기보다는 차라리 좋은 사람이 되려는 마음의 역동이 그들을 좋은 사람으로 살려고 하는 것이다.

3. 부정적 자아상의 원인

부정적 자아상을 가지게 되는 **주된 이유는 어린** 시절 부모와의 관계에서 적절한 애착을 형성하지 못한데서 기인된다. 어린 시절 부모와의 관계에서 긍정적이고 정상적인 애착을 형성하지 못하고 부적절한 애착관계를 형성하게 되면 그것이 자신에 대한 이미지로 자리 잡게 되어 어린아이는 자신에 대해 부정적인 자아상을 갖게 된다. 유아기에 어머니와 유아 사이에 원만한 애착관계가 형성되면 유아는 부모와 자신을 신뢰하면서 긍정적인 정서를 갖게 된다. 긍정적 정서는 심리적 안정감과 자기 가치의식의 씨가 되고, 자율성과 독립성의 뿌리가 된다. 이처럼 인생 초기의 강한 긍정적 정서가 생기려면 친밀한 애착관계와 자유로운 탐색 행동이 생겨나는데 긍정적 정서가 생기지 않으면 자신과 타인에 대해 부정적 정서와 함께 부정적 자아상이 생기는 결과를 초래할 수 있다.

유아의 자기 심상은 주로 애착 대상과의 관계 및 애착 대상의 행동(언어적, 비언어적)을 통하여 형성이 된다. 유아는 부모로부터 언어적, 비언어적으로 수많은 정보를 공급받는데, 이 정보를 통하여 자기가 어떤 존재인지 알게 된다. 초기 애착관계를 통하여 형성된 자기 자신에 관한 자기 인식의 핵심은 어린 시절, 부모와의 관계에서 형성되며 이것은 무의식에 저장이 되어(기억하고 생각해 낼 수 있기 훨씬 전부터) 자기와의 관계 및 대인 관계에 영향을 준다. 유아기에 안정된 애착관계를 형성하지 못하고 안전한 환경이 제공되지 못하면(소속감, 가치감과 능력감을 갖기 어려운 환경) 낮은 자존감을 갖게 되며, 이러한 경우 자기 심상이 매우 빈약하고 부정적이며, 자기 평가에 대해서도 부정적이 된다.

부모의 양육태도와 이에 따른 자녀의 상처와 태도는 다음과 같다(Wright, 1999, 31-32).

〈표 31〉 부모의 양육태도와 자녀의 태도 비교

유형	양육스타일	자녀의 상처	자녀의 태도
강압형	자녀가 스스로 하는 것을 지켜볼 인내심 부족. 지시, 감독, 훈계.	두려움으로 복종. 주도성 상실. 무능감. 자기 학대. 불복종. 불신 형성. 거부감.	부모를 닮아 강압형이 됨. 압력에 쉽게 굴복. 삶의 일관성이 없음.
과잉 보호형	자녀의 충동적인 요구를 모두 수용. 원칙이 없음. 부모가 조종당함.	'안 된다'를 교육받지 못해 미성숙, 충동적, 파괴적.	각종 중독(음식, 술, 담배…) 유발. 분노. 타인의 권리를 존중 못함.
완벽 주의형	자녀에게 완벽을 요구. 끊임없이 '좀 더'를 요구.	무능과 무가치함 느낌. 늘 자신에게 실망. 생의 기쁨이 없음.	허무적인 삶. 자신감 상실. 분노.
무절제형	부모가 주고 싶은 것을 줌.	매사에 싫증. 독창성, 자발성 상실.	무절제한 삶. 노력, 성취가 없음.

체벌형	강압과 완벽주의를 합친 유형. 부적절한 체벌과 분노. 인내심부족.	자기 처벌 및 학대를 자초. 즐거움, 행복이 없음.	복수심. 죄책감. 비판. 정죄 의식.
방치형	자녀의 성장에 도움을 주지 못하고 어떤 규칙도 정해주지 않음. 자신의 능력, 행동의 한계를 모름.	친밀함을 누리지 못함. 자아정체감 형성이 어려움.	의미 있는 관계 형성 못함. 외로움, 고독.
거부형	원치 않는 자녀로 출생. 자녀의 도움 요청 거절. 자녀에게 많은 책임 요구.	부정적 자아형성. 쓴 뿌리. 근심. 외로움. 무력감. 자신의 가치 외면. 어린아이 마음.	강한 인정욕. 사랑에 집착. 성인 아이. 일 중독. 율법주의.

4. 부정적 자아상의 결과

부정적인 자아상이 있는 사람은 다음과 같은 특징이 있다.

첫째, 인간관계를 파괴한다. 사람을 대할 때 항상 반항하고 도피하며, 무시하거나 비판하기 때문에 관계 속에서 어려움을 경험한다. 그리고 직장 상사와 충돌하고 직장 동료와 싸우고 교회 공동체 안에서 관계를 파괴한다.

둘째, 다른 사람의 평가에 민감하다. 삶을 살아가는 동기가 기쁘고 행복하게 사는 것, 당당하고 자신감 있게 자신을 대하는 것에 있는 것이 아니라, 남의 눈치를 보면서 어떻게 하면 다른 사람의 마음에 들까에 관심이 있다. 항상 다른 사람을 의식하므로 자신을 비하하며 자기 스스로에게 비굴함과 분노를 느끼게 된다.

셋째, 하나님과의 관계가 힘들어진다. 부정적인 자아상을 가진 사람은 마음속에 '만약 하나님이 살아계신다면 왜 나를 이렇게 만들었을까? 하나님이 살아계신다면 왜 하필 나에게 이런 삶을 살게 했을까?'하고 하나님에 대한 반항과 불신과 거부의 마음이 가득하게 된다.

넷째, 육체적, 정신적으로 질병을 가져온다. 자신에게 부정적이며 비판적인 말을 하게 되면 자신을 사랑하는데 어려움을 겪을 수밖에 없다. 내부의 비평가는 사소한 것을 문제 삼아 자신을 호되게 꾸짖는다. 그리하여 정신적으로 고통을 받을 뿐 아니라 이것이 억압되면 육체적인 증상으로도 나타난다(이현수, 2002, 54).

다섯째, 자신에 대해 열등감을 갖게 된다. 열등감이 부정적 자아상의 원인이 되지만 순환 관계로 인하여 다시 부정적 자아상의 결과가 된다. 병적 열등감은 비교의식을 낳고 이 비교의식은 질투, 시기, 증오심을 낳아서 가슴속에 정신적인 충격을 주기 때문에 많은 질병을 동반하기도 한다(이현수, 2002, 54-55). 다른 사람의 행동에 따라 자신의 행복과 불행을 결정하고, 부정적인 마음을 가지기 때문에 행복할 수 없다.

5. 부정적 자아상 치유

자신의 부정적 사고를 변화시키기 위해서는 첫째, 부정적인 기분을 악화시키는 부정적 사고 내용을 자각해야 한다. 둘째, 이러한 부정적 사고가 과연 올바르고 합리적인 생각인지를 살펴보고 따져보아야 한다. 셋째, 좀 더 합리적이고 긍정적인 생각이 무엇인지 대안적 사고를 찾아본다. 넷째, 이러한 대안적 사고를 유지하고 강화시킴으로써 부정적인 기분에서 벗어난다(권석만, 2000, 164-165). 따라서 인격치유방법에 근거한 부정적 자아상을 치유하는 구체적인 방법은 부정적 생각을 일으키는 자기대화를 찾고, 성경적 사고 5단계 모델에 따라 비합리적이며 자동적 사고를 합리적이며 성경적인 사고와 감정과 행동으로 바꾸는 연습을 하는 것이다.

1) 감정 찾기

　사람들은 대부분 부정적인 사건을 만나면 자신의 감정을 억압하곤 한다. 감정을 억압하면 사고도 정상적으로 할 수가 없고 왜곡될 수밖에 없으며 자신의 원함이 무엇인지도 모른 채 살아가게 되어 자기와의 만남은 물론 다른 사람과 진정한 만남을 할 수가 없게 돼 결국 문제는 해결되지 못한 채 미해결 과제로 남게 된다.

　자신의 감정을 알고 인정하는 것만으로도 치유가 되기도 한다. 예를 들어보자. 강 선생은 대학에서 일하는 유능한 직원이었지만 하급 직원들에게는 공포의 대상이었다. 한 번은 부하 직원에게 폭행까지 행사해서 형사 문제로까지 번질 뻔하였다. 상담현장에서 그는 무엇인가 숨기듯 자기를 개방하지 않았다. 그래서 상담자는 그에게 "당신은 무엇인가를 내게 감추고 있는 것 같군요."라고 하였다. 그러자 그는 화를 버럭 내면서 방을 나갔다. 그리고 한참 후 돌아와서는 이렇게 고백했다. "맞아요. 저는 숨긴 게 있었어요. 그것은 제 자신에게도 숨기고 있었던 것이지요." 이렇게 말하고 나서 그는 울음을 터뜨렸다. 그가 숨기고 있었던 것은 그가 잊고 싶었던 사실이었다. 그것은 어머니가 파출부로 하루 16시간씩 일하면서 자기를 키웠다는 사실이었다. 그는 이 사실을 아무에게도 말한 적이 없었다. 그러나 그 사실을 말하고 나자 더 이상 상담할 필요가 없었다. 그의 상처는 이미 치유되었기 때문이다.

　감정은 윤리성이 없다. 이 말은 감정 자체는 나쁜 것이 아니라 감정을 표출하는 행동이 부정적이면 이것이 문제가 되는 것이다. 그러므로 부정적인 감정과 자기 자신을 동일시하지 말고, 감정을 있는 그대로 인정해주면서, 귀한 손님을 모시듯이 소중하게 다루어 그 감정을 알아주고, 그럴만한 이유가 있었다고 인정해주되 행동은 부정적으로 하지 않도록 해야 한다. 부정적 감정을 찾기 위해서는 사소한 감정, 유치한 감정을 무시하지 않아야 잘 찾을 수 있다. 그리고 불쾌한 감정이 있으면 그것을 억누르지 말고 즉시, 있는 그대로 인정하고 표현하는 연습을 해야 한다. 때로 사람들은 자신의 부정적인 감정을 인정하면 부정적 감정에 지배받을까 봐 두려워하는데, 감정을 느끼고 인정하는 것만으로도 부정이 해소되는 경우도 있기에 부정적 감정을 찾는 것은 중요하다.

삶의 방향성을 이끌어주는 것은 '생각'이지만 삶의 동력으로서 에너지를 공급해주는 것은 '감정'이기 때문에 감정을 찾아 알아주는 것은 매우 중요하다. 감정을 억압하고 감정을 무시하면, 삶의 활력을 잃어버려 우울증이나 심인성 질환 등 각종 질병으로 어려움을 겪게 된다(심수명, 2003, 308).

따라서 감정을 표현하는 것이 중요하다. 표현하지 않고 쌓아 놓은 감정은 후에 여러 문제를 야기하고, 문제가 변장되어 나타나서 그 이유를 찾기도 어려워진다. 감정 표현을 시도하기 위해서는 침묵을 깨는 것에서 시작하는 것이다. 두려움, 분노, 슬픔, 짜증, 죄책감, 무력감 등을 느끼고 표현하는 것부터 시작해보라. 속마음과 감정을 표현하지 않으면 치유를 받을 수 없다. 육체적인 질병을 치료하는 의사에게 환자가 자신의 아픈 곳을 드러내야 하듯이 심리적인 문제도 마찬가지다. 따라서 자신의 마음의 상처, 약점, 허물, 문제점 등을 솔직하게 드러내야 한다.

'사랑과 추억'이란 영화는 감정을 억압하는 것이 얼마나 파괴적인지 보여 주고 있다.

주인공이 13살 때, 근처 교도소에서 탈옥한 죄수들이 집에 들어와 어머니와 여동생, 그리고 주인공을 성폭행하였다. 이때 밖에서 돌아오던 형이 집안에서 벌어지는 사건을 보고 엽총으로 죄수들을 쏴 죽였다. 그런 뒤 주인공의 가족들은 죄수들의 시체를 묻고, 벽에 묻은 피를 닦아냈다. 이런 일을 하는 도중 주인공의 어머니는 내내 자녀들에게 "아무 일도 없었어. 아무 일도 없었어."라는 말을 반복한다. 그리고 나서 정말 아무 일도 없었던 것처럼 세월이 흘러갔다. 하지만 아무 일도 없었던 것이 아니었다. 주인공의 형은 자살을 했고, 여동생도 여러 차례 자살을 기도하다가 병원에 입원했고, 주인공도 착한 아내, 건강한 자녀들과 함께 살면서도 가정생활이 원만하지 못하여 이혼 수속을 밟고 있었다. 13살 때 있었던 사건을 없었던 것으로 억누르면서, 부정적 감정의 사슬에서 풀려 나오지 못한 주인공과 그 가족들의 비극을 보여 준 영화다.

부정적 자아상을 가지고 있는 사람들은 자신들의 문제는 크게 보고 부정적으로 생각하면서 하나님에 대해서는 작게 보는 경향이 있다. 그러므로 지금이라도 두려움과 분노와 슬픔을 표현함으로써 부정적인 감정에 지배받지 말고 부정을 버리는 연습을 해야 한다.

2) 부정적 자기대화 바꾸기

자신도 모르게 내면에서 일어나는 부정적 자기대화를 찾기 위해서는 자신의 모든 것에 대한 자각을 해야 한다. 자각이란 지금 이 순간에 중요한 자신의 욕구나 감각, 감정, 생각, 행동, 신앙과 믿음, 환경, 그리고 자신이 처한 상황, 하나님의 뜻 등을 알아차리는 것이다(심수명, 2003, 359). 우리의 감정은 사고와 밀접하게 연관되어 있다. 따라서 어떤 생각을 하느냐에 따라 감정이 좌우되며, 부정적인 생각은 자신, 자신의 미래, 주변 환경에 대해서도 비관적으로 보게 한다.
그러므로 부정적인 기분을 유발하는 부정적인 생각을 자각하고, 이것을 변화시켜야 한다. 생각이 바뀌면 부정적인 정서도 변화하게 된다. 이것은 인지행동치료의 핵심이다. 우리는 삶 속에서 크고 작은 부정적 생활 사건을 경험하게 된다. 부정적 생활 사건들 중에는 우리가 예측할 수 없고, 우리 의사와는 상관없으며, 우리의 능력으로 통제할 수 없는 것들이 많다. 사건에 대처하는 방식이 삶을 다르게 만든다(권석만, 2000, 162-163).

〈표 32〉 부정적 자기대화와 긍정적 자기대화

부정적 자기대화	긍정적 자기대화
나는 일을 제대로 처리못한다.	내가 정신만 차리면 잘할 수 있고 또 나에게는 다른 능력이 많다.
나는 능력이 없다.	만일 내 능력으로 이 자리에 맞지 않는다면 다른 일을 구하면 되지. 나는 나에게 적합한 일을 할 수 있다.
나는 일과 가족에 대한 압박감이 너무 커서 힘들다.	나는 과거에도 압박감을 잘 극복해 왔다. 조금 힘들기는 하겠지만 앞으로도 잘 극복할 것이다.
나는 이 일을 어떻게 처리해야 할지 모르겠다.	나는 내 자신이 생각하는 것보다 더 많은 자질을 가지고 있다. 어려움이 있다면, 적극적으로 자문을 구하면 된다.
나는 결점이 너무 많다.	나는 결점보다는 장점이 더 많다.
나는 때로 내가 아닌 다른 사람이 되고 싶다.	내가 나로 사는 것이 최고로 아름다운 것이다.

1. 부정적 평가에 대한 두려움 척도(K-FNE)[49]

다음 문항들은 대인관계에서 느낄 수 있는 생각과 감정에 관한 것이다. 각 문항을 잘 읽고, 자신에게 해당되는 항목에 체크해 보자.

전혀 그렇지 않다 ①	약간 그렇다 ②	보통 ③	상당히 그렇다 ④	매우 그렇다 ⑤

	문항내용	①	②	③	④	⑤
1	사람들이 나를 어떻게 생각하든지 별 상관없다는 것을 알면서도 이에 대해 걱정이 된다.	①	②	③	④	⑤
2	사람들이 나에 대해서 별로 좋지 않은 인상을 갖고 있다는 것을 알아도 나는 이에 대해 관심이 없다.	①	②	③	④	⑤
3	사람들이 나의 결점을 알아차릴까봐 두렵다.	①	②	③	④	⑤
4	내가 다른 사람에게 어떤 인상을 주는지 거의 염려하지 않는다.	①	②	③	④	⑤
5	사람들이 나를 인정해 주지 않을 것 같아 걱정이 된다.	①	②	③	④	⑤
6	사람들이 나의 잘못을 찾아 낼 것 같아 걱정이 된다.	①	②	③	④	⑤
7	나에 대한 다른 사람의 생각에 신경 쓰지 않는다.	①	②	③	④	⑤
8	누군가와 얘기할 때 그가 나를 어떻게 생각하는지 염려된다.	①	②	③	④	⑤
9	내가 어떤 인상을 주는지에 대해 대개 걱정이 된다.	①	②	③	④	⑤
10	누가 나를 평가하고 있는걸 알지라도 그것 때문에 영향을 받지 않는다.	①	②	③	④	⑤
11	때때로 나는 다른 사람들이 나를 어떻게 생각하는지에 대해 지나친 관심을 갖고 있다고 생각한다.	①	②	③	④	⑤
12	나는 말을 실수하거나 일을 잘 못할까봐 종종 걱정된다.	①	②	③	④	⑤

---

49) 이정윤, 최정훈(1997)이 만든 불안지수 검사지를 부정적 평가에 대한 내용으로 재구성하여 부정적 자아상검사로 제시하고자 한다.

[채점 및 분석]

문항 2, 4, 7, 10번 문항은 역채점 문항이므로 점수를 거꾸로 계산(즉 1은 5점으로, 2는 4점으로, 3은 그대로, 4는 2점으로, 5는 1점으로 계산)하여 전체 점수를 합산한다. 합산 점수가 일반 성인을 대상으로 했을 때 42점을 정상적 평균으로 보고 있다. 따라서 42점 이상이 나오면 부정적 평가에 대한 불안 및 두려움이 높은 것으로 해석할 수 있다. 따라서 자신의 점수가 42점 이상인 경우 부정적 평가에 예민한 자신을 인정하고 자신에 대하여 긍정적으로 보고, 타인의 시각에 대해서 덜 신경 쓰고 부정적으로 보지 않도록 훈련할 필요가 있다.

2. 자기대화 바꾸기

부정적인 자기대화는 어떤 것이 있는지 찾아보고 교재를 참조하여 긍정적으로 바꾸어보도록 하자.

부정적 자기대화	긍정적 자기대화

3. 부정적 자아상치유 5단계 성경적 사고 모델 연습하기

1) 1단계: 사건(상황, 환경, 행동)은 무엇이었으며 그때의 반응은 어떠했나?

2) 2단계: 그 당시의 감정은 무엇인가?

3) 3단계: 그러한 감정이나 행동은 어디에서 생긴 것인가?

4) 4단계: 잘못된(비합리적, 자동적) 사고는 무엇인가?

5) 5단계: 합리적이며 성경적 사고는 무엇이며 그때의 감정은 무엇인가?

① 합리적 사고:

② 성경적 사고:

③ 새로운 감정:

1) 사건(상황, 환경, 행동)은 무엇이었으며 그때의 반응은 어떠했나?

밤에 집에 와서 저녁을 먹는 데 엄마가 된장국을 왜 이렇게 많이 떠왔냐고 말하여 화가 났다. 방으로 들어가면서 관계를 단절하고 싶은 마음이 들었다. 엄마는 아들인 동생을 중심으로 양육했기에 나는 엄마에게 반항하고 싶었다.

2) 그 당시의 감정은 무엇인가?

분노, 의기소침, 굴욕감, 무기력.

3) 그러한 감정이나 행동은 어디에서 생긴 것인가?

그 당시 나는 하루 종일 일하고 밤늦게 와서 밥을 먹을 때가 많았다. 이런 나에게 수고한다 위로하기는 커녕 된장국에 초점을 맞춘 것이 무척 화가 났다. 만약 아들이면 그렇게 이야기했을 리 없다고 생각했다. 어릴 때 바로 밑의 남동생과 비교할 때 나는 보잘것없음을 느끼고 굴욕감과 무기력이 지배적이었다. 부모님들의 불공평함을 보며 세상 자체가 부조리하다고 느꼈고 마음 깊은 곳에 분노가 있었으나 이 거대한 세상을 내가 어떻게 바꾸나. 관두자 하면서 체념하던 것이 생각났다.

4) 잘못된(비합리적, 자동적) 사고는 무엇인가?

우리 엄마는 아들만 사랑하는 사람이며 구두쇠이고 대화도 되지 않는다. 어릴 때부터 지금까지 딸자식은 신경 쓰지 않아 나도 나를 가치 없게 보며 작은 일에도 위축되며 굴욕감이 든다. 부모처럼 힘 있고 권위 있는 자들이 불공평하다고 생각하면서도 타락한 이 세상은 남자들이 대우받는 곳이기에 여자인 나는 무시당하는 것이 당연하다. 그러니 싸우지 말자. 체념하는 것이 지혜로운 행동이라는 생각이 든다.

5) 합리적이며 성경적 사고는 무엇이며 그때의 감정은 무엇인가?

① 합리적 사고: 엄마가 아들을 더 사랑하고 구두쇠로 사는 것은 시대의 산물이며 엄마도 피해자다. 지금은 상황이 많이 바뀌어 여자라고 무시 받고 억압당하지 않는 시대다. 문제는 타락한 인간 본성이지 남녀의 문제가 아니다.

② 성경적 사고: 하나님의 살아계심을 믿는 성경의 인물들은 그 시대를 뛰어넘었다(드보라). 나도 그러한 자를 닮고 싶다. 하나님의 역사가 기대된다.

③ 새로운 감정: 평안함, 미안함, 후회스러움.

3회: 완벽주의 치유

<사례>

어린 시절 민수는 '어떻게 해야 부모님을 기쁘게 해 드릴 수 있을까?'하는 생각으로 꽉 차 있었다. 민수는 어머니를 위해 식탁을 정리하는 일을 도왔다. 그런데 어머니는 "수저가 잘못 놓였잖니? 아직 수저 놓는 자리도 모르니?"라고 핀잔을 주었다. 어머니가 가르쳐준 대로 고쳐놓으면, "거기가 물컵 놓는 자리야?"라고 하며 인상을 쓰셨다. 어린 민수는 어머니의 야단치는 소리에 놀라 컵을 든 채 울상이 되어 서 있곤 했다. 그러면 어머니는 민수의 손에서 컵을 빼앗아 상 위에 놓으시며, "뭐 하나 제대로 하는 것이 없으니……!"라고 중얼거리셨다.

그래도 민수는 아빠가 계시니 한편 마음이 든든했다. 그래서 아빠를 기쁘게 해 드리고 아빠의 수준에 맞는 아들이 되기를 바랐다. 한 번은 아빠의 동료 교수들과의 만남에 온 가족이 초대되어 갔다. 민수는 온 신경을 다 써 몸가짐을 바르게 하고, 말과 행동을 조심하느라 소화가 안 돼 배가 아플 지경이었다. 그러던 중 아빠 친구가 아빠에게 그 애가 누구냐고 물었다. 민수는 얼굴이 빨개지고, 가슴이 뛰며, 잔뜩 긴장하여 아빠의 얼굴을 쳐다보았다. 아빠는 민수의 얼굴을 힐끗 내려다보곤 다른 주제로 말을 이어 가셨다.

한 번은 민수가 B와 C가 들어 있는 성적표를 받아 왔다. 민수의 아빠는 "내 생각에는 조금만 노력하면 모두 B를 받을 수 있을 것 같다, 안 그러니?"라고 말씀하셨다. 민수는 열심히 공부하여 모두 B를 받았다. 아버지는 "그것 봐라. 조금만 노력하니 되잖아. 이제 조금만 더 노력하면 너는 모두 A를 받을 수 있어. 내가 장담하지!" 민수는 더욱 열심히 공부하여 결국 모두 A를 받게 되었다.

민수는 기뻐하실 아빠를 생각하며 얼마나 가슴이 뛰었는지…… '분명히 이번만은 꼭 나에 대해 기뻐하실 거야!' 그 날 따라 아빠의 퇴근 시간이 어찌 그렇게 길게 느껴지던지…… 아빠는 민수가 자신 있게 내미는 성적표를 받아보시곤, 한 번 죽 훑어보시더니 이렇게 말씀하셨다. "요즘 선생님들은 정말 엉터리야 엉터리. 어떻게 이렇게 A를 남발할 수 있어?"

" …….. "

1. 완벽주의란?

완벽주의는 높은 기준이나 목표를 설정해 놓고 추구하는 과정에서 실패에 대한 염려나 두려움을 가지는(이미화, 류진혜, 2002, 309) 강박적 경향이다. 완벽주의를 드러내는 가장 분명한 실마리는 '그래야만 하는 것'들에 대한 강박관념이다.[50] '마땅히 이러저러해야만 한다'는 내면의 명령으로 모든 것을 통제하는 것이 완벽주의의 핵심이다(Stoop, 2001, 19). 완벽하다는 것은 인간으로서는 불가능한 것인데 완벽이라는 비현실적 목표를 설정해 놓고 추구하기 때문에 심리적으로 갈등이 생기며, 자신의 가치를 생산성과 업적으로만 보기 때문에 자기파괴적 성향이 만들어지는 것이다.

한편 휴이트(Hewitt)와 플렛(Flett)은 완벽주의 개념을 다차원적 개념, 즉 자기중심 완벽주의, 타인중심 완벽주의, 사회중심 완벽주의로 분류하고 완벽주의 성향이 개인적인 면과 사회적인 면을 모두 갖는다고 주장하였다(Hewitt & Flett, 1991, 456-457). 자기중심 완벽주의는 자기 스스로의 성숙과 만족을 추구하기 위해 자신이 정해 놓은 높은 기준에 도달하고자 하는 것이다. 이런 성향은 자신이 통제할 수 있고 결과를 확인할 수 있기 때문에 그로 인한 어려움을 스트레스로 지각하지 않고 그러한 상황을 인내할 수 있는 힘을 갖고 있는 유형이다.

타인중심 완벽주의는 의미 있는 타인에게 비현실적인 기준을 정해 놓고 그들의 행동이 완벽할 것을 기대하며 타인의 행동을 엄격하게 평가한다. 이로 인해 다른 사람을 향한 비난과 신뢰감의 결여, 적개심을 갖게 되고, 대인관계에 있어 냉소주의와 외로움 등의 문제를 야기할 수 있다.

사회중심 완벽주의는 주변의 의미 있는 타인이 자신에게 부과하는 기준과 기대를 달성시키고자 노력한다. 이들은 의미 있는 타인이 자신에게 비현실적인 높은 기준을 정해 놓고 엄격하게 평가하고, 완벽하도록 압력을 주고 있다고 지

---

50) 심리학자 카렌 호니는 이것을 "그래야만 하는 것들의 횡포"라고 표현했다(Horney, 1950, 64).

각하고 있다.51) 이렇게 의미 있는 타인에 의해 부과된 기준은 과중하거나 도달할 수 없기 때문에 우울, 분노, 불안과 같은 정서를 느낀다. 그리고 부정적인 평가를 받는 것에 대해 지나친 두려움을 느껴 타인으로부터 관심과 인정을 받는 일에 집착하게 된다.

완벽주의자 중에는 '선택적인 완벽주의자'들이 많다. 예를 들어 자기가 타고 다니는 차는 티 없이 깨끗하게 유지하지만, 집안에선 손 하나 까딱하지 않는 게으른 행동을 보이든지, 직장에선 완벽주의자이면서 집에서는 아무 일도 하지 않는다든지, 한 가지 영역에서 완벽주의자가 되기 위해 온 힘을 다 소모하기에 다른 영역에서는 자신을 다스릴 힘이 없는 경우이다(Sledge, 1996, 173).

완벽주의자들이 자신의 완벽주의로 가장 많은 고통을 받는 영역은 직장이고 그다음은 가정과 인간관계, 취미생활, 문제 해결방식, 사고방식, 다른 사람에게 하는 말들, 부부생활, 사교모임, 쇼핑, 소속 단체생활, 교회나 학교생활 등이다. 그 외에도 체중과 신체 컨디션을 포함한 외모, 시간관리, 자동차, 영적 생활과 또한 많은 다른 것들이 언급되었다(Stoop, 2001, 28).

2. 완벽주의의 증상

완벽주의는 어떤 증상을 갖는지 살펴보자.

첫째, 무엇인가를 아주 잘해야 한다는 생각으로 인해 늘 스스로를 피곤하게 한다. 완벽주의자들은 자신 및 타인의 일에 대해서 필요 이상의 높은 기대를 가지고 있다. 이러한 기대는 자신의 능력으로는 도달하기 어려운 높은 기대 수준이어서 실패와 좌절로 연결되기 쉽다.

둘째, 완벽하지 않은 것은 실패로 간주한다. 자신이 실패하면 다른 사람들로

---

51) 사회 완벽성이 높은 사람들은 자기 자신보다는 타인의 기준에 도달하고자 노력하므로 스스로가 통제할 수도 없고, 결과의 확인도 가능하지 않기 때문에 이 과정에서 발생되는 자극이나 어려움을 스트레스로 지각한다(이미화, 류진혜, 2002, 310).

부터 거절당할 것을 예견하여 다른 사람으로부터 자신을 멀어지게 한다.

셋째, 미루는 습관이 있다. 완벽주의자는 완벽해야 한다는 강박적인 생각 때문에 시간적 여유를 갖고 일을 하는 것에 큰 정서적 고통을 느낀다. 따라서 그들은 압박감을 느끼는 상황에서 가장 일을 잘한다. 완벽주의자는 일을 마친 후에는 스스로 말한다. "그 일을 하기 위해 남아 있었던 시간은 그렇게 짧은 것이 아니었어. 만약 다음에 일을 좀 더 일찍 시작하면 나의 능력을 최대한으로 발휘할 수 있을 거야!"

넷째, 다른 사람들을 무시하고 정죄한다. 다른 사람들은 무엇이 옳고 무엇이 그른지를 잘 판가름하지 못한다고 생각하며 다른 사람들은 아무 생각도 없이 막 산다고 평가 절하한다. 이렇게 하는 이유는 내가 다른 사람들보다 낫다고 생각해야 마음이 편하기 때문이다. 그래서 타인의 일에서 실수를 찾으려 하며 다른 사람들을 믿지 못하고 무시하고 불신하기 때문에 다른 사람들과 한 팀으로 일하는 데 어려움을 겪는다.

다섯째, 스트레스 사건에 민감하다. 완벽주의자들은 높은 목표를 세워놓고 거기에 도달하지 못하면 우울감과 무능함을 느끼고 이는 낮은 자존감으로 연결된다. 완벽주의자는 목표에 도달할 때마다 그것을 재조정한다(Hewitt & Dyck, 1986, 137-142).

3. 완벽주의의 원인

완벽주의의 원인은 다음과 같이 4가지로 살펴볼 수 있다.

1) 이상적 자아 추구

인간은 실제 자아와 이상적 자아를 가지고 있다. 실제 자아는 자신의 실제 모습에 대한 생각이며, 이상적 자아는 자신이 목표로 삼는 미래의 모습이다. 인간은 실제 자아와 이상적 자아가 다를 수밖에 없는데, 이 둘의 간격이 크면 클수록, 즉 불일치가 크면 클수록 더 많은 정서적 고통을 느끼게 된다. 그런데 완벽주의자들은 이상적 자아를 너무 높게 설정하기 때문에 불일치가 너무 커서 부정적 정서가 생겨나게 된다.

완벽주의자들은 상상 속에만 존재하는 그 무엇을 현실에 존재하게 만들려고 노력하는데 이러한 생각은 오히려 더 심한 불안감을 초래하게 된다. 그래서 이들은 지속적인 만족감을 누리지 못하면서도 더 많은 돈을 벌고, 더 많은 특권을 얻고, 더 많은 승리를 거두고, 더 많은 일을 완수하려 하는 것이다.

2) 부모의 양육태도

완벽주의는 부모의 완벽주의적 양육태도에서 기인한다. 완벽주의적 부모는 자녀가 한 일에 대한 보상으로 사랑과 승인을 주면서 자녀를 완벽하게 키우려고 한다. 완벽주의적 부모는 자녀가 실수나 실패를 하면 불안해하거나 실망하는데, 자녀는 부모의 불안과 실망의 태도를 자신에 대한 거절로 받아들이고 되고 부모로부터 거절당하지 않고 사랑과 인정을 받기 위해 완벽하게 해야 한다는 생각을 가지게 된다. 완벽주의적 부모는 자녀가 잘한 것에 대해서는 과소평가하면서 자녀의 노력에 대해 보상하거나 수용하는 데 어려움을 느낀다.

자녀들은 부모가 자신이 한 일에 대해 인정해 주지 않으면 부모의 관심과 인정을 받기 위해 더욱 열심히 과업을 완수하려 한다. 이런 자녀들은 경쟁에서 지면 가치 없고, 사랑스럽지 못하며, 사람들에게 거부당할 것이라고 두려워하게 된다. 그래서 더욱 경쟁에서 이기기 위해 안간힘을 쓰고 때로는 속임수나 거짓말을 사용하기도 한다. 부모가 지나치게 높은 것을 기대하고 바라면, 자녀들은 실패에 대한 두려움 때문에 과업 성취에 대한 동기 수준이 낮아진다. 특히 부모가 권위적이고 경직된 태도로 자녀를 조종하면 문제가 더 커진다. 완벽한 성취를 요구하면 자녀들은 시작하기도 전에 미리 포기하게 된다. 부모가 말로는 그 정도면 잘했다고 하면서도 실망하는 태도나 표정을 보이면 자녀는 부모의 비언어 메시지(태도와 표정, 어투 등)에서 자신이 부족했음을 느끼고 실망하게 된다.

어느 부모도 의식적으로 자녀를 완벽주의자로 키우려는 사람은 없다. 그러나 병든 부모가 병든 자녀를 키워내듯이 상처받은 부모가 그 자녀를 병든 완벽주의가 되도록 만든다. 완벽주의자의 가족 중에 완벽주의자가 있는가를 물었을 때, 응답자 중 44%기 아버지를, 32%가 부모 모두를, 그리고 8%가 어머니를 완벽주의자라고 대답했다. 16%는 완벽주의자가 없는 가정에서 성장한 경우였다. 완벽주의자인 사람들은 대부분 부모에게서 인정을 받고 싶은 욕구에서 완벽주의가 시작되었다고 말한다(Stoop, 2001, 84-85).

3) 사회의 요구

현대사회는 조직화되고 거대화되어 가고 있으며, 효율성과 신속성을 강조하는 경쟁사회이고, 다원화된 사회며, 자본주의 사회로서 정신적 가치보다는 물질적 가치를 강조하는 시대다. 또한 전자통신기술의 비약적인 발달로 인하여 사람 간의 접촉의 양은 줄고 접촉의 질은 피상적이 되어 가고 있다. 이러한 특성으로 인해 진정한 인간관계는 점차 사라지고 경쟁관계는 더욱 심화되고 있다.

경쟁사회 속에서 인간은 자기중심적이고 이기적일 수밖에 없다. 이로 인하여 더 많이 위축되고 자기 안에 숨게 된다. 경쟁사회에서는 아무리 노력해도 자기보다 더 유능한 자가 있으면 자기는 패자가 될 수밖에 없기에 남들보다 더 유능해져야 살아남는다는 생각을 갖게 된다. 패자는 패자라서 괴롭지만 승자도 계속되는 경쟁에서 이겨야 한다는 강박감 때문에 그 역시 극심한 스트레스 속에서 살아가야 한다. 어떤 분야의 직종이건 그 분야에서 최고가 아니면 살아남을 수 없는 사회이기에 완벽하지 않으면 안 된다는 생각을 하게 만들고, 그러다 보니 점점 더 완벽을 추구할 수밖에 없는 것이다.

4. 완벽주의 치유

1) 높은 기대 수준 조절하기

높은 목표를 달성해야 한다고 생각하는 완벽주의자들의 핵심 신념으로는 다음과 같은 것이 있다.

'나는 늘 유능해야 한다.'
'사랑과 인정은 탁월한 일의 성취 결과로 얻어지는 것이다.'
'나는 나 자신의 모든 욕구나 기대를 충족할 수 있어야 한다.'
'나는 항상 생산적인 결과를 만들어야 한다.'
'흠이 없이 완벽한 것이 최고의 가치다.'

이러한 신념을 가진 사람들은 책임감이 강하고 시간을 잘 지키며 업무실적이 뛰어나다. 그러나 그것이 지나쳐서 때때로 개인의 가치를 업무 수행에 둔다. 그들은 황폐된 자기상을 가지고 비현실적인 목표를 스스로에게 부과한다. 그들은 스스로 노력해서 손에 넣으려 하기 때문에 타인과의 협력을 생각하지 않는다.

완벽주의자들은 하나님의 사랑을 받아들이는 데도 어려움을 느낀다. 하나님의 사랑은 노력으로 얻어지는 것이 아니기 때문이다.[52] 완벽주의 치유를 위해

---

52) 마태복음 20장 1-16절의 포도원 비유는 포도원 일꾼을 구하려고 동네에 들어간 어떤 포도원 주인에 대한 것이다. 그는 오전 6시에 일꾼들을 모으고 "한 데나리온을 주겠소"라며 하루 임금을 약속했다. 9시에 더 많은 일꾼들을 모았다. 그리고는 "내가 상당하게 주겠소"라고만 말했다. 정오에 다시 일꾼들을 더 모으고, 오후 5시에 또 모았다. 그 하루가 다가고, 주인이 모두에게 하루 종일 일했던 한 시간을 일했던 가리지 않고 한 데나리온씩 주었다. 열두 시간을 일했던 사람들이 투덜거리자, 주인이 "나는 내 돈을 가지고 내 뜻대로 할 권리가 있다. 나는 내가 원하는 사람에게 선을 베풀 수 있다"고

서는 높은 기대 수준을 버리고 하나님의 사랑과 은혜의 시각으로 자신과 타인, 그리고 상황을 보는 연습을 해야 한다. 하나님은 우리를 있는 그대로 사랑하시고 수용하시면서 우리가 실패할지라도 용서하며 또 그것을 통해 교훈 받게 하시고 성장하게 하신다.

2) 탁월성 추구하기

완벽주의가 치유되려면 완벽주의 성향 자체를 긍정적 혹은 부정적 특징으로 보기보다는 완벽해지고자 하는 기준을 누가 부과하느냐에 따라서 달라지는 완벽주의의 속성을 파악해야 한다. 즉 자기 스스로가 정해 놓은 기준에 도달하고자 노력하는 자기중심적 완벽주의 성향은 타인중심적 완벽주의보다 성취동기가 높고, 스스로 하려는 의욕이 강하기 때문에 그와 관련된 긍정적인 정서인 보람, 즐거움, 행복, 자부심 등을 경험하게 된다(이미화, 류진혜, 2000, 310-311). 이처럼 완벽주의에는 긍정적인 면도 있다. 그러나 완벽주의의 문제는 타인에게 인정받으려는 병적인 집착에 있다. 따라서 자기 삶의 주도성을 발휘하고 타인에 대한 인정 욕구를 내려놓는다면 완벽주의가 치유되어 탁월성으로 전환될 것이다.

모든 것이 완벽해야 한다는 강박증을 없애기만 한다면 완벽주의는 반복적인 연습을 통해 탁월한 전문성으로 나아갈 수 있다. 예수님의 삶은 그리스도인들에게 탁월성의 한 모범을 보여 주신다. 그분은 인류 구원이라는 목적을 위해 한 길을 묵묵히 걸어가셔서 마침내 이루어 내신 것이다. 성경은 "네 손이 일을 얻는 대로 힘을 다하여 할지어다"(전 9:10), "무슨 일을 하든지 마음을 다하여 주께 하듯 하고 사람에게 하듯 하지 말라"(골 3:23)라고 말씀하신다.

기독교의 특징은 탁월성이다. 탁월한 것은 옳은 것이며 더 잘 섬기기 위해 겸손한 마음으로 노력한다. 탁월성은 헌신된 그리스도인이 추구해야 하는 것이

대답했다. 예수님의 가르침은 명백하다. 우리의 성취 지향적 가치가 은혜로우신 하나님을 이해하는 데 아무런 도움도 주지 못한다.

지만, 율법적인 태도로 추구하게 되면 오로지 속박과 좌절만을 낳게 될 것이다.

완벽주의와 탁월성을 비교하면 다음과 같다.

〈표 33〉 완벽주의와 탁월성 비교

	완벽주의자	탁월성 추구자
목표	도달 불가능한 목표를 설정한다.	도달 가능한 높은 기준을 즐겁게 추구한다.
정체성	자신의 행동에 따라 자기 가치를 둔다.	자신이 누구인지에 따라 자기 가치를 둔다.
실패	실패하면 절망한다.	실패를 통해 배운다.
행복의 기준	1등이 되어야만 살 수 있다고 생각하고 1등이 돼도 불안해한다.	자신이 최선을 다했다고 생각하면 2등이라도 행복해한다.
비평	비평을 싫어한다.	비평을 환영한다.

정교함과 집중력이 필요한 직업의 세계에서는 탁월성이 무엇보다 중요하다. 완벽주의는 실현 불가능한 높은 기대를 가지고 있기 때문에 좌절감을 주지만 탁월성은 실현 가능한 목표에 따라 최선을 다하는 도전적인 삶이므로 결과가 좋을 수밖에 없다. 탁월함을 추구하는 사람들은 좋지 않은 일이 일어났을 때 불행은 일시적이고 제한적인 것이라고 생각하여 자신을 탓하지 않는다(Barkers, 1994, 348-349). 결국 자기 스스로가 목표를 정하고 그 일에서 만족과 보람을 느낄 수 있도록 긍정적인 면을 키워 탁월한 삶으로 가도록 하는 것이 완벽주의 치유의 최대 과제인 것이다.

3) 완벽주의적 자기대화 바꾸기

완벽주의자의 자기대화를 보면 합리적이지도 않고 자신과 타인에게 유익하지도 않다. 다음은 완벽주의자의 자기대화를 합리적인 자기대화로 바꾼 것이다.
예를 보면서 자신에게 해당되는 것이 있으면 자신의 것이 되도록 연습해 본다.

완벽주의적 자기대화	합리적인 자기대화
"이번에 결과가 좋지 않은 것은 당황해서 그런 거야(변명, 회피)."	"이번에 결과가 좋지 않은 것은 열심히 하지 못했기 때문이야."
"저 여자(아내)는 완전히 불평으로 가득 찼어(비난)."	"아이들이 투정을 하면, 아내도 짜증이 날 수밖에 없지."
"또 실패했네. 나는 아무짝에도 쓸모없어. 나는 아무것도 제대로 하는 게 없네(비관)."	"계획한 대로 목표 달성하지 못했지만 이 사건을 통해서 배울 점이 무엇일까 찾아보자."
"나는 또 나와의 약속을 어겼어. 아무리 좋은 계획도 다 소용이 없어(자기비하)."	"지금 보니 너무 높은 계획을 세웠네. 계획을 다시 조정해서 내가 감당할 만한 목표로 바꾸어서 다시 실행해보자."
"저 직원은 너무 불친절하잖아. 아무 생각도 없이 그냥 서 있다니 한심하군(무시)."	"저 직원이 아무 반응이 없는 것을 보니 내가 원하는 바를 정확하게 말해주지 못해서 그런 것 같아. 분명히 말하자."
"그 의사는 돈밖에 모르는 사람이야(타인 비하)."	"그 의사도 병을 치료하려면 병원비를 부담할 수 있는지 확인해봐야겠지."
"학교에서 가르치는 것은 그저 이론일 뿐 실생활에는 전혀 도움이 되지 않아(부정)."	"그 과목이 나한테 실제적인 도움이 될 줄 알았는데 그렇지는 않지만 이론도 중요하지."
"나는 이 일에 전혀 소질이 없어. 나는 실패자야(자기 비하)."	"내가 이 일에 소질이 없다면 나한테 맞는 일을 찾아보는 것이 더 중요하다."
"내가 해고된 것은 내가 너무 나이 들어서 그런 거야(합리화)."	"내가 나이가 많아서 해고됐다면 내 나이에 맞는 일을 찾아보는 것이 좋겠어."
"오늘 만날 사람들은 나를 싫어할 거야(비약)."	"사람들은 대부분 나를 좋아하니까 오늘 만날 사람과도 좋은 시간 보낼 거야."

> **활동**

1. 완벽주의 체크(하정희의 한국판 완벽주의 자기제시척도)[53]

다음 문항을 읽고, 평소 자신과 비슷하다고 생각되는 문항에 체크해보자.

전혀 그렇지 않다	약간 그렇다	보통	상당히 그렇다	매우 그렇다
①	②	③	④	⑤

번호	문항	①	②	③	④	⑤
1	나는 늘 완벽한 모습을 보이려고 노력한다.	①	②	③	④	⑤
2	내가 얼마나 열심히 일하는지 다른 사람들에게 말하지 않는다.	①	②	③	④	⑤
3	나는 내 문제를 늘 다른 사람에게 비밀로 한다.	①	②	③	④	⑤
4	다른 사람들 앞에서 웃음거리가 된다면 끔찍할 것이다.	①	②	③	④	⑤
5	나는 다른 사람들 앞에서 저지른 실수들에 대해 신경을 쓴다.	①	②	③	④	⑤
6	다른 사람들에게 내 문제를 말하기보다는 스스로 해결해야 한다.	①	②	③	④	⑤
7	나는 공적인 상황에서 실수하는 것을 무척 싫어한다.	①	②	③	④	⑤
8	언제나 모든 것에 대해 통달한 것처럼 보이는 것은 내게 매우 중요하다.	①	②	③	④	⑤
9	나는 언제나 완벽하게 보여야 한다.	①	②	③	④	⑤
10	나는 공적인 상황에서 실수하는 것에 신경 쓰지 않는다.	①	②	③	④	⑤
11	내 단점을 되도록 말하지 않으려고 한다.	①	②	③	④	⑤
12	나는 다른 사람들에게 완벽하게 보이기 위해 최선을 다한다.	①	②	③	④	⑤
13	내가 맡은 일이 완벽하게 성공할 때까지, 아무도 내가 하는 일을 몰랐으면 좋겠다.	①	②	③	④	⑤

---

53) 하정희는 7점 척도로 제시하였으나 저자는 5점 척도로 제시하고자 한다(출처: 신아라, 2021).

14	나는 내 실수를 다른 사람들에게 결코 말하지 않는다.	①	②	③	④	⑤
15	내가 잘할 수 없는 일들도 아무렇지 않게 잘하는 것처럼 행동한다.	①	②	③	④	⑤
16	다른 사람들이 나를 완벽하다고 말했으면 좋겠다.	①	②	③	④	⑤
17	나는 공개적인 상황에서 실수를 지적받는 것이 무척 싫다.	①	②	③	④	⑤
18	나는 언제나 내 행동에 대해 빠르게 판단하고 행동하는 것처럼 보여야 한다.	①	②	③	④	⑤
19	내가 나의 일에서 실수를 하더라도, 다른 사람들은 나를 완벽하게 보는 것이 중요하다.	①	②	③	④	⑤

[채점 해석]

하위 요인	개수	문항 번호	합계	중앙치/최대치
1) 완벽주의적 자기 노력	8	1, 8, 9, 12, 15, 16, 18, 19		24/45
2) 불완전함 은폐-행동적	5	4, 5, 7, 10*, 17		15/25
3) 불완전함 은폐-언어적	6	2, 3, 6, 11, 13, 14		18/30
전체 합계				57/95

* 10번 문항은 그 점수를 거꾸로 환산하여 계산한다.

각 하위 요인의 점수가 중앙치보다 높으면 완벽주의가 있는 편이며 최대치에 가까울수록 완벽주의가 심한 편이다. 하위 요인에 대한 해석은 다름과 같다.

1) 완벽주의적 자기 노력: 완벽해지고 싶어 하며 완벽해지기 위해 많은 노력을 하고 있어서 삶이 고단하고 힘들게 느껴질 가능성이 많다.

2) 불완전함 은폐-행동적: 완벽하지 않은 자신의 모습을 싫어하기 때문에 타인에게 자신의 잘못이나 실수를 보이지 않기 위해 엄청 노력한다.

3) 불완전함 은폐-언어적: 완벽하지 않은 자신의 모습을 싫어하기 때문에 언어적으로나 비언어적으로 자신의 잘못이나 실수를 숨기려 한다.

[전체 점수 해석]

- 57~66점: 완벽주의가 보통 정도임. 완벽성을 버리고 탁월함을 향해 가는 연습이 필요하다.
- 67~76점: 완벽주의가 높은 편임. 자신과 타인에 대한 기대를 낮추고 현실에 근거한 기대를 가지도록 노력하고 실수해도 비난하지 않는 연습이 필요하다.
- 77~95점: 완벽주의가 매우 높음. 완벽주의로 인해 삶에서 많은 고통을 이미 경험하고 있을 것이다. 자신의 상태를 인정하고 치유를 향해 나아가도록 열린 마음을 갖는다(위의 해석도 참조하여 연습할 필요가 있다).

2. 자기대화 바꾸기

당신의 완벽주의적인 자기대화가 무엇인지 적어보고 그것을 합리적인 자기대화로 바꾸어보자.

완벽주의적 자기대화	합리적인 자기대화

3. 완벽주의 치유 5단계 성경적 사고 모델 연습

1) 1단계: 사건(상황, 환경, 행동)은 무엇이었으며 그때의 반응은 어떠했나?

2) 2단계: 그 당시의 감정은 무엇인가?

3) 3단계: 그러한 감정이나 행동은 어디에서 생긴 것인가?

4) 4단계: 잘못된(비합리적, 자동적) 사고는 무엇인가?

5) 5단계: 합리적이며 성경적 사고는 무엇이며 그때의 감정은 무엇인가?

① 합리적 사고:

② 성경적 사고:

③ 새로운 감정:

1) 사건(상황, 환경, 행동)은 무엇이었으며 그때의 내 반응은 어떠했나?

집단 심리치료 때 동료를 평가하고 판단하는 말을 했다는 인도자의 피드백을 받고 동의가 되었다. 그래서 동료에게 사과하고 용서를 받았다. 그런데 모임이 끝나고 다시 한 번 죄송하다고 말했는데 그 말을 듣는 동료의 표정이 좀 당황스럽고 불편한 모습이었다. 그 표정을 보면서 마음이 무거워졌다.

2) 그 당시의 감정은 무엇인가?

동료의 용서를 내가 다 받아들이지 않고 다시 죄송하다고 말함으로 동료를 불편하게 하였구나. 뭔가 내가 잘못했다는 느낌이 들었다. 더욱 미안해지고 마음이 무겁고 불편했다.

3) 그러한 감정이나 행동은 어디에서 생긴 것인가?

어린 시절, 엄마가 완벽주의가 많아서 나에게 실수하면 안 되고 완벽하게 잘해야 한다고 늘 강조하셨다. 또 내가 동생들을 무시하고 평가하는 행동을 할 때 마다 엄마는 동생을 나쁜 애로 몰아가는 것은 악한 것이라고 나를 정죄하였다.

4) 잘못된(비합리적, 자동적) 사고는 무엇인가?

한 가지 실수나 잘못으로 인해 나 자신을 '나쁜 사람'이라고 낙인찍는 생각, 용서를 수용하지 못하고 더 크게 사죄해야 한다는 생각(굴복), 상대방이 용서해도 나는 자신을 처벌하여 괴로워해야 한다는 생각

5) 합리적이며 성경적 사고는 무엇이며 그때의 감정은 무엇인가?

① 합리적 사고: 인간은 실수할 수 있다. 나의 실수에 대해 수용하면서 실수를 통해 교훈을 받고 성장의 기회로 삼자.

② 성경적 사고: 하나님은 영원한 사랑과 용서로 나를 품어주신다. 그러므로 나의 죄된 모습을 발견할 때 '나는 그런 사람이 아니어야 하는데'라고 생각함으로 낙심하고 낙인찍을 것이 아니라 감사하는 마음을 가진다.

③ 새로운 감정: 감사함

4회: 불안 치유

<사례>

다음은 불안으로 고통 받던 어떤 목사님의 이야기다.

오랜 세월 동안 나의 꿈은 교회가 성장할 수 있도록 이끄는 목회를 하는 것이었다. 나는 그 꿈을 실현하기 위해 20년이 넘게 열심히 담임목사로 헌신하였다. 55세가 되었을 때 마침내 교회는 많이 성장하였다. 그리고 성도들은 나를 무척이나 사랑해 주었다. 그런데 이상한 일이 일어나기 시작했다. 주일 아침이면 가슴이 뛰고, 뭔지 모르는 막연한 공포감에 기분이 이상해짐을 느꼈다. 몸이 나른해지고, 아무것도 할 수 없을 것 같은 느낌도 들었다. 때때로 내가 갑자기 죽을 것처럼 느껴져 혼란 가운데 있다가 현실로 돌아와 비논리적인 나의 불안을 생각하며 쓴웃음을 짓기도 했다. 그런데 이런 것들은 스스로 잘 조절되지 않는 감정이었다.

'무슨 일일까? 왜 이럴까?' 불안감이 다가올 때마다 나는 몸의 좌측 편에 통증을 느끼기도 했다. 겁이 났다. '진짜 내가 죽을병에라도 걸렸단 말인가?! 혹시, 암…?' 그래서 의사를 찾기 시작했다. 머리끝에서 발끝까지 세밀히 검사해보았지만 아무런 이상도 발견하지 못했다. 한편으로 마음이 놓이고 감사했지만, 한편으로 또다시 불안하기 시작했다. '그럼 무엇이란 말인가?' 나는 내가 겪고 있는 문제를 알지 못하여 갈등하기 시작했다. '무엇이 나를 이토록 두렵게 만드는가? 무엇이 이렇게 나를 알지 못하는 공포 속으로 몰아넣는단 말인가?'

56세를 앞둔 어느 날, 뭔지 모르는 극심한 공포와 두려움에 시달려 잠 못 이루는 나를 지켜보던 아내는 나의 등을 어루만지며 "당신, 아버지가 그리우세요?"라고 물었다. 순간 나도 모르게 그동안 나의 모든 문제의 핵심을 깨달은 듯 아내의 어깨에 머리를 묻고, 아이처럼 소리 내어 엉엉 울기 시작했다.

'아버지!' 그는 참 인자하신 분이셨다. 어릴 땐 공원에 데려가 공놀이를 해 주셨고, 학교 다닐 때는 퇴근 후에 자상하게 숙제를 봐주시고, 친구들과의 문제를 물어보시곤

했다. 자상한 목소리에 잔잔한 미소가 항상 얼굴에 깔려 있던 참 좋은 아버지, 난 그 아버지를 기억한다. 내가 15세가 되던 어느 날, 아침에 출근하셨던 아버지를 병원 응급실에서 만났다. 아버지는 차에 치어 정신을 잃으신 상태로 누워 계셨다. 사고를 낸 사람은 달아나 버렸고…… 그때부터 아버지는 식물인간으로 삼 년 동안 누워 계시다 돌아가셨다. 그때 아버지의 나이가 56세 셨다. 당시 아버지는 한창 잘 나가는 엔지니어였다. 엄마는 참 행복해했다. 하나밖에 없는 아들이었던 나 또한 부족함을 모르는 행복한 아이였다. 정말 모든 것이 풍족하고, 건강했으며, 그 어떤 것도 부러울 게 없는 삶이었다. 그런데 갑자기 불행이 닥쳤다. 아버지의 사고는 온 가족을 준비되지 않은 불행의 구덩이 속으로 몰아넣었다.

오늘이 있기까지 난 정말 열심히 뛰었다. 재혼을 하신 어머니의 지속적인 격려와 사랑이 있었지만, 내가 정말 필요로 할 때 도움을 줄 수 있는 사람은 없었다. 그렇기에 나는 하나님의 은혜와 긍휼로 이 같은 축복을 누리는 귀한 목사가 되었다고 확실히 말할 수 있다.

그런데 왜 두려운 것일까? 왜 이토록 공포 가운데 헤매는 것일까? 난 아내의 "당신, 아버지가 그리우세요?"라는 말에서 그 해답을 얻었다. '아버지! 그렇다!' 아버지였다! 난 두려웠다. 아버지에게 일어났던 일이 내게도 일어날까 봐 난 정말 두려웠다. 내게도 그런 불행이 다가올까 봐 56이란 숫자는 생각 속에도 없었던 것이지만 나의 무의식 속에 그 숫자는 불행의 숫자로 새겨져 있었던 것이다. 56세에 돌아가신 아버지, 올 해 내 나이가 56이다.

1. 불안이란?

불안이란 미래에 겪을지도 모르는 상처와 고통들, 예를 들어 상실, 난처함, 괴로움, 불편함, 장래에 당할지도 모른다는 것에 대한 두려움이며, 더 나아가 죽음에 대한 공포다.54) 뿐만 아니라 작고 미세한 불안도 있다. 시험을 보거나 여러 사람들 앞에서 발표를 할 때, 그리고 첫 미팅이나 중요한 면접을 할 때 등 여러 상황에서 다양한 수준의 불안을 경험한다. 불안은 분명한 이유도 없이 일이 잘못될지도 모른다는 애매모호한 생각이다(Barkers, 1994, 185-186).

불안한 감정은 인간이라면 누구나 조금씩 가지고 있는 감정이기에 소설이나 영화에서 주요 소재가 되어 왔다. 프로이트는 노이로제를 설명하는 핵심적인 개념으로 불안이라는 단어를 사용했다. 프로이트 이전에는 불안을 신경쇠약에 포함하였는데, 신경쇠약은 만성적인 불안을 주 증상으로 하며, 신체적으로 무기력하고 피곤하며 우울증이 가미되어 점점 몸이 쇠약해지는 증상이다(박현순, 2000, 38).

약간의 불안은 일종의 신호와 같은 역할을 한다. 어떤 상황에 대해 긴장감을 줌으로써 미리 준비하게 함으로 적절한 임무 수행에 도움을 주는 역할을 하기도 한다. 즉 불안을 느끼는 것은 누구나 경험하는 보편적인 현상이고, 임박한 상황에 대처하는 데 유용한 반응일 수 있다는 말이다. 불안하고 긴장될수록 정서적인 각성 수준이 높아지게 되는데 이러한 각성 수준이 너무 높거나 너무 낮을 경우에는 수행 능률이 떨어지지만 적절하게 긴장되어 있을 때에는 가장 능률적인 수행을 한다고 알려져 있다. 이처럼 불안은 항상 부정적인 영향만을 주는 것은 아니며, 적절하게 유지될 경우에는 학습과 수행에 긍정적인 영향을 미치는 것을 알 수 있다.

그런데 불안이 심한 경우에는 장애가 될 수 있다. 이것을 '불안장애'55)라고

---

54) 불안을 느끼지 않는 사람은 없다. 겉으로 보기에는 태연한 것 같아도 마음 한구석에는 이런저런 이유로 불안을 안고 살아간다. 어떤 이들은 밤낮없이 불안에 시달리면서 세상을 살고 있다.
55) 스필버거(Spielberger)는 불안을 상태불안(state anxiety)과 특성불안(trait anxiety)으로 구

하는데 불안장애는 갑자기 감당할 수 없을 정도로 강렬한 불안을 경험하는 것인데 이런 경우 미칠 것 같거나 죽을 것 같은 불안감에 압도되기도 한다. 특별한 자극이나 대상이 없는데도 만성적으로 항상 불안과 걱정에 시달리고 신체적으로 긴장되거나 뻣뻣해지는 증상이 나타나기도 한다.

불안은 구체적인 대상이나 상황과 관련되어 나타나기도 한다. 너무 불안해서 엘리베이터를 타지 못하고, 사고가 날까 봐 다리를 건너지 못하기도 한다. 또는 누군가를 죽이는 공상과 같은 원치 않는 생각이 자꾸 떠올라서 죄책감에 시달리기도 하며, 불결한 이물질이 자꾸 몸속으로 들어올 것 같아 반복적으로 손을 씻어야 하는 경우도 있다.

결국 불안이 정상적인 것인지의 여부는, 우선 불안이 현실적으로 납득할 만한 반응이냐 하는 것과 그 정도가 적절하냐에 달려 있다. 실제로 위험한 상황이라면 불안을 느끼는 것이 당연하다. 그다음은 불안에 대처하는 개인의 능력이다. 불안으로 인해서 그 사람이 얼마나 지장을 받는지에 따라 그 불안이 정상적인 불안이 될 수도 있고 비정상적인 불안이 될 수도 있다. 이것은 마치, 같은 망치로 똑같은 힘을 가해도 받침대가 단단하면 부서지지 않지만 받침대가 엉성하면 쉽게 부서지는 이치와 같은 것이다(박현순, 2000, 28).

분하였다. 상태불안은 말 그대로 일시적인 불안, 즉 불안한 상태를 가리킨다. 프로이트는 이 불안을 가리켜 현실적인 불안이라 하였다. 반면에 특성불안은 그 사람의 성격처럼 언제나 내면에 존재하고 있는 불안이다. 큰 수술을 앞두고 있는 환자는 수술 전에 조마조마하고 불안해한다. 그러나 이런 불안은 수술이 끝나면 사라진다. 이처럼 상태불안은 일시적이며 시간에 따라 변동을 보인다. 그리고 위협이 있는 상황이라면 발생한다. 그러나 상황을 가리지 않고 남들보다 유난히 더 불안해하는 사람이 있다. 이 사람들은 특성불안이 높은 사람들이다. 특성불안은 객관적으로 위험이 없는 상황이라도 위험하다고 생각하게 만드는 개인적인 성향으로 성격 특성에 가깝다(박현순, 2000, 44).

신경증적 불안은 무의식적인 충동이 의식으로 뚫고 올라오려 할 때 느끼는 불안이다. 이 불안은 외면하고 싶어 하는 본능적인 욕구나 충동이 의식의 세계로 떠오르려 한다는 것을 알려주는, 신호와 같은 역할을 하기 때문에 신호 불안이라고도 부른다. 불안을 느낄 때 의식 체계는 갖은 방법을 동원해 충동을 달래거나 억압하려고 한다. 방어 기제가 불안을 억압하는 데 실패하면 불안이 지속되고 여러 가지 노이로제 증상이 나타날 수 있다(박현순, 2000, 26).

2. 불안의 종류

불안에는 범불안장애, 공황장애, 공포장애,56) 강박장애, 외상 후 스트레스 장애, 건강염려증 그리고 예기불안이 있다.

범불안장애 환자들은 일상적인 삶 속에서 만성적이고 지속적으로 불안해하고 걱정하는 사람들로, 여러 가지 사건이나 활동에 대해 지나친 불안이나 걱정을 보인다. 범불안장애는 다른 불안과는 달리 불안을 유발하는 자극이나 상황이 모호한 경우가 많고, 외적인 상황과 관계없이 불안을 경험한다. 이러한 불안은 땀이 나고 얼굴이 붉어지고 심장이 두근거리며 손발이 차가워지는 등의 신체 증상, 근육의 긴장과 통증, 안절부절못함, 쉽게 피로해짐, 과민하여 쉽게 화를 냄, 주의집중 곤란, 수면장애 등의 증상을 동반한다.

다음의 사례를 보자.

30세 기혼 남성인 고 집사는 지난 6개월 동안 계속해서 손바닥에 땀이 나고 가슴이 두근거리며 머리가 어지러운 증상이 심했다고 호소하였다. 그는 또한 입과 목이 자주 마르고 뒷골이 당기고 어깨가 긴장되는 경험을 자주 하였으며, 직장 동료들과도 잘 어울리지 못하고 소외감을 경험하곤 하였다. 실제로 이러한 느낌들은 증상들이 심해진 수개월 이전부터 몇 년 동안 지속되어 온 문제들이었다.

고 집사에게는 많은 걱정들이 있었다. 줄곧 부모님의 건강이 나빠져서 돌아가시지는 않을까 걱정을 하고, 자신이 아이들에게 좋은 아빠인지, 아내가 자기를 떠나버리지는 않을지, 직장 동료들이 자기를 싫어하는 것은 아닐지 등을 걱정하였다. 가족들을 면담한 바에 의하면 부모님의 건강에 특별히 문제가 있는 것도 아니었고, 아내도 결혼생활에 불만이 많지는 않았다. 고 집사는 자신의 걱정이 뚜렷한 근거가 없다는 것을 알았지만 걱정에 휩싸여 시간을 보내는 경우가 많았다.

---

56) 공포 장애는 실제로는 위협이 되지 않는 대상이나 상황에 대하여 심한 공포와 두려움을 보이고 이런 공포 자극이 비합리적인 줄 알면서도 회피하고자 하는 것이다. 공포 장애는 광장 공포증, 사회 공포증, 특정 공포증 등으로 구분된다(이용승, 2000, 38-39).

지난 수년 동안 고 집사는 이러한 증상들 때문에 주변 사람들과 별로 접촉하지 않았다. 대학을 졸업한 후에 취직한 회사에서는 사소한 업무에 시달려 회사를 한 번 옮기기는 하였지만 그 이후로는 한 회사에서 줄곧 일해 왔다. 그는 아내와 주변 사람들에게 자신의 걱정이나 불안 경험들을 이야기해 보지 않았다. 혹시 이러한 경험들을 이야기하면 자신이 약하게 보일 것이라고 생각하였던 것이다. 지속되는 이러한 증상들은 고 집사를 낙담시켰지만 스스로 우울하다고 느끼지는 않았다. 증상이 심해진 이후에 가정의학과와 신경과를 찾아갔는데, 심리 검사 해석에서는 약간의 문제만 나타났다(이용승, 2000, 23-24).

공황장애는 실제적인 위험은 없지만 죽거나 미치거나 사세력을 잃을 만큼 공포감[57]이 몰려와서 곧 무슨 일이 일어날 것 같은 불안감을 느끼는 것이다. 공황장애는 한 번 공황발작이 나타나면 이후에도 다른 공황발작이 일어날까 봐 지속적으로 염려한다. 공황발작이 심한 사람은 자기를 도와줄 사람이 옆에 없을 경우에는 바깥출입을 하지 못하는 등 생활에 상당한 제약을 받기도 한다(이용승, 2000, 39).

강박장애는 강박사고나 강박행동이 주된 증상으로, 강박적인 행위에 많은 시간을 소모하거나 이에 과도하게 집착하여 일상생활에 상당한 지장을 초래하는 것이다. 강박사고는 본인도 불합리하거나 얼토당토않은 줄 알지만 통제할 수 없는 어떤 생각이나 심상이 반복적이고 지속적으로 떠오르는 것을 말한다. 강박행동은 의례적인 행동(손 씻기, 정돈하기, 확인하기)을 몇 번이고 되풀이하여 반복

---

57) 영어로 공포를 '패닉'(panic)이라고 하는데, 이 단어는 희랍 신화에서 유래한 단어다. '팬'(Pan)은 가축과 들짐승의 신이었으며, 목자와 사냥꾼과 어부의 수호신이었다. 가축들이 놀라서 우르르 도망을 칠 때 그들은 '팬'이 그들에게 두려움을 주었기 때문이라고 생각했다. '패닉'이란 합리적인 사고를 하는 정상적인 과정을 우르르 몰아내 버리는 것이다. 공포란 현실적 위험이나 구체적인 위험에 직면했을 때 느끼는 불쾌한 감정이고 불안은 구체적인 대상이 없는 두려움을 가리킨다. 그러나 보통 불안에 대한 생리적 반응은 공포를 느낄 때의 생리적 반응과 잘 구별되지 않으며, 주관적으로도 비슷한 느낌을 경험한다. 그러나 분명한 차이점이라면, 공포가 현재 자신이 처한 위험이나 위협에 대한 현실적인 두려움인 반면, 불안은 앞으로 다가올 막연한 위험에 대한 두려움을 포함하는 개념이라는 점이다. 또한 공포는 불안에 비해 상대적으로 즉각적인 감정 반응이라는 차이점이 있다(박현순, 2000. 42).

하는 것을 말하는데 이것은 억제할 수 없는 충동에 따른 행동이다. 강박행동은 고통을 예방하거나 감소시키고 두려운 사건이나 상황을 방지하거나 완화하려는 시도로 나타난다. 이러한 강박장애는 심리적인 불편감이 상당하지만, 그 정도가 아주 심각하지 않고서는 치유를 받지 않으려는 경향이 있다.

외상 후 스트레스 장애는 천재지변이나 교통사고, 폭행과 같은 분명한 외상적 경험을 한 후에 지속적으로 고통스러운 경험이 반복되는 장애다. 예를 들어, 월남전에서 부상을 입은 환자나 대형 참사에서 살아남은 사람들은 사건 이후에 시간이 한참 지났는데도 불구하고 지속적으로 사건과 관련된 침투적인 사고를 경험하거나 가위에 눌리는 등 심한 불안을 경험할 수 있다. 이들에게는 불안과 관련된 침투적 사고의 재현과 억제가 계속 순환되며, 불안 경험이 너무 극심하면 정서적 마비 현상까지 오기도 한다.

건강염려증은 불안에 속하지는 않지만 뚜렷한 근거 없이 신체적으로 심각한 질병에 걸렸다고 지나치게 걱정하는 심리장애다. 이들은 객관적인 의학적 평가로는 아무런 문제가 없음에도 불구하고 암이나 에이즈와 같은 심각한 병에 걸렸을지도 모른다고 생각하고, 심한 경우에는 거의 망상에 가까운 신념을 가지고 있는 경우도 있다(이용승, 2000, 43-44).

예기불안(anticipatory anxiety)은 특정한 대상에 대한 공포증을 가지고 있는 사람이 자신이 두려워하는 대상에 또다시 개방될까 봐 불안해하는 것이다. 비행기에 대한 공포증이 있는 사람이라면 언제 있을지 모르는 해외 출장에 대해 불안을 느낄 것이며, 자연 파괴나 환경오염, 생태계의 변이와 같은 것들은 인류에게 미래에 닥쳐올 재앙에 대한 막연한 불안감을 가지기도 한다(박현순, 2000, 43-44).

3. 불안 심리를 가진 사람의 특성

불안 심리를 가진 사람의 신체적, 심리적 특성은 다음과 같다.

1) 신체적 특성

불안할 때 나타나는 신체적 증상으로는 과호흡(숨을 너무 빨리 쉬거나 깊이 쉬는 것), 호흡 곤란, 가슴이 답답한 것, 어지러움, 머리가 무거움, 손발 저림, 다리에 힘이 없음, 가슴이 두근거림, 가슴 통증 등이 있다. 생리현상으로는 교감신경의 활성화와 심장혈의 이상으로 심장 박동 수의 증가, 피부와 손발이 차갑고 저리거나 따끔거리고 얼굴이 화끈거리거나 땀을 많이 흘린다. 이외의 증상으로는 입 마름, 구토, 거북함, 변비, 떨림, 눈동자 커짐, 눈부심 등의 증상이 나타난다. 이 과정에서 전반적으로 환경에 대한 예민성이 증가하므로 많은 에너지를 소모하여 쉽게 피로해지고 힘이 없어진다.

신체적 증상은 사람에 따라 다르다. 어떤 사람은 근육이 긴장되어 뒷목이 뻣뻣해지는가 하면, 어떤 사람은 가슴이 두근거린다. 그러나 전체적으로 혈압이 상승하고 호흡과 맥박이 빨라지며, 땀이 나는 것과 같은 생리적인 각성 상태가 일어난다(박현순, 2000, 28-29).

2) 심리적 특성

불안 심리를 가지고 있는 사람의 심리적 특성은 다음과 같다.

첫째, 행복이 오는 것을 두려워한다. 불안에 젖어있는 사람들은 바라고 기다리던 성공과 행복이 현실로 다가오는 듯 여겨지면, 그 순간 두려움에 빠진다. 그들은 행복이 올 때 어떻게 해야 할 지 두려워 그 순간들을 피한다. 즐거운 후에 불행한 일이 닥칠 것이라는 생각에 지배되어 평생 동안 한 순간도 정말 즐거워해보지 못하고 매일 힘들게 사는 쪽을 택한다.

둘째, 성공을 두려워한다. 불안 심리가 있는 사람은 어릴 때부터 좋은 상태, 좋은 말, 좋은 관계를 경험하지 못했고, 또 그런 순간이 있었다고 해도 잠시일 뿐 또 다른 어려움이 닥쳐왔기에 늘 다음과 같이 말하곤 한다.

"만약 현실이 너무 좋으면 그것은 내 것이 아냐!", "정신 차려. 일시적 현상은 절대 믿지 마!", "내 인생에 분홍빛이란 존재하지 않아.", "너에게 너무 잘해주는 저 사람은 못 믿을 사람이야. 무슨 다른 속셈이 있을 거야!"

처음 만난 사람에게도 자기의 나쁜 점을 먼저 말한다. 뿐만 아니라 지금 현 상태에서는 아직 일어나지 않은 일이지만, 일어날 수 있는 나쁜 가능성까지 모두 다 말한다. 그리고 나서 자기는 정직한 사람이라고 스스로 말한다. 성공을 기대했다가 혹시라도 실패하게 될까 봐 두려워서 아예 실패를 선택하는 것이다.

셋째, 마음속에서 불안과 관련된 말과 일이 끊임없이 생각난다. 불안을 느끼는 사람은 고통, 혼란, 불편, 아픔, 슬픔, 갈등, 불행 등 마음을 힘들게 하는 단어와 그 현실들에 대해서 매우 익숙해 있다. 그들의 마음 깊숙한 곳에서는 평안, 안전, 사랑, 유쾌, 즐거움 등 상상 속에서만 접해보던 귀한 말들을 수 없이 되뇌어 보지만 불가능한 현실들이라 마음 깊숙이 접어놓은 지 오래다. 그들은 잘 되면 불안하고 일이 잘 안 풀리기 시작하면 '휴'하고 마음을 놓는다.

넷째, 쉽게 원망하는 패러다임을 가지고 있다. '행복할 수 없는 나'는 자기의 불행에 대해 원망할 대상을 가지고 있다. 겉보기엔 모든 문제의 원인이 역기능적인 부모인 것 같고 역기능적인 가정인 것 같지만 막상 성취를 누리지 못하고 성공을 즐기지 못하고 행복을 외면하고 사는 것은 당사자이지 다른 그 누구도 아니다. 이들은 고통스러운 일이 없는 기간은 무언가 터지지 않을까 하는 의심으로 가득 차 있다. 그들이 이토록 마음이 불안하고 항상 갈등 가운데 살아가는 이유는 예측할 수 없었던 위기들이 삶 속에 끊임없이 일어났던 경험 때문이다.

4. 불안 치유

불안 치유의 방법으로 인지행동치료적 방법을 제시하고자 한다.

1) 자동적 사고 파악하기

불안한 사람의 경우 상실, 실패, 패배, 무능의 주제와 관련된 부정적이고 비관적인 생각과 심상을 가지고 있다. 이러한 부정적이고 비관적인 사고는 자동적이고 습관적으로 유발되는 경향이 있어서 의식적으로 주의와 노력을 기울이지 않으면 파악하기 어렵다.

따라서 순간순간 스치고 지나가는 자동적 사고를 정확히 파악하는 것은 매우 중요하다. 이를 통해 자신이 그러한 생각을 가지고 있음을 깨닫게 되어야만 자신의 생각이 감정이나 행동에 어떠한 영향을 미치고 있는지를 알 수 있게 되고, 자신의 생각을 객관적으로 평가하여 이를 수정할 수 있기 때문이다(박현순, 2000, 136-37).

자동적인 사고는 다음과 같은 특징을 가지고 있다.

첫째, 분명하고 간결하다. 마치 전보처럼 머릿속에 재빨리 스쳐간다.

둘째, 한순간 거의 반사적으로 일어난다.

셋째, 그럴듯하거나 합리적인 것처럼 보인다. 그것이 옳은지 의문을 갖거나 검증하지 않은 채 무조건 타당한 것으로 받아들인다.

넷째, 반복적이고 강력하다. 강박적 성향이 있어서 계속 반복적으로 나타나며 중단시키기가 어렵다.

비행공포증이 있는 사람이 두려운 상황에 접했을 때 떠올랐던 자동적 사고를 참조해 보자(김은정, 김지훈, 2000, 99).

〈표 34〉 자동적 생각 일지

상황	자동적 생각
비행기가 이륙하기 전	비행기가 이륙하다가 실패해서 불이 날지 몰라. 불이 나면 폭발할 테고, 난 죽을 거야.
비행기가 이륙하기 시작할 때	이렇게 심하게 비행기가 떨리는 것을 보면, 비행기 자체에 뭔가 문제가 있는 게 틀림없어. 아니면 조종사가 조종에 미숙한지도 몰라. 이러다가 사고가 날 거야. 사고가 나면 거의 모든 사람이 죽을 거야.
비행 도중	지금 비행기 소리가 뭔가 이상해. 틀림없이 비행기에 무슨 문제가 있어. 아니면 비행기가 납치되고 있는지 몰라. 무슨 문제가 생겨 인공호흡기를 쓰게 된다면, 나는 아마 숨이 막혀 죽을 거야.

두려운 상황에서 나타나는 자동적 사고는 대개 다음과 같은 인지왜곡이 있기 때문에 자신의 인지가 과연 타당한지 검토해보아야 한다.

첫째, 과대평가적 왜곡이다. 과대평가 오류란 부정적인 사건들이 실제로는 일어날 것 같지 않을 때에도 과대하게 생각해서 실제로 일어날 것이라고 생각하는 것을 말한다. 공포증이 있는 사람들은 실제 일어날 가능성이 거의 없는 부정적인 사건들을 일어날 가능성이 많은 것으로 생각하거나, 일어날 가능성이 있는 부정적인 사건들도 실제보다 훨씬 더 많이 일어날 것이라고 생각한다.

둘째, 극단적 생각이다. 이는 어떤 사건의 결과를 실제보다 더 나쁘게 확대해서 생각하는 오류를 말한다. 이런 인지적 오류는 어떤 일을 '극히 위험한' 혹은 '도저히 참을 수 없는' 혹은 '파국적인' 일로 보기 때문에 생겨난다. 불안이 있는 사람들은 흔히 자신에게 부정적인 일이 일어날 가능성이 훨씬 더 많다고 생각하고, 그런 일이 일어났을 때 결과가 끔찍할 것이라고 극단적으로 생각하는 경향이 있다(김은정, 김지훈, 2000, 104-105).

2) 합리적 사고로 바꾸기

부적응적인 자동적 사고를 보다 잘 이해하고 찾을 수 있게 되었다면, 그다음 단계는 보다 타당하고 건강한 방식으로 생각하고 반응할 수 있도록 현실적이고 합리적인 사고로 바꾸는 것이다.

첫째, 과대평가에 반박하는 것이다. 과대평가의 오류에 대해 반박하는 방법은 자신의 판단에 대한 근거를 묻는 것이다. 잘못된 자동적 사고를 반박하는 일반적인 방법은 자신의 자동적 사고를 객관적 사실이 아닌 추측이나 가설로 받아들이고, 그런 생각에 대한 근거를 검토하며 좀 더 현실적인 대안을 찾아보는 것이다. 지금까지 가지고 있었던 자신의 자동적 사고에 대한 근거들을 고려하고 정확한 정보를 수집함으로써 좀 더 현실적이고 합리적인 사고로 바꿀 수 있다(김은정, 김지훈, 2000, 107-108).

다음은 과대평가를 반박을 통해 합리적 사고로 바꾸는 예다.

〈표 35〉 과대평가에 대한 훈련 기록지(김은정, 김지훈, 2000, 110)

상황	엘리베이터 안에서 갇힌 상황
자동적 생각	엘리베이터 안에서 갇혀서 숨을 제대로 못 쉬게 되면 질식할지 몰라
인지적 오류	과대평가
이 생각은 타당한가?	그렇게 생각할 만한 객관적 근거가 있는가? 달리 설명할 수 없을까? 실제로 그런 일이 일어날 확률은 얼마나 될까?
타당한 생각	엘리베이터 안에서 갇히게 되면 질식할 것이라는 객관적인 근거가 있는 것은 아니야. 나는 숨이 가빠지는 내 느낌만 가지고 그렇게 생각했어. 숨이 가빠지는 것은 내가 불안해서 숨을 고르게 쉬지 않았기 때문이지, 질식하는 것은 아니야. 실제로 엘리베이터 안에서 갇혀서 질식한 사고는 없었잖아.

둘째, 극단적 사고에 반박하는 것이다. 공포증이 있는 사람들은 두려운 대상이나 상황에 대해서 인지적, 정서적으로 회피하려는 경향이 있기 때문에, 자신

이 두려워하고 있는 상황이 과연 그렇게 끔찍한지 그리고 그러한 상황이 일어날 확률이 얼마나 되는지를 면밀히 생각해 보지 않는다. 따라서 일어날 수 있는 최악의 경우를 냉철히 생각해보는 질문이 도움이 된다.

'실제로 어떤 일이 일어날 수 있을까? 그 상황에서 일어날 수 있는 최악의 경우는 무엇인가? 실제로 이런 일이 일어날 가능성이 있는가? 있다면 얼마나 되는가?'

3) 불안과 맞서기

"왜 사람들은 최근 수년 동안 한 번도 뱀이나 거미에게 물리지도 않았고 다른 사람으로부터 피해를 입은 적이 없는데도 여전히 그러한 것들을 두려워하는가?"

심리학자들은 상당히 오랫동안 이 문제를 연구해 왔다. 1950년대에 개를 대상으로 한 연구를 통해서 해답의 실마리를 찾아냈다. 사람은 불안을 유발할 만한 자극과 부딪치는 것을 의식적으로 피하려고 노력하는 가운데 불안을 덜 느낀다. 그러나 이러한 일시적인 노력은 궁극적으로는 보상 혹은 강화하는 작용을 한다. 회피는 불안을 지속시키고 강화시키고 극복을 방해한다. 일시적인 평안을 위해서 사용하는 방법은 장기적으로는 불안을 유지하고 확대하는 결과를 낳는다. 임상적인 실험을 통해서 두려움의 대상에 자신을 과감하게 개방시키는 것이 불안을 치유하는 데 중요한 요소라는 것이 증명되었다(Barkers, 1994, 228-229). 그러므로 막연한 불안에 맞서야 불안을 극복할 수 있다.

4) 불안 표현하기

문제나 상황을 회피하면 문제는 해결하기가 점점 더 어려워진다. 불안도 마찬가지다. 겁이 나 회피한다고 해서 불안이 없어지지는 않는다. 불안한 경우에는 오히려 그 불안을 맞서고 자기에게 다음과 같이 말로 표현해 보라.

"내가 아무리 이런 상황을 회피하고 도망가고자 할지라도 피해 갈 수 없는 상황이다. 회피하려고 하면 할수록 내 걱정과 불안은 점점 더 불어난다. 그래서 나는 이 문제를 정면으로 해결하고자 한다. 불안하지만 그것을 극복하고 말겠다. 불안하다고 그것을 겁낼 것까지는 없다. 때때로 이런 감정이 필요할 때도 있을 것이다. 그것도 어차피 내 인생의 한 부분이다. 그것이 나를 파멸시키지는 못할 것이다(Barkers & Chapian, 2007, 103)."

불안에 맞설 준비가 되었다면 이제는 편안하게 얘기할 수 있는 사람을 찾는다. 이 시점에서는 상대가 불안을 이해하고 있는 사람인지 여부는 문제 되지 않는다. 중요한 것은 믿을 만한 사람이냐 하는 것과, 그가 얘기를 들어줄 의사가 있느냐 하는 것이다. 내 말을 들어줄 준비가 되어 있는 사람을 만나면 이제 불안을 숨기지 않고 말할 수 있을 것이다. 하지만 말을 안 해도 눈치껏 알아서 도와줄 것을 은근히 바란다면 이것을 잘못된 생각이다. 다른 사람의 도움을 원한다면 그들에게 어떤 도움을 원하는지 구체적으로 표현하도록 한다.

5) 하나님의 말씀으로 새 힘 얻기

성경에서는 우리가 부정적인 상황을 만날 수 있으며 우리에게 여러 가지 유혹과 문제와 시행착오가 있을 수 있다고 말씀하셨다. 예수님께서는 "세상에서는 너희가 환난을 당하나"라고 말씀하시며 "...너희 대적 마귀가 우는 사자와 같이 두루 다니며 삼킬 자를 찾나니"(벧전 5:8)고 하셨다. 그러나 예수님은 세상에서 여러 가지 상황 가운데서 불안해하는 우리를 격려하시면서 "너희가 환난을 당하나 담대하라 내가 세상을 이기었노라"(요 16:33)고 하신다. 우리는 이 말씀을 믿을 때 우리를 무능하게 하는 근심과 걱정에서 벗어날 수 있다. 예수님 안에서 우리는 안전함과 사랑과 보호 받음과 천국을 약속받았다(Barkers & Chapian, 2007. 108).

불안한 마음을 제거하기 위해 다음과 같이 마음을 정리해보자.

첫째, 내가 느끼고 있는 위험(불안)의 정도를 최소화하도록 해 본다.

둘째, 다른 사람이 아닌 나 스스로가 불안을 키우고 있다는 것을 깨닫는다.

셋째, 이러한 잘못된 생각에 정면으로 맞서서 도전해 본다.

넷째, 말씀으로 위로를 얻고 예수님을 의지하여 안전감을 경험한다.

활동

1. 불안 체크

1) 체크리스트 I(Barkers, 1994, 27-32).

현재든 과거든 당신이 가졌던 느낌이라고 생각되면 표시해보자.

번호	내용	체크
1	나는 화가 나면 견딜 수 없다.	
2	나는 모든 일이 잘못될까 봐 걱정된다.	
3	나는 모든 것을 완벽하게 하고 싶다.	
4	일이 뭔가 잘못되면, 그 일을 잘 처리해 내야만 한다.	
5	주변 사람들이 나를 반대하면 뭔가 일이 잘못될 것 같다.	
6	누군가가 나를 싫어하면 견딜 수가 없다.	
7	나의 실수를 스스로 용납할 수가 없다.	
8	일이 잘 진행되면, 언제 잘못될지 몰라 불안하다.	
9	나는 대립이나 충돌을 피한다. 차라리 뒤로 미룬다.	
10	나는 나를 힘들게 하는 일을 피한다.	
11	나는 일이 순간적으로 잘못되면 그것이 계속 지속될까 봐 두렵다.	
12	나는 내가 직접 어떤 일을 하기보다는 하나님께 맡기고만 싶다.	
13	나는 어떤 모험도 피한다.	
14	자제하는 것이 너무 힘들다.	
15	좀처럼 기회를 잡기 힘들다.	
16	내 자신에 대해서 걱정이 너무 많다.	
17	내 본분만 다하면 하나님은 나를 사랑하신다.	
18	다른 사람들을 먼저 생각해야 하며 내가 하고 싶은 일이나 필요한 일을 주장해서는 안 된다.	
19	완벽하지 못하면 나는 실패한 것이다.	
20	내가 실수한다는 것은 중요한 비극이다.	

- 매우 높음(16~20): 아주 심각한 감정적 혼란을 겪고 있다.
- 높음(10~15): 당신의 반응, 감정 그리고 태도가 잘못된 생각에 뿌리를 두고 있을 것이다. 건강치 못한 감정을 극복하는 방법을 배우라.
- 보통(5~9): 당신은 어느 정도만 개선하기 위해 노력하면 된다.
- 낮음(0~4): 불안 요인이 없지만 마음속에 불안을 억압하고 있지는 않은지 생각해 볼 필요가 있다.

2) 체크리스트 II

번호	내용	표시
1	나는 분명히 좋은 기독교인이 아니다. 내가 훌륭한 기독교인이라면, 이처럼 많은 걱정을 하지는 않을 것이다.	
2	나는 불안한 감정을 견딜 수가 없기 때문에, 가능한 한 불안, 초조, 걱정을 느끼지 않도록 해야만 한다.	
3	나는 사람들 앞에 서야 할 일이 생기면, 심장의 박동이 빨라지고 손에서 땀이 나며, 숨도 제대로 쉴 수 없다. 난 죽을 것 같다.	
4	나의 신앙이 어지간해서는 무엇을 두려워하지 않을 정도로 훌륭해야 한다. 그러나 그렇지 않다.	
5	나의 어떤 노력도 효력이 없었다. 계속해서 걱정과 불안을 느낀다. 나는 희망이 없다.	
6	하나님은 나를 사랑하지 않는다. 사랑하신다면 이 두려움을 왜 제거하지 않으시겠는가?	
7	하나님의 언약의 말씀은 참 좋다. 그러나 그것은 내게 효력이 없다.	
8	하나님은 너무나 많은 사람들의 기도를 다 들으셔야 하기 때문에 나 같은 사람의 기도까지 일일이 다 들으실 수 없다. 하나님은 지금의 나의 고통과 불안함에 전혀 관여하지 않으신다.	
9	나는 성경을 잘 알지 못한다. 성경을 읽어도 얻어지는 것이 별로 없다. 그래서 나 자신에게 진실을 말할 수 없다.	
10	진리가 무엇인지 어떻게 알 수 있겠는가? 나의 머리와 마음속을 맴도는 많은 생각들이 나를 너무 혼란스럽게 한다.	

- 하나라도 표시되면 그것은 잘못된 생각에 근거한 것이다. 내용을 잘 검토해보고 잘못된 생각을 바꾸는 연습을 해보자.

3) 불안사고목록(AnTI)(김은정, 김지훈, 2000, 99-100)

이것은 자신이 어떤 걱정들을 하고 있는지 확인해 보는 검사지다. 거의 걱정하지 않으면 1점, 많이 걱정할수록 4점에 표시해보라.

	내용	1	2	3	4
1	나는 내 용모에 대해 걱정한다.				
2	내 생각에 나는 실패자다.				
3	미래를 보면 긍정적인 것보다는 부정적인 것에 대한 생각들이 더 많이 떠오른다.				
4	예기치 않은 신체 증상이 생기면 나는 가능한 가장 나쁜 경우를 생각하는 경향이 있다.				
5	나는 심각하게 아프게 될까 걱정하기도 한다.				
6	나는 반복되는 생각을 하기도 한다.				
7	나는 심장마비나 암에 걸릴까 봐 걱정을 한다.				
8	낯선 사람들과 있을 때면 잘못 말하거나 행동할까 봐 걱정한다.				
9	다른 사람들의 기대에 부응하지 못할까 봐 걱정한다.				
10	나의 신체 건강에 대해 걱정을 한다.				
11	내가 원하는 만큼 내 생각을 통제할 수 없을까 봐 걱정한다.				
12	나는 사람들이 나를 싫어할까 봐 걱정한다.				
13	나는 너무 실망한 일은 내 마음에서 떨쳐버릴 수가 없다.				
14	나는 쉽게 당황한다.				
15	뾰루지와 같은 조그마한 것으로 고민할 때, 나는 실제보다 더 심각하게 생각한다.				
16	불쾌한 생각들이 내 의지와는 반대로 머리에 떠오른다.				
17	내 실패와 약점에 대해 걱정한다.				
18	나는 적절하게 삶에 대처할 수 없는 것을 걱정한다.				
19	나는 죽는 것에 대해 걱정한다.				
20	내가 웃음거리가 될까봐 걱정한다.				

- 사회적인 걱정: 1, 2, 8, 9, 12, 14, 17, 18, 20
- 건강에 대한 걱정: 4, 5, 7, 10, 15, 19
- 걱정에 대한 걱정: 3, 6, 11, 13, 16

2. 자기대화 바꾸기

당신이 불안한 일이나 사건을 만나면 마음속에서 일어나는 자기대화가 무엇인지 적어보고 그것을 합리적인 자기대화로 바꾸어보자.

부정적인 자기대화	합리적, 긍정적 자기대화

3. 불안 치유를 위한 5단계 성경적 사고 모델 연습하기

1) 1단계: 사건(상황, 환경, 행동)은 무엇이었으며 그때의 반응은 어떠했나?

2) 2단계: 그 당시의 감정은 무엇인가?

3) 3단계: 그러한 감정이나 행동은 어디에서 생긴 것인가?

4) 4단계: 잘못된(비합리적, 자동적) 사고는 무엇인가?

5) 5단계: 합리적이며 성경적 사고는 무엇이며 그때의 감정은 무엇인가?

① 합리적 사고:

② 성경적 사고:

③ 새로운 감정:

1) 사건(상황, 환경, 행동)은 무엇이었으며 그때의 반응은 어떠했나?

차멀미가 나서 친구랑 한강변에 앉아 있는 데, 갑자기 누가 뒤에서 나를 밀쳐 한강에 빠뜨릴 것 같은 강박적 생각이 들었다. 내심 속으로 노심초사하며 주위를 두리번거렸다.

2) 그 당시의 감정은 무엇인가?

공포감, 무서움, 두려움, 불안

3) 그러한 감정이나 행동은 어디에서 생긴 것인가?

초등학교 4학년 때 친구랑 공기놀이를 하고 있는 데 갑자기 아버지가 와서 내 머리를 벽에다 박고, 수차례 때렸다. 나중에 알아보니 남동생을 불러오라 했다는데 나는 들은 적이 없었다. 부부 싸움 중 엄마가 아버지에게 칼을 들이대며 다 같이 죽자고 하여 그 이후부터 세상은 무섭고 두려운 곳이라는 생각과 함께 무방비상태로 갑자기 어떤 일이 닥칠지도 모른다는 강박적 증상이 생겼다.

4) 잘못된(비합리적, 자동적) 사고는 무엇인가?

우리 아버지 같은 사람이 도처에 있을지 모른다. 그러니 내 몸을 지키기 위해 매사에 주위를 잘 살펴야 하며, 항상 신경을 곤두세우며 살아야 한다. 그래서 무섭고, 또 피곤하다.

5) 합리적이며 성경적 사고는 무엇이며 그때의 감정은 무엇인가?

① 합리적 사고: 우리 아버지같이 다혈질적이고 상황을 알아보지 않고 화내는 사람은 드물고, 더욱이 알지도 못하는 사람에게 그런 일을 하는 경우는 더더욱 드물다. 그리고 지금 나는 성인이 되어서 나를 위협하는 사람이 있으면 대처할 능력이 있다.

② 성경적 사고: 하나님은 나를 사랑하시며 언제나 나를 지켜주시며 나를 위해 가장 선한 길로 인도하신다. 또 비록 내가 힘들고 어려운 일을 당한다 해도 하나님 앞에 부르심을 입은 자는 모든 것이 합력하여 선을 이루므로 걱정할 것이 없다.

③ 새로운 감정: 평안, 차분함, 감사.

5회: 분노 치유

<사례>

어떤 남성이 좋은 대학을 졸업하여 좋은 집안의 여자를 만나 결혼해서 아들 둘과 딸 하나를 두었다. 대기업에서 인정을 받고 출세를 하여 부장까지 승진하였고 아이들은 중·고등학생과 대학생이 되었는데 어느 날 아내가 친정 부모님이 계시는 미국에 가서 아이들과 함께 지내면서 유학하고 싶다고 하였다. 몇 달을 반대하다가 아이들도 가고 싶다고 졸라서 어쩔 수 없이 허락을 하게 되었다. 아내와 아이들이 모두 떠나고 3년 정도를 혼자 지내면서 많이 힘들었지만 가장이라는 사명감으로 꿋꿋이 잘 견뎌왔다. 3년이 지난 후 가족들이 모두 귀국하게 되어 이제 다시 행복할 것이라는 기대를 가지게 되었다.

그러나 3년간의 공백 후 만난 가족은 매우 낯설었다. 자신이 없는 사이에 아내와 자녀들은 많이 변해있었다. 아내는 이전처럼 가정적이지도 않았으며 외부 활동이 많아졌고 직장을 가지고 싶다고 하였다. 그리고 아이들은 아빠의 관심에 대해 귀찮아하면서 자신들의 일은 스스로 하겠다고 하며 함께 있는 시간을 부담스러워하였다. 뭔가 이야기를 하려고 하면 아내는 아이들을 귀찮게 하지 말고 놔두라고 하면서 아이들 편을 들었다. 아침이면 아내와 아이들은 서둘러 집을 빠져나가고 자신은 혼자 아침 식사를 간단히 하고 퇴근을 하고 와서도 여전히 혼자서 생활하는 날들이 계속되었다. 그는 무엇인가 변한 것 같은 기분, 예전의 아내나 아이들이 아닌 것 같은 기분에 외로움이 밀려왔는데 상담을 통해 실제 감정은 외로움이 아닌 분노의 감정이었음을 알게 되었다.

1. 분노에 대한 이해

분노에 대한 이해를 위해 다음의 몇 가지로 나누어 살펴보고자 한다.

1) 분노의 정의 및 표현

분노는 일반적으로 강한 적개심이나 의분의 감정으로 정의된다.[58] 분노는 자기 존재가 수용되지 않는다고 느껴질 때 일어나는 감정으로 모욕, 멸시, 좌절감, 가상적인 위협이나 실제적인 위협, 부당한 처사로 인한 강렬한 불쾌감 때문에 생기는 흥분된 감정의 상태다(심수명, 2002, 109-110). 분노는 그 자체가 좋거나 나쁜 것이 아니라 위협이나 공격에 대한 자연적인 반응 혹은 자기 보호 감정이기에 중립된 정서에 속한다. 또한 인간의 자기방어체계라는 점에서 꼭 필요한 정서이기도 하다.

분노는 신체적인 대응상태를 만들어 화가 나면 신체부위와 연결이 된다. 얼굴이 붉어지고, 몸에 열이 나고 혈압이 높아지며, 맥박이 빨라지고 가슴이 두근거리고, 생각이 마비된다. 그리고 화가 지속되면 가슴(속)이 타거나, 고혈압, 근육 수축, 대장장애(소화 지연, 배탈), 두드러기, 습진, 축농증, 비염, 천식, 편두통, 요통, 화병으로 나타나기도 한다. 이 외에도 분노는 인체 내에서 일어나는 아드레날린의 생화학 반응과 그 밖의 많은 감정들을 불타오르게 하는 연료가 된다(Cosgrove, 1997, 39). 분노 표현은 초조감, 증오심, 자기 동정, 울분, 좌절감, 낮은 자존감, 비관, 혹은 폭언이나 폭행, 날카로운 태도로 나타날 수 있다. 또한 모든 사람과 모든 일에 대해서 적개심을 보이는 태도로 나타날 수도 있다. 이

---

58) 분노의 단어는 "싫어하다, 질색하다, 경멸하다, 멸시하다, 혐오하다, 놀리다, 비판하다, 모욕하다, 비웃다, 슬프게 하다, 냉담하다, 질려버린다, 구역질난다, 성미가 까다롭다, 과민하다, 마음이 불편한, 쓰린 마음, 성가신, 노발대발, 격앙된, 염증이 나는, 불끈한, 난처한, 감정이 거슬린, 빈정거리는, 혹독한, 심술궂은, 성난, 몹시 화난, 지쳐버린, 초조한, 불만이 꽉 찬, 짜증이 난, 언짢은, 약이 오른, 토라진, 비꼬는, 야비한, 질투하는, 격분하는, 열이 오른, 정 떨어지는" 등이다(Lahaye, 1997, 43-44에서 재인용. 필자가 추가하였음).

처럼 분노가 잘못 표현될 때 분노의 대상이 되는 개인과 가정은 고통을 겪게 된다. 배우자를 향해서, 부모를 향해서, 자녀를 향해서 분노가 표현되어 거친 말이 오가고 주먹질하다가 마침내는 자살이나 타살로 끝나기도 한다.

2) 화병

화병(火病: hwa-byung)[59]은 일종의 분노 증후군으로서 분노의 억제에 기인하는 심리적 문제라고 할 수 있다. 화병의 주요 내용은 불면증, 위장장애, 피로, 공황, 급사 공포, 우울 감정, 소화불량, 식욕부진, 호흡곤란, 심계항진, 일반 통증 또는 두통, 상복부에 덩어리가 맺힌 느낌 등의 신체화 증상으로 이루어져 있다. 화병은 우울증과 신체화장애 및 불안의 혼합으로 보인다. 화병은 대체로 만성적인 장애이며, 때로는 울기와 화기가 공존하면서 어느 한쪽이 우세하거나 번갈아 오기도 한다. 화병은 한국의 일차성 우울증 환자들이 그들의 심리적 고통을 신체증상을 통해 표현하는 문화적 유형이라고 볼 수 있다.

화병은 흔히 가정불화, 자녀 문제, 대인관계 갈등, 빈곤 등과 같이 견디기 어려운 생활문제와 더불어 처음 증세가 시작되는 경향이 있다. 이러한 생활문제는 만성적으로 오랜 기간 지속되어 정서적 고통이 장기적으로 경험되지만, 정서적 고통(분노, 증오, 억울감, 복수심, 좌절감 등)의 표출은 사회적으로 용납되지 않고 있다. 따라서 이러한 감정은 억제되어 '울화'의 형태로 내면화되고 신체화 과정을 통해 신체적 증상으로 표출된다. 화병은 주로 한국 여성들이 삶의 고통을 표현하고 전달하는 방식이라고 할 수 있다(원호택, 권석만, 2000, 130-132).

이러한 화병의 요인으로서 유교문화 위에 뿌리내린 가부장제도에서 여성에게

---

59) 화병은 일반 인구의 4.2%에서 발견되는데, 중년 이후의 여성에게 많고 저학력 (계층)에, 그리고 사회적 수준이 낮은 계층에 많은 것으로 알려져 있다. 대부분은 남편과 시부모 관계 등 고통스러운 결혼 생활, 가난과 고생, 사회적 좌절 등 성장 이후의 외적 요인에 의해 유발되며, 속상함, 억울함, 분함, 화남, 증오 등으로 대표되는 감정 반응이다. 또한 걱정을 반복하고 자기 연민이 강하며 수동적 운명관을 갖고 있는 사람들에게 많이 보이며, 교회, 절, 굿, 점 등에 의존하는 경향이 높다. (민성길 외, 1986, 653-661.)

삼종지덕을 강요해 왔던 사회 문화적 맥락을 부인할 수 없다. 즉 어려서는 부모에게 순종하고 결혼 후에는 남편에게 복종하고 늙어서는 아들에게 종속되어 사는 것이 여성의 본분이라는 것이었다. 이러한 남성우월주의의 문화 속에서 남성들이 여성을 무시하고 횡포를 저질러도 자신의 분노나 감정을 표출하는 것이 죄악시되었던 여성들은 분노를 안으로 쌓아 한으로 품게 되었다. 남편의 잦은 외도를 불평하면 칠거지악이라고 하였고 시부모의 부당한 학대에도 말 한마디 할 수 없었던 한국의 문화는 분노를 안으로 삭이는 한국 여성의 한을 양산한 셈이었다.

3) 분노의 감정이 갖는 의미

분노의 감정은 한국인에게는 가장 큰 감정 중의 하나다. 그럼에도 불구하고 제일 무시하는 감정이 분노다. 그래서 화가 났을 때 화가 났다고 말만 해도 쉽게 풀릴 수 있음에도 불구하고 말로 표현하지 않고 억압한다. 억압된 화난 감정이 폭발할 때는 격렬하게 표현되어 상대방에게 상처와 고통을 주며 심지어 파멸시키기까지 한다(Rosellini, 1999, 8-9).

분노의 감정은 다음과 같은 몇 가지 메시지를 담고 있다.

첫째, 이것은 나에게 중요한 것이라는 메시지다. 이것은 개인의 가치와 본능적인 욕구 그리고 기본적인 자신의 신념을 보호하려는 의지다. 즉 자아보존 감정인 것이다(Carter & Minirth, 1996, 20-21).

둘째, 나에게 고통을 준다는 통증의 호소이다. 이것은 스트레스와 좌절에 대한 반응으로(Crockenerg, 1981, 857-865). 그것이 나에게는 '나쁜 것, 나를 공격하는 것, 나를 무시하는 것, 나를 불안하게 하는 것, 무서운 것, 나에게 해가 되는 것'이라는 뜻을 전달하는 것이다.

셋째, 변화를 요구하는 것이다(Cosgrove, 1997, 53). 어떤 관계에서 변화를 원할 때는 화를 냄으로써 의사표현을 하게 된다. 그러므로 변하지 않으면 변할 때까지 공격을 하겠다는 메시지를 담고 있다.

분노의 감정을 부정적으로 보게 된 이유는 종교문화적 가치관에서 기인한다. 예를 들어, 유교에서는 성숙하고 건강한 사람은 화를 내지 않는다고 가르치며, 불교에서는 모든 화가 욕심에서 일어나는 것으로 보고 분노의 감정을 억압하도록 한다(Saussy, 1995, 109). 그러나 한국의 무속문화에서는 분노를 자유롭게 표출하도록 하기도 하였는데 이런 점에서 일반 서민들은 굿을 통해 억압된 한을 풀기도 하였다.

기독교 역시 전통적으로 분노를 치명적인 죄로 보았지만 성경에는 분노라는 단어가 450회 이상 등장한다. 그중에 375번이나 하나님의 분노에 관련해서 사용하고 있다. 시편 7편 11절은 "하나님은 의로우신 재판장이심이여 매일 분노하시는 하나님이시로다."라고 말한다. 신약성경에서도 예수님은 외식한 바리새인들을 향해 "뱀들아 독사의 새끼들아!"라고 화를 내셨다(마 23:33). 바울도 신약성경에서 분노하는 모습을 보여준 적이 있다(갈 1:6, 4:21). 이러한 성경 사례들을 통하여 우리는 분노가 하나님이 인간에게 주신 감정이라는 사실을 알게 된다(Cosgrove, 1997, 54-55).

그러나 하나님의 분노와 인간의 분노는 차이가 있음을 알아야 한다. 하나님의 분노는 의로운 분노지만 인간은 자신의 죄성에 근거해서 분노를 표출할 가능성이 많다. 그래서 성경은 "분을 내어도 죄를 짓지 말며 해가 지도록 분을 품지 말라"(엡 4:26)고 권고하고 있다. 즉 분노의 감정은 자연스러운 것이나 분노의 감정을 가지고 자신이나 타인에게 해를 입힌다면 그것은 죄이므로 죄된 행동은 금하고 있다.

2. 분노의 원인

분노의 원인을 다음의 몇 가지로 요약할 수 있다.

1) 왜곡된 사고

이것은 자신이 처한 주위 상황을 잘못 판단함으로써 상대방의 행동을 오해하고, 스스로 부당한 결론을 내리고 화를 내는 경우다. 어떤 사건이 발생하면 그 사건을 자동적으로 왜곡하여 해석하면, 분노가 표출될 수 있다. 사람들이 분노 표출의 충동을 행동으로 옮기느냐 옮기지 않느냐 하는 것은 그 일을 어떻게 해석하느냐에 달려 있다. 다시 말하면, 이러한 경우에는 화를 내는 것이 정당하다는 나름대로의 왜곡된 사고를 가지고 있으면 이 사고에 따라 왜곡된 해석을 정당하게 되고 그렇게 되면 분노하는 것은 정당하다는 공식이 성립되는 것이다. 이러한 것이 체계화가 되어 있는 사람은 분노를 자동적으로 내게 된다.

2) 학습화된 분노

어린아이는 타인의 그릇된 행동을 쉽게 모방한다. 부모 중 한 사람이나 두 사람 모두 범죄행위로 기소된 적이 있을 경우, 자녀가 범죄 행동 및 반사회적 행동을 할 가능성은 평균 이상으로 높게 나타난다. 어린 시절에 부모로부터 심하게 벌을 받고 자란 어린아이는 그렇지 않은 어린아이에 비하여 성인이 되어서도 타인에게 쉽게 분노하고 난폭하게 행동하는 경향이 있다. 따라서 자녀들이 부모의 분노 행동을 모방하는 경우를 학습화된 분노라고 한다. 자녀가 분노 표출을 하지 않도록 도우려면 부모가 먼저 분노를 자제하는 것이 필요하다. 어른이 되어서도 분노를 적절히 표현하지 못하는 경우, 어린아이 때 분노 표현을 제대로 할 수 없는 억압적인 분위기에서 자랐을 가능성이 있다. 한국의 상황은 전자보다 후자가 더 많다. 이 외에도 사회적 학습도 분노 형성의 요인이 된다. 우리나라 대학생들의 대부분은 일본 사람과 직접 어떤 경험을 한 일이 없음에도 일본인을 싫어하고 미워할 수 있다(박성수, 1986, 39-40).

3) 욕구의 좌절

자신이 설정한 목표를 향해 노력하다가 욕구가 좌절되었을 때 자신을 다스리는 조절 능력이 부족하면 분노하게 된다. 즉 자신의 기대, 목표, 욕망이 무너졌을 때 좌절하며 분노를 느낀다. 뿐만 아니라 육체적, 정신적인 고통이 있을 때도 우리는 본능적으로 분노를 느낀다(Cosgrove, 1997, 75). 분노를 둘러싸고 있는 끈질긴 문제들은 해결되지 않은 심리적 욕구들을 내포한다.

인간의 욕구 가운데 가장중요한 것은 사랑받으려는 욕구다. 즉 사람은 사랑받고 있음을 느낄 때 감정적으로 안정된다. 그러나 사랑이 결핍되었을 때 거절감을 느끼고 이에 대해 분노로써 반응한다(Cosgrove, 1997, 67). 하지만 인간이 가지는 욕구는 무엇이든 채워도 채워도 만족함이 없다. 그 속에는 타락한 인간의 죄성으로 인한 끝없는 갈망이 있기 때문이다.

4) 문화적 요인

분노를 유발하는 또 하나의 요인에는 문화적인 요인이 있다. 모든 문화는 감정이 어떻게 통제되고 또 표현되는가에 대한 가치와 규칙을 유지하고 있다. 우리 사회에서는 이런 분노가 소극적으로 누적되어 분(忿), 또는 한(恨)의 개념으로 발달하였다. 이렇게 한을 품은 사람이 이 세상을 떠나게 될 때 귀신이 되어서도 그 한을 풀어야 한다는 독특한 전설을 갖고 있다. 이것은 한편으로는 권선징악, 인과응보의 강렬한 윤리의식이 작용하고 있다고 볼 수 있다. 그러나 다른 한편으로는 억울한 것은 죽어서까지 귀신이란 존재로 나타나 그 원한을 풀어야 하는 문화는 다분히 권위주의적이며 타계적, 도피적, 소극적인 성격을 띤다고 할 수 있다(박봉배, 1986, 61-62).

5) 자신에게 실망했을 때

아마도 삶에서 가장 자주 분노하는 대상은 자기 자신일 것이다. 우리는 하고자 했던 일을 정해진 기간 내에 마치지 못했거나, 자기주장을 하지 못하고 다른 사람의 의견에 끌려 다닐 때, 중요한 약속을 잊어버렸을 때, 소중한 물건을 잃어버렸을 때, 똑같은 실수를 반복하거나, 차 안에 열쇠를 두고 문을 잠그거나, 혹은 늦잠을 자다가 지각을 했을 때, 다이어트를 해야 하는데 실패했을 때 자신에 대해 실망하며 때때로 분노하게 된다(Cosgrove, 1997, 177). 이렇게 자신의 기대에 스스로 충족되지 못할 때 분노를 터뜨리게 되는데. 자기 자신에 대한 분노는 완벽주의와 낮은 자존감과 연결이 되어 있다.

3. 분노의 표현

분노의 여러 가지 표현 형태를 살펴보고자 한다.

분노는 대상에 따라서 '자학적인 분노'와 '타학적인 분노'로 구분된다. '자학적인 분노'는 분노를 불러일으키는 행동의 원인이나 책임을 '나 자신에게 돌리는 것'이다. 이때 가장 먼저 취하는 행동은 자신의 감정을 닫아 버리는 것이다. 이것은 심리역동이 전반적으로 퇴각하는 것을 의미한다. 마치 어린 시절에 성적 학대를 당했거나 중요한 사람으로부터 버림을 받는 등 정서적으로 감당할 수 없는 사건을 당했을 때 짐짓 아무 일도 없는 것처럼 조용해지는 아이와 같다(한기연, 2001, 98-99).

뿐만 아니라 화가 나면 머리를 쥐어뜯거나 머리를 벽에 받거나 가슴을 치거나 통곡하면서 자기를 학대하거나 비난하는 유형이 있다. 이런 양상은 어린 아이들이 뭔가 불편할 때 자신의 머리를 잡아당기고, 손톱을 물어뜯는 행동에서 관찰할 수 있다. 고통을 호소할 곳이 마땅하지 않을 때, 들어주는 사람이 없을 때 자기 자신을 분노 표출의 대상으로 삼는 것이다. 혹은 초조, 원한, 비통, 분노, 원망의 감정을 스스로 삭인다. 이런 분노는 극한 감정을 밖으로 전혀 표현하지 못하고 가슴속에 억누르고 오랫동안 참고 살게 되어 깊은 우울증을 동반하게 된다.

일반적인 분노는 많은 경우에 '타학적인 분노'로 나타나고 있다. 이것을 적극적인 공격이라고 말하기도 하는데 분노의 책임을 전적으로 '남에게 돌리는 것'이다. 이 외에도 거짓(가짜) 분노도 있다. 실제로는 화가 났는데 이것을 방향을 바꾸어 다른 방법으로 분노를 표출하는 것을 말한다. 어떤 사람은 슬프다고 우는데 실제로 탐색해보면 분노의 감정인 경우가 있으며, 무기력해 보이는 문제 밑에도 억압된 분노인 경우도 있다. 거짓 분노는 주제를 다른 것으로 만들어서 표현하는 것이다. 계속 화해를 시도하였으나 해결이 잘 되지 않고, 방법도 모르고 우울이나 불안을 직면할 준비도 되어 있지 않을 때, 가장 안전한 주제 중의 하나인 가짜 주제를 놓고 싸우고 비난하면서 방향을 잡지 못하는 경우도 있다(한기연, 2001, 113).

이런 분노의 감정들이 어떤 방식으로든 표현되지 않을 때, 가슴속에 축적되며 변형되어서 전혀 다른 모습으로 나타나게 된다. 분노의 감정이 쌓이게 되면 그것은 용해되지 않는 하나의 응어리로 가슴속에 남아 있게 된다. 마치 우리의 체내에 지방이 쌓이듯이 분노가 풀리지 아니할 때에 가슴속에 쌓이게 되는 것이다. 그리고 쌓인 분노는 반드시 병으로 나타나거나 아니면 다른 사람을 향하여 공격적인 형태로 나타나게 된다.

4. 분노하는 사람의 유형

분노하는 사람의 유형을 세 가지로 분류하고 그 특징, 강점, 문제점 그리고 치유책을 비교하면 다음과 같다.

1) 적극공격형

적극공격형은 자신의 분노를 여과 없이 노골적으로, 격렬하게 쏟아내는 것이다.[60] 이것을 격노라고 한다. 격정이나 화냄, 위협, 비난과 같은 극단적인 형태의 표현뿐만 아니라 말다툼, 비난, 괴롭힘, 빈정거림도 노골적인 공격에 포함된다. 그들은 자신이 항상 옳다고 믿기 때문에 다른 사람의 의견을 들으려 하지 않고 상대방의 감정을 무시해 버린다. 그들은 논쟁에서는 이기지만 원한을 사고 미움을 받기 쉽다(한기연, 2001, 83).

〈표 36〉 적극공격형

특징	남의 잘못을 지적하는 데 주저하지 않으며 성질이 불같아서 사소한 일에도 언제나 누군가와 싸우고 있는 것 같은 사람이다. 방향이 없이, 통제하지 못하면서 화를 낸다. 자신은 분개하고 소리치고 있는데 결국 아무것도 처리된 것이 없으며 화를 내는 실제적인 주제가 밝혀지지도 않음.
강점	짧은 시간에 많은 일 해냄. 지구력이 있음. 옳다고 생각하면 두려워하지 않고 나섬. 힘이 있고 거리낌 없음. 독립적임. 지도자형. 단호함. 경쟁적. 생산적. 확신에 차 있음. 의지가 강함. 신념이 있음.
문제점	타인의 필요에 무감각. 항상 옳지 않으면 안 됨. 약자를 괴롭힐 수 있음. 두목 행세. 불끈거림. 난폭함. 통제적. 공격적. 대담함. 속임수. 고집이 셈. 매정함. 이기적.
치유책	타인의 이야기를 경청하는 법을 배우며 다른 사람들도 나와 똑같은 권리를 갖고 있으므로 나와 생각이 다르다고 해서 그들이 잘못된 것이 아님을 알아야 한다. 상대방의 느낌과 의견을 수용하도록 한다.

2) 억압형

억압형은 일단 상황을 가라앉히고 무마하려는 시도부터 한다(Carter & Minirth, 1996, 41-42).[61] 이들은 갈등, 극단, 과도함을 피하고 중간노선을 유지

---

60) Cosgrove, 1997, 93-95: Carter and Minirth, 1996, 46 참조.
61) Cosgrove, 1997, 89-92: Carter and Minirth. 1996, 41-42 참조.

하면서 누구도 공격하지 않는다. 그리고 사람들이 기대하는 일을 하면서도 주목하기를 원치 않는다. 자신의 생각과 감정을 분명히 하는 것은 다른 사람과 자신의 차이를 드러내는 것이고 그러면 그들이 불편하게 느낄 것이라고 생각한다. 다른 사람을 보호하고 분위기를 화목하게 하는 데에 에너지가 집중되어, 자기 자신의 생각과 느낌을 이해하고 다스리는 일에는 쓰이지 못한다. 착한 사람이 되어 가면 갈수록 다른 사람의 느낌과 반응에 예민해지면서 자신의 내면에는 둔감해진다(한기연, 2001, 80-81).

〈표 37〉 억압형

특징	스스로의 삶을 발전시키고 성장시키는 일은 포기한다. 결정 내리는 것을 좋아하지 않으며 추종한다. 자신의 의견과 느낌을 별 것 아닌 것으로 가치 절하한다. 겉으로는 쾌활하고 사교적인 것처럼 보이지만 갈등을 두려워하는 까닭에 자기감정을 이야기하지 않으려 함.
강점	적응을 잘함. 어떤 상황에서도 최선을 다함. 감정 상하게 하지 않음. 유머 감각이 있음. 관대함. 자상함. 우호적. 귀담아들음. 순종적. 사교적. 재치 있음. 인내심. 만족해함.
문제점	박력이 없고 우유부단함. 따분함. 완고함. 굴복적. 속을 드러내지 않음. 몰두하지 못함. 목적이 없음. 두려워함. 각종 심인성 질환 발생.
치유책	느낌과 소망에 대해 이야기하는 법을 배우며 새로운 안건, 생각, 계획에 대해 열정을 보이도록 노력한다. 다른 사람과 이야기할 때 "그건 멋진 생각이네요. 정말 공감이 가네요. 그러나 내가 결정한 것은 ……입니다."라고 자기주장에 대한 확신 있는 말을 하도록 노력한다.

3) 수동공격형

수동공격형의 사람은 소극적이고 교묘하게 표현함으로써 상처받는 것을 최소화하려는 욕구를 가진 사람이다.[62] 분노를 소극적으로 표현하는 사람들은 노골적인 분노에 대한 경계심이 있다. 노골적인 분노에 대한 부정적인 이미지를 갖

---

62) Lazarus & Lazarus, 1997, 39-40: Cosgrove, 86-88 참조.

고 있기 때문이다. 그래서 이들은 소극적인 공격을 통해 자신의 가치, 욕구, 신념을 보존하려 한다. 소극적인 공격은 노골적인 공격보다는 비난을 적게 받으며 조용한 방법으로 수행된다. 이들은 다른 사람들에게 도움을 주는 사람이긴 하지만 종종 다른 사람들의 문제에 말려들기도 한다(Carter & Minirth, 51-52: 한기연, 2001, 97).

〈표 38〉 수동공격형

특징	권위에 대하여 은근히 도전하거나 근무를 태만하게 하면서 상사의 마음을 괴롭힌다. 부부 싸움에서 침묵을 하거나 도라지거나 고집을 피우거나 약속을 어기는 등의 소극적인 저항으로 인해 상대방의 가슴속에 '분노'를 더 '자극'한다. 직접 화를 내지 않으면서 다른 사람에게 자기의 마음 상한 모습이나 한탄하는 모습을 보여주고 또는 남을 무시하는 태도를 보임.
강점	다른 사람의 필요와 어려움에 동정적. 베풀고 배려하는 경향. 필요한 때에 도움을 줌. 행동형. 성실함. 신중함. 깊이 생각함. 인정 많음. 참을성이 많음. 자기희생적.
문제점	자주 침울하고 우울함. 불안해함. 무엇이 필요한지 표현 안 함. 가족과 친구들의 황당한 요구를 떠맡음. 실망하고 마음 상해함. 강박적. 완벽주의자. 이상주의적. 민감함.
치유책	다른 사람에게 맞추어 그들을 기쁘게 하기보다 자기 자신이 원하는 대로 살아가도록 삶의 주도성을 개발한다. 다른 사람이 자기의 기대에 부응하지 못할 때 분위기를 통해 공격하지 않고, 자기가 필요한 것이 무엇인지 마음을 열고 정직하게 말하도록 노력한다.

5. 분노 치유

분노를 다스리고 치유하는 단계는 다섯 단계로 나누어 볼 수 있다.

1) 분노 인식하기

분노 인식하기의 첫 단계는 자신의 상처받은 감정과 불쾌감, 분노의 감정을 인정하고 수용하는 단계다.

양 선생은 매우 종교적인 집안에서 성장했다. 그녀의 가정에는 표면적으로는 따스함과 돌봄이 있었지만 감정을 교류하는 일은 거의 없었다. 조용하고 인내하는 것이 가정의 미덕이었다. 어떤 불유쾌한 감정을 표현하는 것도 용납되지 않았다. 그녀가 화를 내면 어머니는 그녀에게 옷장 안으로 들어가라고 하였다. 키보다 훨씬 큰 옷장에 갇히면 긴 코트 따위가 마치 살아서 그녀를 덮치는 것만 같아 두려웠던 기억이 아직도 생생하다고 하였다. 불평을 하거나 형제들과 싸우거나 화를 내면 비난을 받았고 무서운 옷장에 갇히는 무서운 경험들 때문에 그녀는 절대 나쁜 감정을 밖으로 표현하지 않으며 살아왔다. 그녀는 점점 아무 감정도 느끼지 않으려는 사람으로 성장해 갔으며 특히 분노 감정이 나타나려고 할 때면 그래서는 안 된다고 자신에게 말하면서 우아한 표정으로 분노를 눌러 버리곤 하였다(한기연, 2001, 55).

많은 경우에 사람들은 분노를 조정하는 최선의 방법은 그것을 억누르는 길이라고 생각한다. 그러나 억지로 감정을 억누르면 그 감정은 다른 방식으로 표현이 되어 해결하기가 더 어려워진다. 표현되지 않은 분노는 표현한 분노보다 훨씬 더 해롭다.[63] 분노와 같은 감정은 끓고 있는 주전자 속의 수증기처럼 압력을 받으면 더 강력해지고 확장되는 경향이 있다. 따라서 감정을 무조건 억누르기만 하고 발산시켜주지 않으면 그 해는 더 커질 수 있다. 그렇다고 화가 났을 때 무조건 발산하는 것도 부작용을 낳으며, 더 큰 고통을 불러올 수도 있다. 무엇보다 자신의 감정을 알아차려야 한다. 자신의 마음이 상한 것을 인식하게 되면 분노와 화, 절망 혹은 실망의 감정이 느껴진다. 분노가 일어나면 분노를 인정해주면서도 적절하게 조절하도록 잘 보살펴 주어야 한다.

---

63) 어떤 연구에 의하면 화가 났을 때 그것을 밖으로 표출하지 못하고 억압하는 사람의 사망률은 그것을 표출하는 사람의 것보다 2.5배가 높다고 한다. 이 연구에 의하면 분노와 심장병과는 무관하며 억압과 우울증도 암의 발병 원인이 되지 않으나 억압된 분노는 주요 사망 원인이 된다는 사실이 밝혀주고 있다(이현수, 2002, 118).

2) 분노의 원인 찾기

두 번째 단계는 분노의 원인을 찾는 것이다.

열두 살짜리 소년이 있었다. 그는 아버지와의 관계에 문제가 있었다. 어렸을 적에 길을 가다가 넘어져서 다친다든가 하는 실수를 저지르면 아버지는 아들에게 고래고래 소리를 지르면서 온갖 욕설을 퍼부었다. "이 바보 같은 놈! 넌 어떻게 하는 짓이 늘 그 모양이지?" 고작 길을 가다가 넘어져서 다친 정도의 실수를 갖고 그처럼 험악한 사태가 벌어진 것이다. 그는 이다음에 커서 결혼을 하고 자식들을 갖게 되면 자신은 절대로 그렇게 행동하지 않을 것이라고 다짐했다. 아들이 놀다가 다쳐서 피를 흘리더라도 고래고래 소리를 지르지 않을 것이며, 아들을 품에 안아서 위로해 줄 것이라고 다짐했다.

그리고 10년이 흘러 이제 청년이 되었다. 어느 날 어린 여동생이 다른 아이들과 그물침대에서 놀다가 떨어져 돌멩이에 머리를 부딪쳐서 얼굴에 피가 철철 흐르자 그는 화가 치밀어 오르는 것을 느꼈다. 그는 여동생한테 "바보 같은 계집애! 넌 어떻게 하는 짓이 늘 그 모양이지?"라고 곧 소리를 지를 뻔 했다. 아버지가 그에게 했던 바로 그 말을 그도 어린 여동생에게 하려 했던 것이다. 그러나 그는 얼른 그 자리에서 벗어나 자신의 마음을 살피며 <u>스스로를 가다듬었다.</u>

그동안에 다른 사람들이 다친 여동생을 도와주었다. 그는 여동생이 다친 데 대해 보인 반응이 바로 아버지에게서 물려받은 태도라는 사실을 깨달았다. 그는 아버지와 똑같은 사람이 되어 있었던 것이다. 이러한 경험으로 그는 자기의 아버지도 희생자라는 것을 알 수 있었다. 이런 통찰이 오자 아버지에 대한 그동안의 화가 말끔히 사라졌다(Hanh, 2002, 46-48).

무엇이 화나게 만들었는지, 분노의 원인은 무엇인지 찾아보기 위해서는 우선 분노의 감정을 야기한 사건의 전반을 생각해 보아야 한다. 전후 사건을 종이에 써보는 것도 좋고, 깊이 묵상하고 기도하면서 찾아보는 것도 좋다. 분명한 것은 무슨 수를 써서라도 자신이 느낀 분노의 감정 또는 불쾌감의 원인을 알아낼 때까지는 절대로 어떤 행동을 취해서는 안 된다는 점이다(심수명, 2002, 127).

분노에 대한 원인들을 분석해 보면 첫째, 왜곡된 지각, 즉 오해나 피해의식에서 오는 분노, 둘째, 서로의 시각의 차이에 의해서 오는 분노, 셋째, 정보 부재에서 오는 분노가 있다. 따라서 왜 분노가 나는지, 왜 남에게 뭐라고 하는지, 왜 성질을 내는지, 왜 얼굴색이 안 좋아지는지, 내 가슴 깊은 곳에 있는 분노의 실체를 찾아야 한다.

3) 자제하기

이 단계는 상황을 철저하게 분석해서 자신의 말과 행동을 통제할 수 있을 때까지 모든 행동을 자제하는 단계다. 행동을 자제하는 것은 행동을 억압하는 것과는 다르다. 억압은 분노의 감정을 안으로 묻어 버리고 때로는 거의 그 감정을 인식하지 못하게 되는 것이다. 그러나 자제한다는 것은 문제의 핵심을 알고 어떻게 해결해야 되는지 알 때까지 행동을 미루는 것이다. 이것은 자기 행동을 조절하여 자신의 감정에 노예가 되지 않는 것이다. 그래서 행동을 취할 때까지는 몇 초, 몇 분, 때로는 몇 시간이나 며칠이 걸릴 수도 있다. 어떤 사람들은 관계를 끊는 대신 일정한 거리를 두기도 하는데 거리를 둔다는 것은 교제를 완전히 끊지 않은 상태에서 마음 상한 상황으로부터 내면적 또는 외면적으로 물러나는 것을 뜻한다. 지금은 자기를 너무나 힘들게 하는 사건을 떠나 있지만 언젠가는 다시 돌아올 것이 전제된 경우를 가리킨다(심수명, 2002, 126).

거리를 둔다는 것은 이러한 맥락에서 볼 때 물러남, 상황을 다른 각도에서 관찰함, 방금 일어난 일을 이해하려고 노력함, 감정을 적당한 수준으로 축소시킴을 의미한다. 하지만 그렇게 거리를 취하면서도 화내고 곰곰이 생각하고 욕을 하는 일이 가능하다. 이러한 대응법의 장점은 무엇보다도 일어난 일을 처음부터 끝까지 두려움 없이 다시 체험해 볼 수 있다는 것이다.

4) 긍정적으로 표현하기

어린 시절을 돌아보거나 중요한 관계의 사람을 떠올리면서 분노와 슬픔에 압도당할 때 가슴속을 털어놓는 것만으로도 치유가 될 수 있다. 상대방이 이미 죽었거나, 살아 있지만 절대로 내 말을 이해하지 못할 사람이라고 여겨지더라도 털어놓는다. 물론 이것은 너무나 두려운 일이다. 그럼에도 불구하고 담담하게 자기 마음과 감정을 표현해 보도록 한다.

혹은 다른 사람에게 상처 주지 않고 안전하게 과거의 상처와 실망을 꺼내고 싶다면 혼자서 말하거나 화난 것을 써 본다. 이것은 다른 사람에게 말하는 것보다 천천히 조용히 자신을 직면할 수 있는 방법이다. 감정과 생각을 모으는 시간을 갖고, 분노와 슬픔을 재경험하는 것은 그 자체만으로도 몇 년씩 묵은 부정적 정서를 해결할 수 있다(한기연, 2001, 155-156). 자신의 문제를 자유롭게 고백하는 그 자체가 우리를 자유롭게 한다. 상대방에게 감정을 얘기하지 않고 하나님께 고백하는 것만으로 충분할 때도 있다. 그것은 하나님께서 은밀한 곳에서 부르짖는 우리의 기도를 들어주시기 때문이다. 하나님 앞에 모든 자신의 감정을 그대로 드러내고 성령께서 우리의 생각과 감정을 주관하시도록 맡겨 보자.

5) 용서하고 잊어버리기

분노의 원인을 찾은 다음에는 용서의 과정을 거쳐야 한다. 분노와 용서는 밀접한 연관이 있다. 분노가 없다면 용서는 표면적인 것에 불과하다. 분노를 처리하는 작업은 용서의 과정에서 필수 불가결한 단계인 것이다. 진정한 용서는 거의 언제나 분노를 수반한다. 그러므로 용서는 저지른 잘못이나 악과 정면으로 맞서는 것이다. 그러므로 진정한 용서가 이뤄지려면 먼저 유죄판결이 있어야 한다. 이해하고 용서하기 위해서는 상대가 내게 잘못한 것을 분명히 인지하고 분노해야 한다(심수명, 2002, 130). 용서는 나를 위해서 그를 놓아주는 것이다. 그렇지 않으면 내가 그 사람의 노예가 되는 것이다. 그러므로 용서는 그 사람의 쇠사슬에서 벗어나는 것이다.

성경은 하나님께서 우리를 용서하신 것같이 우리도 서로 용서하라고 가르치고 있다. 용서는 기독교인의 인격적 특성이며, 단순한 의지의 행위가 아니다 (McMinn, 2001, 248). 주님의 기도를 본받아 "우리가 우리에게 잘못한 사람을 용서하여 준 것 같이 우리의 죄를 용서하여 주소서."를 천천히 반복해서 기도하는 것이 도움이 된다. 내 상처를 아물게 할 수 있는 사람은 상처를 준 사람이 아니라 바로 나 자신과 하나님이다.

용서를 결심한 후에는 하나님께 용서의 마음으로 살 수 있게 해 달라고, 우리의 마음에 새겨진 감정의 상처에서 우리를 자유롭게 해 달라고 기도해야 한다. 아픔을 충분히 느끼며 나의 책임과 그의 책임을 살펴본 후 진정으로 그를 놓아줄 수 있는 능력을 달라고 도움을 청해야 한다. 응어리진 마음이 하나님의 사랑으로, 좁은 이해심이 하나님의 관대함으로 바뀔 수 있도록 기도해야 한다. 이때 진정한 자유의 길을 걸어갈 수 있다.

활동

1. 분노 체크리스트

1) 나의 분노 표현양식

다음 내용 중에서 당신과 관계있는 것들과 당신의 생각과 느낌들과 일치하는 것들을 체크하라. 현재든 과거든 당신이 가졌던 느낌이라고 생각되면 일단 체크해보라(Barkers, 1994, 27-32).

	내용	표시
1	나는 내가 원하는 것의 대부분을 성취해야 한다고 생각한다.	
2	나의 가족들은 지금보다 더 나에게 감사해야 한다.	
3	나는 배우자와 아이들에게 헌신하는 유일한 사람이므로 그들도 내가 원하는 것을 해야만 한다.	
4	일이 계획대로 풀리지 않을 때, 매우 좌절한다.	
5	화를 내는 것은 죄다.	
6	나의 배우자가 내 말을 잘 듣는다면 일이 더 잘될 것이다.	
7	이런 불쾌한 경험을 겪을 필요가 없다.	
8	진정한 기독교인은 특별히 그의 가족이나 신자들에게 화를 내서는 안 되므로 분노는 마음속에서 완전히 삭혀야 한다.	
9	어렸을 때 내 성격을 조절하는 법을 배우지 않았다. 지금은 너무 늦었다.	
10	다른 사람들이 내게 화를 내면 미칠 것 같다.	

• 8~10개: 아주 심각한 감정적 혼란을 겪고 있다. 분노에 대한 잘못된 생각을 인식하고, 그것을 치유하기 위해 노력해야 한다.
• 5~7개: 반응, 감정 그리고 태도가 잘못된 생각에 뿌리를 두고 있는 편이다. 건강치 못한 감정을 극복하는 방법을 배우기 바란다.
• 3~4개: 당신은 어느 정도만 개선하기 위해 노력하면 된다.
• 0~2개: 당신을 압박하는 요인이 없다는 의미지만 마음속의 분노를 억압하고 표시도 안 내고 있지 않은지 점검이 필요하다.

2) 나의 가정 분노 표현양식

나의 가정에서 분노를 어떤 방식으로 표현했는지 살펴보고 깨달아지는 것을 적어보자.

번호	내용	표시
1	결코 화를 내 본 적이 없다: 난 부모에게 '말대답'을 전혀 하지 않았지만 그만큼 마음속에 쌓인 스트레스가 많았다.	
2	폭발적: 나의 부모는 서로에게 늘 소리 지르고 짜증낸다. 서로에게 화를 낼 일이 없으면 나한테 짜증을 냈다.	
3	침묵: 나의 부모는 화가 나면 상대방에게 얼음장처럼 차갑게 대한다.	
4	화내는 것을 죄악시: 기독교인이 화내는 것은 잘못된 것이라고 배웠다.	
5	기타: 위의 방식 중에서 우리 집에 해당하는 것은 없다.	

3) 분노 유형: ① 억제형

번호	내용	O/X
1	나는 말다툼을 싫어하며 논쟁이나 토론을 피하기 위해서 그 자리를 떠나는 경우가 많다.	
2	나는 실제로는 좌절감과 괴로움이 쌓여 가고 있음에도 불구하고 겉으로 웃는 경우가 지나칠 정도로 많다.	
3	때때로 나는 다른 사람들이 일을 부탁할 때 그 일이 나를 얼마나 힘들게 만드는지에 대해서 그들에게 설명하지 않고 그냥 해 준다.	
4	문제를 일으키지 않는 최선의 방법은 문제를 일으킬 만한 사람을 피하는 것이라고 생각한다.	
5	혼자 있을 때에는 강력한 '어투의 말'을 연습해 보지만 막상 상대방을 대면하여 말할 때는 상당히 부드럽게 말한다.	
6	다른 사람들은 내가 얼마나 큰 좌절감을 느끼고 있는지 거의 알지 못한다.	
7	나는 종종 나의 참모습에 대해서 정말로 알고 있거나 관심을 가지고 있는 사람은 아무도 없다는 생각을 해왔다.	
8	사람들이 나에게 솔직하게 말해달라고 해도 나는 안전한 대답을 한다.	
9	나의 생각이나 감정을 다른 사람에게 말하는 것이 별 도움이 안 된다고 생각한다.	
10	나는 마음의 상처나 고통이 실제로 얼마나 큰지에 대해서 다른 사람들에게 공개적으로 이야기하지는 않는다.	

② 적극공격형

번호	내용	O/X
1	때때로 나는 냉소적이며 비관적인 말을 많이 한다.	
2	최근에 나는 다른 사람에게 공개적으로 무례하고 거절하는 행동을 했다.	
3	나는 갈등관계에 있는 사람에게 직접적으로 좋은 충고를 해주었지만 너무 강하게 말해버려서 기대하던 결과를 얻지 못했다.	
4	때때로 내가 너무나 비판적이라는 생각이 들어서 고민하고 있다.	
5	사람들이 나에 대하여 민감하지 못할 때 화가 나고, 실망감을 말이나 행동으로 표현하는 편이다.	
6	나는 일이 안될 때 초조해하고 불안해한다.	
7	나의 분노를 아랫사람들에게 쏟아놓고 있다(자녀들, 직원들 외)	
8	누군가가 나에게 적대적인 말을 하면 나는 곧바로 그 사람에게 대응하는 편이다.	
9	나는 점점 더 지쳐가고 있으며, 그러한 사실을 누가 알게 되든지 개의치 않는다.	
10	최근에는 나의 본래 모습인 다정다감한 사람이 되기가 어려워졌다.	

③ 수동공격형

번호	내용	O/X
1	나는 여러 가지 계획들을 연기했던 적이 있다.	
2	때때로 나는 지키지 못할 것을 알면서도 다른 사람의 부탁을 들어주겠다고 약속하기도 한다.	
3	나는 고의로 늦장을 부릴 때가 있다.	
4	나는 다른 사람과 갈등이 생겼을 때 그 사람과 몇 시간 동안 아무 말도 하지 않고 지낸다.	
5	나는 다른 사람에게 나의 문제들에 대해서 도와주기를 부탁하지만 그들이 제시하는 유익한 제안들을 따르지는 않는다.	
6	다른 사람들과 의견이 일치하지 않을 때는 가능한 한 대화를 빨리 끝내려고 애쓴다.	
7	사람들이 나의 생활 패턴을 벗어나서 살도록 강요하면 불쾌해진다.	
8	나는 요청받은 일을 할 때 그 일을 최선을 다해서 하지는 않는다.	
9	당사자가 없는 곳에서 그와의 갈등 문제에 대해서 다른 사람에게 이야기한다.	
10	나는 이미 약속을 해버린 후에 재협상을 하거나 그 약속으로부터 벗어날 방법을 생각하는 경우가 많다.	

당신은 세 가지 유형 중 어느 유형에 속하며, 문제점은 무엇인지 생각해보고 (또는 토론해보고) 어떻게 고쳐나갈 수 있을지 적어보고 성찰해 보자.

2. 자기대화 바꾸기

다음은 분노에 대한 잘못된 내적 대화다. 이러한 생각(자기대화)을 내면에 가지고 있다면 이것을 합리적 자기대화로 바꾸어 보자.

	분노에 대한 잘못된 내적 대화	합리적 자기대화
1	"기독교인은 화를 내면 안돼."	
2	"할 수만 있다면 절대 화를 안 내는 것이 좋아."	
3	"화나는 일이 있으면 반드시 화를 풀어야 해."	
4	"누군가 나를 괴롭힌다면, 그 분노를 확실히 표현하자."	
5	"나의 분노는 언제나 정당해."	

3. 분노 치유 5단계 성경적 사고 모델 연습하기

1) 1단계: 사건(상황, 환경, 행동)은 무엇이었으며 그때의 반응은 어떠했나?

2) 2단계: 그 당시의 감정은 무엇인가?

3) 3단계: 그러한 감정이나 행동은 어디에서 생긴 것인가?

4) 4단계: 잘못된(비합리적, 자동적) 사고는 무엇인가?

5) 5단계: 합리적이며 성경적 사고는 무엇이며 그때의 감정은 무엇인가?

① 합리적 사고:

② 성경적 사고:

③ 새로운 감정:

1) 사건(상황, 환경, 행동)은 무엇이었으며 그때의 반응은 어떠했나?

고2 된 딸이 공부에는 전혀 관심이 없고 컴퓨터 게임이나 만화책 읽기 그리고 만화 그리기에만 몰두하곤 한다. 대학에도 진학해야 할 텐데 딸의 미래를 생각하면 막막하고 염려와 불안이 앞섰다. 그러다가 마음이 조급해지면서 급기야는 분노를 폭발했다.

2) 그 당시의 감정은 무엇인가?

분노, 미움, 속상함, 답답함, 야속함, 불안, 근심, 안타까움, 염려

3) 그러한 감정이나 행동은 어디에서 생긴 것인가?

엄마는 늘 나에게 더 공부를 잘하라고 강요하셨다. 또 공부를 잘하는 이모의 아들과 나를 비교하셨다. 나는 이모의 아들도 밉지만 엄마도 싫었다. 그렇기에 나는 내 자식이 공부를 잘 해야만 내 체면이 서고 나의 부족함에 대한 보상이 된다는 마음이 가득하다. 그래서 공부도 못하는 자녀가 내 자녀라는 사실이 너무 부끄럽다. 그리고 성공하려면 공부를 잘해야만 하는데 우리 딸은 공부를 못하니 성공하긴 틀렸다고 비난하게 된다.

4) 잘못된(비합리적, 자동적) 사고는 무엇인가?

공부를 잘해야 쓸모 있는 사람이다.

자녀는 나의 소유물이기 때문에 내 뜻대로 해도 된다.

세상에서는 무엇보다 성공해야 한다.

5) 합리적이며 성경적 사고는 무엇이며 그때의 감정은 무엇인가?

① 합리적 사고: 자녀가 내가 원하는 대로 살지 않는다고 화를 내는 것은 자녀를 존중하는 것이 아니다. 나의 부족과 문제를 자녀를 통해 보상받으려 하는 것은 어리석은 행동이다. 자녀의 재능대로 살 수 있도록 맘껏 지원한다.

② 성경적 사고: 자녀는 나의 소유가 아니라 하나님께서 나에게 맡기신 하나님의 선물이다. 하나님께 자녀에 대한 좋은 계획이 있으므로 자녀를 하나님께 맡기고 나는 그의 재능이 무엇인지 발견하여 그것을 계발하도록 도와야 할 책임이 있다.

③ 새로운 감정: 평안, 감사, 희망, 기대

6회: 죄책감 치유

<사례>

1959년 봄, 어떤 공군 소령 한 사람이 텍사스 정신병원에 입원하게 되었다. 그는 두 번씩이나 자살을 시도했으며 위조와 절도죄로 체포된 적도 있다. 그는 몇 년 동안 매우 심하게 술을 마셨으며 그로 인해 그의 결혼생활은 깨지고 말았다. 그러나 15년 전만 해도 그는 앞길이 창창한 모범 장교였다.

한 가지 결정적인 사건이 그를 이 지경에 빠뜨려 버렸다. 히로시마에 첫 번째로 원자 폭탄을 떨어뜨릴 때 그는 그 폭격 비행대를 인솔했던 것이다. 얼마 후부터 그는 수많은 일본인 남녀와 어린이들이 자신을 잡으려고 쫓아오는 꿈을 꾸기 시작했고 이때부터 그의 인생은 허물어지기 시작했다. 그를 치료한 정신과 의사는 소령이 잠재적으로 자신이 히로시마에 행한 일과 기타 다른 행동에 대하여 느끼고 있는 죄악을 속죄하기 위해서 사회로부터 벌 받을 일을 스스로 행하려 하고 있다고 말했다. 죄책감이 그의 인생을 허물어뜨리고 있었던 것이다.

이 사람처럼 심각하게 고통을 받는 사람은 많지 않지만 대부분의 사람들은 겉으로 드러나지 않는 죄책감 때문에 때때로 고통을 겪고 있다. 죄책감이라든가 자기 자신을 그대로 인정하는 문제라든가 또 마음속의 자유 등의 문제는 모든 사람들이 느끼고 있는 공통의 문제인 것이다(Narramore & Counts 1994, 11-12).

1. 죄책감이란?

죄책감은 사람이 죄를 범하였을 때, 혹은 개인의 도덕적 기준을 위반하는 어떤 일을 한 것에 대해 책임감을 느낄 때 생기는 영적, 정신적, 감정적 고통이라 할 수 있다. 죄책감은 고통스러운 감정이기 때문에 사람들은 자신도 모르게 이 감정을 숨기려 하고 또 생각조차 하지 않으려고 한다(Narramore & Counts, 1994, 14). 이런 감정을 잠재의식 깊은 곳에 묻어두게 되면 예상과는 다른 방향으로 나타나게 된다. 꽉 억눌렸던 죄책감이 다른 이름으로 나타날 때는 마음속에서 갈등과 좌절감, 끊임없는 괴로움을 불러일으킨다.

생활의 모든 분야에서 죄책감이 가져다주는 피해는 수없이 많다. 죄책감은 사람을 꼼짝 못 하게 얽어매며 짓누르고 자유와 자발성을 빼앗아 간다. 어떤 사람도 이러한 죄책감의 영향에서 완전히 벗어날 수 없다. 압박이 있어야 일을 잘하는 사람, 완전한 것만 찾는 사람, 근심 걱정이 많은 사람, 일에 쫓기는 사람, 다른 사람과의 관계에서 소외감을 느끼거나 굉장히 예민한 사람, 다른 사람의 잘못을 끊임없이 찾아내는 사람, 거절을 못 하는 사람, 어떤 금지 사항을 어긴 사람, 항상 1등을 해야 하는 학생 등 이 모든 사람들은 전부 잠재적인 죄책감을 가지고 있는 것이다. 모든 사람들은 자기 자신을 받아들이려고 애쓰고 있지만 죄책감 때문에 발생하는 여러 가지 거짓된 행위 때문에 고통을 겪는다.

그러나 다른 면에서 볼 때 죄책감은 타락하고 죄 많은 인간에게 주신 하나님의 선물이다. 왜냐하면 죄책감을 통하여 사람은 자신의 행동을 조심하고 바른 삶을 향해서 노력하기 때문이다. 이런 면에서 볼 때 죄책감은 죄를 깨닫고, 다시 바른 삶으로 회복하게 하시는 하나님의 은혜의 한 부분이다. 이것이 바로 죄책감이 주는 유익한 면이다(김예식, 2000, 173).

2. 죄책감에 대한 심리학 이론

현대인은 일반적으로 죄의식이나 죄책감이란 용어를 회피하고 있다. 그것은 죄책감과 연관되는 용어들이 어떤 행동을 오히려 자극시킨다는 것이다. 그래서 부모, 교사, 상담자는 어린이들이 '선하다', '악하다' 혹은 '착하다', '나쁘다'라는 말을 '성숙과 미성숙', '생산적인 것과 비생산적인 것', '사회적 적합과 부적합'이란 의미로 바꾸어 쓰라고 지적하고 있다. 죄책감에 대하여 여러 심리학 이론들은 어떻게 설명하고 있는지 살펴보자.

1) 정신분석학 이론

프로이트는 죄의식, 죄책감 등으로 말할 수 있는 인간의 죄에 대한 인식과 그로 인한 정신적, 심리적 장애에 대해 연구하였다. 프로이트는 아동이 부모에 의하여 형성된 초자아의 수준만큼 살지 못할 때 양심의 가책으로 죄책감을 느낀다고 하였다(Hurding, 2000). 즉 어린이는 언제나 부모의 소원, 가치, 표준에 따라 양심이 형성되며, 자기 자신이 동일시하는 권위의 수준에 미치지 못할 경우, 양심이 그를 질책하여 죄책감을 느낀다는 것이다. 따라서 보다 의로운 사람일수록 그의 양심은 엄격하고 괴로움을 받기 쉬우며, 이러한 초자아가 그의 부모보다도 훨씬 엄격하고 더 많은 것을 요구할 수 있다고 보았다.

불안과 연관된 죄책감에 대해서도 다음과 같이 설명하고 있다. 인간은 불안을 느끼면 어떤 것을 하도록 동기화시키는 긴장 상태를 갖게 되는데 이때 정신적 에너지인 원초아, 자아, 초자아 사이의 갈등이 통제를 넘어설 때 불안이 생긴다고 하였다(박현순, 2000, 26). 그리고 불안을 현실적 불안(reality anxiety),[64] 신경증적 불안(neurotic anxiety),[65] 도덕적 불안(moral anxiety)의 세 가지로 분

---

64) 외부 세계에서 오는 위험에 대한 두려움이며 불안 정도는 실제 위험 정도에 비례한다. 하지만 현실적 불안은 개인이 위험에 효과적으로 대처할 수 있는 능력을 약화시킨다. 현실적 불안은 위험이 감소되면 줄어든다(독사, 맹수, 지진 등).

류하였다. 이 중 도덕적 불안은 초자아, 즉 양심이 너무 강해서 실제적으로는 죄책감을 갖지 않아도 되는데 너무 높은 양심 때문에 괴로움과 자책감을 느껴서 불안에 직면하게 되는 것이라 하였다. 이 불안은 초자아의 명령을 어겨 어떤 것을 행하거나 생각할 경우 벌을 받을 것이라는 두려움에서 기인한다 (Hurding, 2000, 83).

프롬은 힘과 권력에 반응하는 인간 의지의 태도로 죄책감을 설명하였다. 즉 힘이나 권력에 순응하지 않고 개인의 독자적인 판단에 따라 행동할 때 죄책감을 느끼게 된다고 하였다. 그리고 사람은 무의식 속에 죄로부터 발생한 처벌 불안이나 열등감이 잠재되어 있기 때문에 의식적, 또는 무의식적으로 죄책감 가운데 살아가고 있다고 하였다(심수명, 1993, 13-14).

죄책감에 대한 정신분석학적 견해는 아동이 어린 시절에 부모와 무의식적인 동일시를 통하여 양심이 형성된다는 가정에 따른 것이다. 다시 말해서 양심에 따라 행동하지 않을 때에 오는 반응이 죄책감이나 후회감이라는 것이다. 즉 초자아의 금기 사항이 깨지면 인간은 초자아가 주는 벌인 죄책감을 느끼게 된다.

2) 사회심리학 이론

사회심리학 이론에서 바라보는 도덕규범은 집단에 따라서 다양하며 그 집단이 사회적으로 승인된 행동을 받아들이는 경향이 있다고 설명한다. 즉 사회적 소산으로서의 도덕성은 인간이 출생하면서 갖게 되는 것이 아니고, 신체적·정신적 성장 과정과 교육에 의하여 점차 획득되고 발달해 가는 것으로 여긴다. 사회심리학 이론에서는 한 개인은 자기 자신의 역할 수행을 자신의 욕구나 이상대로 이행하지 못할 때 심각한 갈등과 함께 죄책감이 발생된다고 보았다.

---

65) 본능이 통제되지 않아 벌을 받을 어떤 일을 하게 될 때 느끼는 불안이다. 특히 성적 또는 공격적 본능을 자아가 조절할 수 없을 것이라는 두려움이 그 원인이다. 신경증적 불안은 처음에는 현실적 불안에서 시작한다.

3) 종교심리학 이론

죄책감은 종교인의 양심 속에 항상 존재하는 것이다. 특히 기독교에서는 죄책감이 죄의 객관적인 사실에 대한 것이지 주관적인 감정에 해당하는 것으로 보지 않는다. 즉 어떤 성질의 죄이든 모든 죄는 하나님의 뜻에 순종하지 못하는 것이다. 그래서 죄책감을 죄에 대한 주관적 의식과 구분하고자 한다. 다시 말해서 죄책감은 일차적으로는 하나님과의 관계요, 이차적으로는 자신의 양심과의 관계에 해당한다. 기독교는 이러한 심리적 죄책감이 인간의 근원적 죄(원죄)로부터 발생된다고 본다.

3. 죄책감의 원인

죄책감의 원인으로는 다음과 같은 것이 있다.

첫째, 죄책감은 대체로 어린 시절의 경험으로부터 시작된다. 죄책감의 뿌리는 어린 시절 부모에게 비난을 받은 경험으로부터 시작된다. 어린이에게 있어, 양심의 옳고 그름과 그것에 대한 개념을 굳혀 가는 방법들 가운데 하나는 자기에게 중요하다고 생각되는 사람들의 기준들을 받아들여 내면화하는 것이다(김예식, 2000, 174-75). 어린 시절 그들이 인정받기를 원하는 대상인 부모를 비롯하여 그들에게 영향을 준 중요한 타인이 심어준 죄책감은 이후의 삶에 계속적인 영향을 주게 될 것이다.

둘째, 죄책감은 정서적 횡포와 조종으로부터 유래한다. 성경에서 유다와 오난의 이야기(창 38:2-26)를 보면, 오난은 유다의 둘째 아들로서 당시의 법에 따라 그의 형 엘의 미망인 다말을 위해 그의 후손을 세워 주었어야 했다. 그런데 오난이 자식을 낳지 못하고 죽은 후, 유다는 셋째 아들인 셀라가 또 죽을까 봐 겁이 나서 자부인 다말을 셀라에게 주는 대신에 친정집으로 돌려보낸다. 이때 유다의 행동은 자신의 책임을 다하지 못한 것에 대한 죄책감을 억압하고 오히려 다말에게 책임이 있는 양 덮어씌움으로써 정서적으로 다말을 조종하였다. 이러한 조종으로 인해 다말은 죄책감을 더 크게 느껴야만 했고 그 결과 둘 사이는 파괴적인 관계가 되어 버렸다. 다말은 시아버지 유다에게 복수하려는 마음으로 창녀로 변장하고 시아버지를 유혹하였다. 석 달쯤 후에 유다는 "네 며느리 다말이 행음하였고 그 행음함을 인하여 잉태하였다."는 소리를 듣는다. 유다는 "그를 끌어내어 불사르라"라고 소리 지른다. 그러나 다말은 유다의 물건인 도장과 끈, 지팡이를 유다에게 보여 주었다. 그러자 임신한 며느리를 불태우려 했던 유다는 자신이 진짜 범죄자임을 깨닫게 된다(Tournier, 2001, 145). 유다가 자신의 죄를 인식함으로써 다말의 죄책감은 해결되었고 유다 자신도 더 이상 자신의 죄를 덮지 않고 책임지는 행동을 함으로써 죄책감으로부터 놓임 받게 되었다.

셋째, 부정적인 사고가 죄책감을 낳는다. 다음 그림은 부정적인 사고의 순환이 어떻게 강화되는지를 보여 주고 있다(McMinn, 1996, 70).

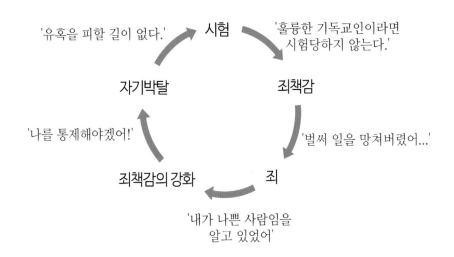

[그림 14] 충동의 어두운 면과 외식적인 면의 악순환

하나님에 대한 비성경적이고 잘못된 개념을 가지고 있으면, 자기 자신이 완벽하게 해야 부모의 사랑을 받을 수 있다고 생각하는 것처럼, 하나님께도 그렇게 열심히 수고해야 인정을 받을 수 있을 것이라고 생각한다. 하나님에 대한 그릇된 개념은 그분이 인간에게 무엇을 원하시는가에 대해서도 잘못된 개념을 낳을 수밖에 없고, 그분이 인간과 어떤 관계를 맺기를 원하시는가에 대해서도 오해를 갖게 한다(Narramore & Counts, 1994, 176-177).

넷째, 죄책감은 생각이나 행동이 이상을 좇아가지 못할 때 생긴다. 사람들은 아주 어릴 때부터 목표와 이상을 추구하는데 이 과정에서 부모로부터 어떠한 행동이 옳고 그른지 배우게 된다. 즉 부모로부터 '이것을 해라', '저것을 해라'는 식의 교육을 받는다. 이런 과정을 거치면서 자기도 모르게 목표를 갖게 되는데 이것이 바로 '이상을 추구하는 자아'다. 사춘기에 이르면 이상이 자신의 성격에 깊이 영향을 미치게 된다. 그런데 이상을 추구하면서도 이상에 도달할 수 없는 자신을 보면 마음속에 죄책감을 느끼게 된다.

이상을 추구하는 사람의 경우 갖게 되는 죄책감의 예를 살펴보자.

어느 목사 사모는 우울증으로 인하여 매우 고통을 받고 있었다. 그녀는 자신을 매우 초라한 인간으로 여기고 자신은 인생의 어떤 행복도 얻을 자격이 없는 사람이라고 생각하고 있었다. 그녀의 남편은 교회 일이 많아서 가정을 제대로 돌보지 못하고 있었다. 저녁에도 가족과 함께 시간을 보내지 못하고 교회의 모임이나 설교 준비 등 교회 일에 몰두하고 있었다. 아내는 남편이 가정을 위해 시간을 내지 못하는 것에 대해 강한 반감을 갖게 되었다.
그녀의 우울증은 매우 심각하여 자살을 생각하기에 이르렀다. 상담을 통하여 그녀의 남편은 아내가 필요로 하는 것이 무엇인가를 깨닫게 되었고 자신의 계획을 변경하여 가족과 함께 지내는 시간을 더 많이 마련하게 되었다. 그 사모는 "이제는 외롭지 않다."고 생각하게 되었다. 어느 날 그들은 아기를 돌보아 줄 사람을 구해놓고 여행을 떠났다. 그러나 여행지에 가까워짐에 따라 사모는 갑자기 차에서 뛰어내려 자살을 하고 싶은 충동을 느끼게 되었다. 그녀는 이러한 충동을 도무지 이해할 수가 없었고 마음은 점점 더 괴로워지기 시작했다. 그것을 이야기하게 되었을 때 사모는 슬픈 어조로 다음과 같이 이야기했다. "저는 좋은 여행지에서 하루를 즐길 만한 가치가 없는 사람이라고 느껴졌어요." 그녀는 자신을 벌주려 했던 것이다. 자기 때문에 남편이 시간을 낸 것에 대해 죄책감이 느껴지자 그녀는 참을 수가 없었다. 그녀는 자살을 함으로써 그러한 죄책감에 대해 보상을 하려 했다.

그녀가 느끼고 있던 죄책감은 우울증과 자살, 그리고 자신이 가치가 없는 사람이라고 느끼는 감정의 형태로 나타나게 되었던 것이다.

4. 죄책감에 대한 반응

죄책감에 대한 반응은 개인에 따라 다를 수 있지만[66] 일반적으로는 다음의 4가지 중의 어느 한 가지 태도를 취하나 그중 어떤 것도 건설적인 것이 못된다 (Narramore & Counts, 1994, 55-56).

1) 부인

자신의 실패나 죄를 합리화함으로써 그것을 부인하는 경우다. 이런 사람은 마음속으로 '딴 사람과 비교해 볼 때 난 그렇게 나쁜 사람은 아니야, 나로서는 어쩔 수 없었어. 내 힘닿는 데까지는 열심히 했으니까.'라는 식으로 생각하거나 어떤 때는 자신의 결점을 모조리 부인하기도 한다. '잘못된 것은 하나도 없어. 난 원래 그런 사람이야, 그게 인간의 본성이지 뭐.'라고 주장하기도 한다. 이렇

---

66) 인간은 충격적이거나 심리적으로 감당하기 어려운 심각한 질병이나 죽음이란 사건이 다가오면 일정하게 반응하는 양식이 있는데, 그것은 부인(고립), 분노, 타협, 우울, 수용의 순서다(Kübler-Ross, 1990, 65-67). 동일한 의미에서 마찬가지로 죄책감도 심리적인 충격이기 때문에 이와 같은 흐름으로 진행될 수 있다.

게 자신을 합리화하는 경우 남까지 끌어들이거나 남을 비난하기도 하면서 자신의 죄와 허물을 감추려고 하는 것이다. 이런 부인은 완충 작용을 통하여 자신을 보게 만들고 시간이 흐르면서 좀 더 강경한 방어 수단으로 발전하게 된다 (Kubler-Ross, 1990, 67).

2) 분노, 반항

이 경우는 '어디 두고 보자.'라는 생각을 갖고 반항하는 것이다. 이때 심리적으로는 분노가 내재되어 있다. 청소년들은 부모에게 혼이 날까 봐 말을 잘 듣는 척하며 참고 있지만 속으로는 '내가 대학생이 될 때까지만 기다리자. 그때는 가만있지 않을 거야.'라는 생각을 마음속에 품고 있는 경우가 많다. 반항은 눈에 보이게 적극적으로 반항하는 경우와 소극적으로 반항하는 경우가 있는데 한국인들은 대체로 소극적인 모습을 보이는 경향이 있다.

3) 타협

타협은 피상적인 자기 고백으로 요술 지팡이와 같은 힘을 발휘하여 모든 죄책감이 사라지고 아주 편안함을 느끼며 하나님께서 용서해 주신 것 같이 느끼도록 만든다. 또 처벌도 없을 것처럼 느끼기도 한다. 그런데 잘못을 고백한 동기가 자신의 죄책감을 없애고 편안한 마음을 갖기 위한 것이기 때문에 이것은 단지 양심을 편하게 하기 위한 수단에 불과하다.

4) 자포자기

죄책감을 다루는 데 있어 가장 쉬우면서도 가장 큰 고통이 따르는 방법이 자포자기 하면서 침울해지는 것이다. 이 경우는 죄책감을 받아들이면서 자신을 매우 형편없는 인간이라고 여긴다. 처벌에 대한 두려움, 쓸모없는 인간이라고 느껴지는 감정, 적대감 등은 정서 생활에 커다란 짐을 안겨주게 되고 스스로를 비난하며 책망하고 죄책감을 느끼게 된다. 따라서 자기가치감이 저하되고 우울 증에 빠지게 된다(권석만, 2000, 50). 어떤 사람들은 배우자를 택할 때 가난한 사람 또는 사회적으로 보잘것없는 사람을 택함으로써 자기 자신을 벌주려 한다. 또한 다른 사람과 충돌이 생겼을 때나 혹은 실수를 했을 때 자신이 그 일에 대한 비난을 받으려고 한다. 이러한 문제들의 뿌리를 캐보면 그 밑바닥에는 자기 처벌이 존재한다(Narramore & Counts, 1994, 21).

이상의 4가지 반응은 그 어떤 것도 문제를 해결해 주지 못한다. 이것을 그림으로 나타내면 다음과 같다(Narramore & Counts, 1994, 69).

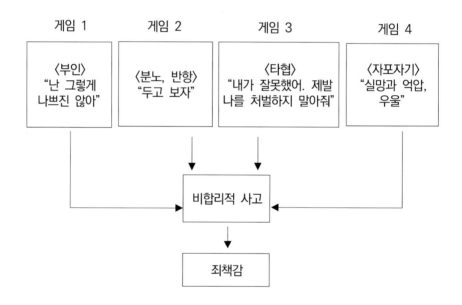

[그림 15] 죄책감에 대한 반응 유형

5. 죄책감의 결과

육신의 병이 후유증을 남기듯 죄책감도 다음과 같은 결과를 낳는다.

첫째, 삶의 에너지를 고갈시키고 육체적, 정신적, 영적으로 병들게 하여 마음에 상처를 남긴다. 죄라는 것은 마치 운석과도 같아서 작아도 땅에 떨어지면 그 자리에는 큰 자국이 남는다. 인간은 죄를 지으면 죄책감으로 인해 괴로워하면서 자신을 학대하고 미워한다.

둘째, 두려움이 생긴다. "하나님이 나를 벌하시지나 않을까?", "어떤 죄에 합당한 대가를 받게 되지 않을까?"라고 걱정을 한다. 이때 만약 어떤 안 좋은 일이 생기면 하나님이 자신을 벌하시는 것으로 생각하고 두려움에 떨게 된다. 그래서 자신의 죗값을 자신이 갚으려 한다.

셋째, 하나님과의 교제를 가로막는다. "혹시 하나님으로부터 버림받지 않을까?"하는 걱정과 고민에 빠지게 하며 열등감과 자학으로 인해 하나님의 은혜를 받아들이지 못하고 거부하게 된다. 그래서 하나님이 나를 사랑하신다는 말을 의식적으로 하면서도 급한 일이 생기면 하나님을 찾지 않고 자기가 취할 수 있는 방도를 먼저 행하여 본다. 그리고 하나님 대신에 의지할 것(돈, 권력, 지식 등)을 많이 만들어 놓는다(Meyer, 1997, 106-107).

넷째, 엄청난 스트레스와 압박을 가함으로써 다른 사람들과의 정상적인 관계를 맺는 일을 어렵게 만든다.

6. 죄책감 치유

성경에서 말하는 죄책감과 잘못된 죄책감에 대해 올바로 알고 있을 때에 잘못된 죄책감으로 인해 받는 고통은 치유될 수 있다. 그리고 진정한 자유를 향하여 나아갈 수 있다.[67]

1) 성경적 죄책감 이해하기

성경에서 말하는 죄책감은 다음과 같다.

첫째, 죄책감은 현실이다. 사람이 느끼는 죄책감은 죄가 있기 때문에 느끼는 것이다.

"누구든지 온 율법을 지키다가 그 하나를 범하면 모두 범한 자가 되나니"(약 2:10)

둘째, 죄책감의 기준은 성경의 가르침이다. 성경에서는 인간이 악으로 향하는 경향이 있고 선보다는 악을 깊이 생각하는 경향이 있다고 말씀하고 있다.

"만물보다 거짓되고 심히 부패한 것은 마음이라"(렘 17:9).

그러므로 인간이기에 죄를 지을 수밖에 없는 존재임을 인정하고 죄책감을 피하기 위해 방어하고 억압하기보다 죄된 본성이 있음을 인정하는 자세가 필요하다. 죄책감을 억압할 경우, 분노, 반항, 두려움, 염려, 양심의 마비, 그리고 남을 탓하며 공격적인 성향으로 나타날 수 있다. 그러나 의식적으로 자신의 죄를 인정할 경우 회개와 하나님의 용서로 말미암는 평안이 임하고 그에 따라 양심은 점차 순화되고 공격적 충동은 계속해서 약화된다(Tournier, 2001, 229-230).

셋째, 하나님은 인간이 죄책감으로 인한 저주 밑에 머물러 있기를 원치 않으신다. 하나님은 이미 예수님이 죄 값을 치렀기 때문에 죄의 대가로부터 인간을 용서하시고 놓아주셨다. 그러므로 죄가 기억나면 회개하고 주님의 용서를 받아

---

67) 요한복음에 간음한 여인의 이야기가 나온다(요 8:3-11). 이 여인은 세상의 모든 멸시받는 사람들을 상징하며 심리학적, 사회적 그리고 영적인 열등감을 상징한다. 그리고 그녀를 고소하는 사람들은 비판하고 정죄하며 경멸하는 인간 전체를 상징한다. 예수님은 죄책감으로 짓밟힌 여인의 죄책감을 없애 주시고, 죄책감을 전혀 느끼지 않았던 사람들에게 죄책감을 불러일으키신다. 예수님은 여인을 비난하는 사람들 앞에서 "너를 정죄한 자가 없느냐? 나도 너를 정죄하지 아니하노니 가서 다시는 죄를 범치 말라."시며 그녀를 범죄자와 열등감의 자리로부터 구원하신다. 그러나 여인을 고소하던 자에게 억압된 죄책감을 일깨우기 위해 또 다른 말씀을 하신다. "너희 중에 죄 없는 자가 먼저 돌로 치라." 하나님은 자각된 죄책은 용서하므로 자유롭게 해 주시지만 억압된 죄책은 용서를 위해 일깨우신다. 왜냐하면 은혜는 자신을 겸손히 낮추고 자신의 죄를 깨닫는 자에게 주어지기 때문이다(Tournier, 2001, 165-167).

들이자.

"아들이 너희를 자유케 하면 너희가 참으로 자유하리라"(요 8:34-36).

2) 잘못된 죄책감 버리기

성경적인 죄책감과는 대조적으로 잘못된 죄책감도 있다. 그것은 행한 일의 정도에 맞지 않으며 아무런 행동의 변화도 일으키지 못하는 그런 죄책감을 말한다. 끔찍한 범죄를 저지르고도 죄책감을 별로 느끼지 않는 사람이 있는가 하면 그와는 반대로 아주 사소한 잘못을 저지르고도 엄청난 후회와 수치심을 느끼는 사람들도 있다. 그들은 자신의 기준, 때로는 지키기에 불가능한 기준에 따라 살지 못했다고 죄책감을 느낀다. 그러나 다른 사람들의 말이나 판단 때문에 죄책감이 생기는 경우가 더 많다.[68]

어느 겨울날 차를 몰고 가다가 빙판에 차가 미끄러지면서 다른 차의 범퍼를 받아 움푹 들어가게 됐을 경우, 다음과 같이 반응한다면 건전한 반응이라고 볼 수 있다. 우선 그런 사고를 낸 사실에 대해 기분이 언짢음을 인정하고, 상대방 차 주인에게 정중히 사과한 다음, 교통경찰에게 보고해야 할 사항이 있으면 보고하고, 차 수리 문제를 상의하는 것이다. 그러나 잘못된 죄책감을 가진 사람은 자신을 정죄하고 비난하며, 지나칠 정도로 상대방에게 사과를 하고, 다른 사람들에게 자신이 얼마나 미련하고 못났는지에 대해 말하고는 자신은 아주 형편없는 운전자라는 결론을 내리기도 한다.

---

68) 예수님이 열두 살 되었을 때 마리아는 예수님께 왜 부모에게 걱정을 끼치냐며 예수님을 꾸짖었다. 마리아는 예수님이 자신에게 걱정을 안겨주었으므로 예수님이 죄를 지었다고 생각했을 것이다. 이런 죄책감을 '유아적 죄책감'이라고 한다. 예수님은 유아적 죄책감을 거부한다. 그분은 자신에게 죄가 있다고 인정하시지 않는다. 따라서 '거짓된' 죄책감과 '참된' 죄책감의 구분은 그 행위가 하나님의 뜻에 반대되는지 혹은 부합하는지에 따라 이루어짐을 알 수 있다(Tournier, 2001, 102-103). 아이는 부모가 자기에게 지웠던 잘못된 죄책감을 던져 버려야 한다. 그러나 그러한 시도를 하는 가운데 균형 감각을 잃고 부모에게 비난을 퍼붓고 반항하게 된다. 바로 이 때문에 청소년기에 격렬하고 모순적인 특성이 나타나는 것이다. 그것은 아이의 법과 어른의 법 사이에 갈등이 빚어지는 심각한 시기다.

[그림 16] 성경적 죄책감과 잘못된 죄책감(Wilson, 1995, 89. 필자가 수정함.)

성경적인 죄책감은 도덕적인 원리나 말씀, 신앙 양심69)에 따라 살지 못할 때 느끼는 것으로써 합당한 죄책감이라 할 수 있다. 그러나 잘못된 죄책감은 자기 연민과 자기정죄의 늪에서 허우적대게 만든다. 이렇게 '잘못된 죄책감'은 인간의 잘못된 판단으로 나타난다.

3) 진정한 자유를 향하여

성경은 인간이 죄로부터 자유로워졌으니 죄를 범해도 된다고 이야기하는 것이 아니라, 하나님으로부터 용서받아 자유로워졌으므로 삶을 풍성하게 살 수 있는 방법을 배울 수 있다고 말한다. 다음은 잘못된 죄책감과 진정한 자유를 비교해 놓은 것이다(Narramore & Counts, 1994, 274).

---

69) 신앙 양심은 상대적인 선에 따라 판단되는 것이 아니라 객관적 원리인 말씀과 하나님의 나라를 위해 행동한다고 느껴지는 주관성이 조화되어야 영적 선(spiritual goodness)이 된다(이승구, 2003. 188).

〈표 39〉 잘못된 죄책감과 진정한 자유

	잘못된 죄책감	진정한 자유
초점 대상	자기 자신(이기주의)	하나님 혹은 다른 사람들
초점 행동	지나간 실수	다른 사람에게 끼친 피해나 앞으로의 올바른 행동
변화의 동기	죄책감을 피하기 위해서	다른 사람을 돕거나 하나님의 뜻을 따르기 위해서
자신에 대한 태도	분노와 좌절	사랑과 존경
결과	형식적인 변화, 죄책감으로 인한 좌절, 더욱 심한 반항	사랑과 상호 존경의 태도를 바탕으로 한 회개와 변화

사람들은 잘못된 죄책감으로 살아가는데 이것은 하나님이 원하시는 것이 아니다. 하나님이 자신을 있는 그대로 온전히 용서해주시고 받아 주신다는 것을 믿을 수 없어서 이것이 진짜인가 알아보고 싶은 충동으로 잘못을 저질러 보는 경우도 있다. 하나님이 정말 우리를 용서하셨고 자유롭게 하셨다는 사실을 깨닫게 되는 데는 시간이 걸릴 수 있지만 그리스도인은 율법이 아닌 은혜 아래 사는 자임을 잊지 말아야 한다.

잘못된 죄책감에서 진정한 자유로 나아가려면 율법과 은혜의 차이에 대해 올바로 인지하고 있어야 한다. 그리스도를 믿게 되면 하나님은 결코 인간을 처벌하시지 않는다는 사실을 깨달아야 한다. 왜냐하면 죄인인 인간을 대신하여 그리스도를 처벌하셨기 때문이다. 하나님은 잘못을 고쳐주거나 훈련시킬 뿐이다.

율법은 사람들을 꾸짖고 인간이 도덕적으로 타락해 있다는 것을 알려준다. 그러나 그리스도인이 되고 나면 하나님이 세웠던 율법의 장벽은 없어지게 된다. 그리스도의 죽음이 하나님의 모든 요구를 없앨 수 있기 때문이다. 그러므로 구원 이후 그리스도의 죽음을 통한 하나님의 완전한 사랑을 수용하고 나면, 모든 두려움을 극복할 수 있게 된다. 이러한 율법과 은혜에 대해서 다음의 도표로 설명할 수 있다(Narramore & Counts, 1994. 182).

〈표 40〉 율법과 은혜

	율법	은혜
초점	과거(잘못)	현재와 미래(성장)
용서	우리의 노력에 의해 얻어짐(교회출석, 기도, 성경읽기, 선행)	그리스도에 의해 주어지므로 감사하게 받음
행위의 동기	두려움	사랑
힘의 근원	끊임없는 우리의 노력	성령의 은혜
결과	처벌과 비난	사랑과 구원
실패할 때 하나님께서는	재정적 손실, 병, 비극, 무시	은혜 안에 영원히 용서해 주심
성공할 때 하나님께서는	기도응답, 부, 건강, 더욱 사랑	상관없이 받아주심. 그러나 상급을 주심

이처럼 율법과 은혜는 동기, 힘의 근원 그리고 결과 등에 대해 서로 다름을 알 수 있다. 율법은 인간에게 자신의 힘만으로는 되지 않는다는 사실을 증명하기 위해서 하나님께서 만들어 놓으신 것이다. 자신의 힘으로는 도달할 수 없다는 사실을 깨닫게 되면 인간은 그리스도에게 의지하게 된다. 그러나 그리스도인이 된 후에도 다시 율법아래 살려는 경향성이 있다면 이것은 매우 주의해야 할 문제다.

4) 자유 선언하기

하나님은 인간이 죄를 고백했을 때 죄가 완전히 말소되었다고 분명히 선언하신다. 이러한 선언은 예수 그리스도의 속죄의 은혜로 인한 결과다. 그리스도인들은 예수님으로 인하여 모든 죄가 사함 받았다. 그러므로 다른 사람들에게도 용서를 선포해주어야 한다. 하나님은 성령을 받은 이들에게 이러한 제사장직을 부여하셨다. 더 이상 과거에 머무르지 말라. 과거의 죄를 사탄이 들이댈 때마다 그것에 지배받지 말고 용서받았음을 선포하라. 성경은 하나님께서 회개한 사람의 죄를 더 이상 기억하지 않으신다고 선언하고 있다. 그분은 잊어버리신다. 그러므로 그 말씀을 신뢰하는 모든 사람들도 그렇게 해야 한다.

활동

1. 죄의식 점검

당신이 죄의식을 느끼는 경우는 어느 경우인지 표시해 보자.

번호	내용	표시
1	앞으로 무슨 일이 닥칠지 몰라 두렵다.	
2	죄책감을 내쫓아 보려고 애쓰고 있다.	
3	곧 처벌을 받게 될 것 같은 기분을 느낀다.	
4	완전히 실패한 사람이라고 느낀다.	
5	자신이 매우 쓸모없는 사람이라고 느낀다.	
6	추악하고 더럽게 여겨진다.	
7	쓰라림과 슬픔을 느낀다.	
8	하나님이 나를 사랑하지 않고 있는 것 같아서 두렵다.	
9	자신을 매우 저주한다.	
10	다른 사람들과 완전히 동떨어져서 어느 누구도 만나기 싫다.	

- 1-3: 처벌에 대한 두려움을 갖고 있는 경우
- 4-7: 우울증이나 자기 자신을 낮게 평가하고 비하하는 경우
- 8-10: 소외된 감정과 자기 자신에 대한 반발을 드러내는 경우

자신에게 해당하는 경우, 강의 내용을 중심으로 어떻게 변화시켜 나갈지 정리해보고 이런 생각이 들 때마다 생각을 바꾸는 연습이 필요하다.

2. 자기대화 바꾸기

 죄책감과 관련된 사건이나 상처가 기억나는 것이 있으면 그때의 부정적인 자기대화는 어떤 것이 있는지 찾아보고 긍정적으로 바꾸어 보자.

부정적 자기대화	긍정적 자기대화

3. 죄책감 치유 5단계 성경적 사고 모델 연습하기

1) 1단계: 사건(상황, 환경, 행동)은 무엇이었으며 그때의 반응은 어떠했나?

2) 2단계: 그 당시의 감정은 무엇인가?

3) 3단계: 그러한 감정이나 행동은 어디에서 생긴 것인가?

4) 4단계: 잘못된(비합리적, 자동적) 사고는 무엇인가?

5) 5단계: 합리적이며 성경적 사고는 무엇이며 그때의 감정은 무엇인가?

① 합리적 사고:

② 성경적 사고:

③ 새로운 감정:

1) 사건(상황, 환경, 행동)은 무엇이었으며 그때의 반응은 어떠했나?

경제력이 없는 부모님의 생계에 대해 늘 마음이 쓰인다. 노동일을 하시는 아버지는 고정된 일자리가 없어 쉬는 날이 많았고, 매제의 사업이 최근 몇 년째 심한 불황이어서 여동생이 그나마 매달 드리던 용돈도 못 드리는 것 같고, 우리 집도 최근 돌아가는 경제적 형편도 빠듯해서 아내 또한 부모님 용돈을 몇 달째 못 드린 것 같다. 최근에 어머니로부터 생활하느라 빚이 좀 늘어났다는 이야기를 들었다. 나는 안타까운 마음이 들었지만, 무어라 답변을 해드리지 못하고 듣고만 있었다.

2) 그 당시의 감정은 무엇인가?

자괴감, 안타까움, 연민, 죄책감

3) 그러한 감정이나 행동은 어디에서 생긴 것인가?

어릴 때부터 부모님은 장남인 나를 잘 가르치려고 많은 수고를 하셨다. 그때마다 동생들은 차별을 느꼈다. 어머님은 나에게 나중에 커서 가족을 잘 돌봐서 갚으면 된다고 하였다. 하지만 40대 중반이 된 나는 지금도 공부하고 있으니 부모를 부양하지 못하고 있는 죄책감에 너무 괴롭다.

4) 잘못된(비합리적, 자동적) 사고는 무엇인가?

부모님의 가정 경제를 도와드리지 못하는 나는 못난 아들이다. 그러므로 내가 돈을 벌지 않고 공부만 하고 있는 것은 매우 잘못하고 있는 것이다.

5) 합리적이며 성경적 사고는 무엇이며 그때의 감정은 무엇인가?

① 합리적 사고: 여건이 된다면 부모님의 경제적 어려움을 도와드릴 수 있지만 도와드릴 여건이 안 되면 양해를 구하고 감당할 수 있는 만큼 경제적으로 도와드린다. 경제적 여건이 더 좋아지면 더 많이 도와드리도록 하자.

② 성경적 사고: 내가 부모님을 도와드리지 못하는 상황을 주님께 아뢰고 주님께서 부모님을 돌보시길 구하며 나의 상황도 좋아지도록 최선을 다하되 잘못된 죄책감은 버린다.

③ 새로운 감정: 자족과 감사, 고마움, 풍요감, 행복, 사랑

7회: 열등감 치유

〈사례〉

성경에 나오는 기드온은 열등감을 갖고 있었던 사람이다. 그 이름의 뜻은 '벌목꾼' 또는 '근육질의 사람'이었다. 기드온은 힘이 있었고 좋은 조건이 있었지만 열등감에 빠져 있었다. 하나님께서 기드온에게 천사를 보내셨을 때 그는 미디안 사람들이 무서워 숨어 있었다. 그 당시 이스라엘은 미디안의 식민지였다. 천사가 "큰 용사여 여호와께서 너와 함께 하시도다"(삿 6:12)라고 말했을 때 기드온은 하나님께 말했다. "무슨 말씀입니까? 내 집은 므낫세 지파 중에서도 보잘것없으며, 나는 아버지의 집에서 가장 작은 자입니다." 그러나 실제로 기드온의 아버지는 성읍의 지도자였으며 그의 가정은 '걸출한 가정'이었고, 기드온이 열 명의 종을 거느리고 있었다. 그런데도 기드온은 자기를 죽은 개와 같은 존재로 보았다. 하나님은 기드온에게 "내가 반드시 너와 함께 하리니 네가 미디안 사람 치기를 한 사람을 치듯 하리라"(삿 6:16)고 말씀하셨다. 기드온은 천사에게 징표를 달라고 하자 희생 제사를 드릴 때 반석에서 불이 나와 제물들을 불살랐다. 기드온은 기적을 목격한 후 하나님께 순종하는 사람이 되었다. 그러나 하나님께서는 즉시 기드온을 전투로 이끌지 않으시고 그 밤에 그의 아버지에게 있는 바알의 단을 헐며 단 곁의 아세라 상을 찍으라(삿 6:25)고 하셨다.

기드온은 그 일을 낮에 할 만한 배짱이 없어서 밤에 그 일을 실행했다. 그리고 그는 여전히 열등감과 불신을 가지고서 하나님의 부르심을 의심했다. 그래서 '양털 한 뭉치를 바깥마당에 갖다 두면, 아침에 양털은 젖어 있고 주변 땅은 말라 있기를 구했고' 하나님은 그 기도에 응답해 주셨다. 기드온은 그래도 또 간구했다. "이번에는 양털은 마르고 땅은 젖게 하소서." 하나님은 또다시 응답해 주셨다. 하나님은 열등감을 가진 사람들을 돕기 위해 인내심을 갖고 도우시며 그들에게 확신과 안심하는 마음을 심어주기 위해 많은 일을 하신다.

1. 열등감이란?

열등감이란 '힘'이 모자라는 개인(집단)이 보다 힘이 있는 다른 개인(집단)에 대해 느끼는 감정이다. 이것이 일종의 복합적인 심리 내면체를 형성할 때 그것을 '열등 콤플렉스(inferiority complex)'[70]라고 한다. 열등감이란 우리의 과거에서 기인한 건전하지 못한 감정의 공격이며, 전체 성격 속에 있는 어떤 것에 강하게 집착하는 작은 성격이다. 뿐만 아니라 열등감이란 사고의 흐름을 훼방하고 당황케 하거나 화가 나게 만들거나 마음을 찌르는 어떤 것이다. 약점이 찔리면 사람들은 곧잘 감정적으로 동요하거나 흥분하게 되는데, 열등감은 바로 그 약점에 자리 잡는다.

열등감과 연관하여 '열등복합감정'이 있다. 이는 낮은 자기존중감과 스스로를 지나치게 비판하는 태도가 지배적인 성격증후군이다. 열등감은 보통 의식하지 못하는 사이에 일어나기 때문에 자신이 열등감을 갖고 있는지 잘 알지 못하며, 자신의 삶이 얼마나 열등감에 지배받고 있는지 깨닫지 못한다(강경호, 2000, 464-465).

열등감이 있는 사람은 자신을 있는 그대로 보지 못하고 보다 열등하게 평가하기 때문에 자신 안에 있는 능력을 인정하지 못하고 끊임없이 자신을 비난하며, 원망과 불평 속에서 자신을 미워한다. 아무리 다른 사람들이 칭찬하고, 인정해도 그것을 그대로 받아들이지 못하고 그들이 혹시 자신을 속이는 것은 아닐까 하며 안절부절못한다. 그러면서 그는 자신에게 '나는 좋은 사람이 못 돼. 능력이 없어. 잘할 수가 없어. 내게는 그럴 힘이 없어. 이번에 일이 잘 된 것은 순전히 우연이었어.'라고 말한다. 이런 사람은 하나님과의 관계에서도 유사한 결과를 보인다. 하나님이 내 죄를 위하여 대신 십자가에 못 박히시기까지 나를 사랑하셨다는 말씀을 그대로 받아들이지 못한다(김예식, 1998, 119-120).

---

70) '콤플렉스'란 원래 분석 심리학의 창시자인 칼 융(Carl Jung)이 처음 사용한 말로, '감정이 배어 들어가 있는 관념이나 이미지'를 중심으로 여러 생각이나 느낌이 떼를 지어서 한 그룹을 이루는 경우에 사용하였다(Jung, Hall & Jacobi. 1989. 86-87).

다음은 실수를 통해 어떻게 열등감을 갖게 되는지 순환 과정을 보여 준다.

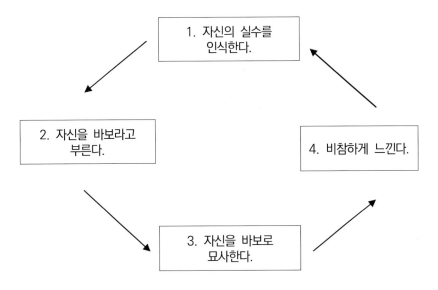

[그림 17] 열등감 형성 과정(Carlson, 1995. 219)

2. 아들러의 열등감 이해

심리학에서 열등감에 대해서 주로 다룬 심리학자로는 아들러를 꼽을 수 있다. 아들러는 사람의 기본적인 성향을 '힘에 대한 추구'에서 찾았다. 인간이라면, 스스로 인간이고자 할 때 열등감이 시작된다는 것이 아들러의 통찰이다. 아들러가 생각하는 열등감은 인간으로 하여금 피해의식을 느끼고 모멸감에 사로잡혀 스스로를 억압하는 기제라기보다는, 인간이면 누구나 갖고 있는 것으로 한 개인이 사회와의 관계성을 가지고 있는 한 계속된다고 보았다. 그래서 열등감을 하나의 문화를 창출해 내는 원동력과 같은 것으로 이해하였다. 인간은 그 존재 자체가 연약한 육신을 가지고 있고, 정신력에 있어서도 완벽하지 않으며,

환경적 제약을 그 어떤 피조물보다 많이 받는 존재기에 더 많은 열등감을 느낀다는 것이다.

아들러는 인간이 열등감을 느끼기 때문에 이에 대한 보상 작용[71]으로, '우월에로의 추구'를 통해 발전을 이루어가고, 사회와 조화를 이루어 간다고 보았다. 인간의 완전과 안전을 향한 노력은 인간 스스로가 불충분과 불안을 자각하는 가운데 일어난다고 보았다. 그래서 열등감을 부정적으로 이해한 것이 아니라 긍정적인 요소로 이해하였다(Adler & Orgler, 1996, 89). 그는 우월성 혹은 완전을 향한 추구를 천성적인 것으로 이해했다. 모든 인간은 태어나면서부터 죽을 때까지 보다 나은 단계로 발진하려는 노력을 계속하며, 이러한 우월성을 향한 추구는 사람에 따라서 서로 다른 수천 가지의 방법이 있다고 보았다.

아들러는 열등의식은 심리적 또는 사회적, 신체적 장애를 지각함으로써 야기되며, 인간은 선천적으로 우월성을 추구하려는 마음이 행동의 기본 동기가 되고 이것은 단순히 열등의식을 극복하는 것 이상의 동기라고 하였다. 즉 아들러는 열등의식과 우월성을 향한 추구심이 인생의 목표, 방향, 삶의 스타일 형성에 영향을 준다고 하였다. 한 개인은 자신의 열등감을 극복하고 우월에로의 끊임없는 추구를 하는 동안 자신도 모르는 사이에 일종의 '생활방식'을 형성한다. 이 '생활방식'은 열등감을 극복하거나 열등감을 처리하기 위해서 노력하는 중에 생겨나는 정형화된 생활양식을 가리킨다.

뿐만 아니라 아들러는 가정에서 출생 순서에 따라 자녀들이 제각기 열등의식

---

71) 구체적인 보상의 예는 다음과 같다(Lundin, 2001, 34).
- 좋은 학점을 받지 못할 것 같은 학생이 훌륭한 축구 선수가 된다.
- 운동 능력이 부족했던 남학생이 훌륭한 피아니스트가 된다.
- 가난한 집안에서 출생하여 경제적으로 고통 받았던 남자가 부자가 된다.
- 사회적 적응을 잘하지 못했던 소년이 성장하여 훌륭한 배우가 된다.
- 인종적으로 소수 집단에 속한 소녀가 다수 집단의 인기 있는 지도자가 된다.
- 형제가 없어 외로웠던 외아들은 결혼한 후에 자녀를 많이 낳는다.
- 대학 교육을 받지 못했던 여자가 대학교수와 결혼한다.

을 갖게 된다고 하였다. 예컨대 장남 혹은 장녀는 아래 동생에 의해서 부모의 사랑을 빼앗기는 경험을 통해 위기의식을 갖게 되면서 열등의식을 가질 수 있고, 둘째는 열등의식으로 인해 위 형제와의 경쟁심을 갖기 쉽다. 또한 막내는 위 형제와의 경쟁 결과 실패함으로 인해 열등감과 불안을 가지게 되며, 독자는 사랑 독점욕에 의한 불안감 등으로 열등의식을 가지게 된다고 분석하였다(Adler & Orgler, 1996, 184-195).

3. 열등감의 증상

열등감이 있는 사람은 무능함과 적합한 존재에 대한 결핍감을 주로 가지며 다음과 같은 증상을 나타낸다.

첫째, 비판에 대하여 민감하다.
둘째, 지지나 칭찬에 목말라하면서도 실제로 칭찬을 받으면 칭찬에 과잉 반응하기도 한다.
셋째, 자신의 약점과 실패를 다른 사람에게 투사하면서 실패의 원인을 다른 사람에게 전가한다.
넷째, 경쟁에서 승리하기를 열망하나 승리에 대해서는 부정적이다.
다섯째, 숨기를 좋아한다. 즉 사회적인 활동에 참여하지 않고 홀로 있는 것을 좋아한다.
여섯째, 비교하기를 좋아하고, 판단하고 분석하며, 평가하기 좋아하고, 남이 높아지는 것은 참지 못하며, 불만족과 불평 속에 스스로를 끝없이 채찍질하여 자책한다.
일곱째, 타인이 자신을 어떻게 보는지에 대해 굉장히 예민하다.
여덟째, 돈에 지나치게 집착을 하거나 혹은 지나치게 거부적인 생각, 행동을 나타낸다. 이는 개인의 가치관 형성, 대인관계유지에 장애를 주고, 성격 변화로 인해 생활에 지장을 준다(차준구, 2001, 45).

4. 열등감의 원인

아들러의 견해를 따르면 인간은 누구나 열등감을 가질 수 있는 존재지만 그 중에서도 주요 원인으로 다음의 것을 들 수 있다.

첫째, 열등감은 특히 어린 시절 부모에게서 가장 큰 영향을 받는다. 성장 과정에서 비롯된 부모의 지나친 간섭이나 방임으로 자녀의 필요를 적절히 채워주지 못할 때, 동기간의 경쟁에서 패배를 경험하거나 형제와 비교당할 때, 뿐만 아니라 부모가 폭언과 폭행을 하거나 술주정이 심한 아버지와 낭비벽이 심한 어머니에게서 자라게 될 때, 지나치게 엄격하고 무서운 부모 밑에서 자라게 될 때 인간은 무기력과 무능력을 느껴 열등감을 갖게 된다.

또한 부모의 과잉보호도 열등감을 느끼게 하는 중요한 원인이 된다. 과잉보호는 아이를 대신해서 부모가 다 선택해 주는 것을 말한다. 따라서 아이는 자신의 선택을 통해 실패할 기회도, 자신감과 성취감을 느낄 기회도 박탈당하고 만다. 실패를 통해 재도전할 수 있는 강인한 자아를 실현할 수 있는 기회를 잃어버리는 것이다. 아이가 성취해야 할 발달 과제를 부모가 대신해 주면 그 아이는 매사에 부모를 의지하며 자신을 믿지 못하는 열등감에 빠질 수 있다.

둘째, 열등감은 버림받을 때 생긴다. 부모로부터 버림받은 아이들은 사랑을 주어도 전혀 반응을 보이지 않는다. 보육원에서 자란 아이들은 버림받았기 때문에 자신에 대한 자존감을 갖기가 어렵다. 열등감은 내적인 마음의 상처에 의해서만 비롯되는 것이 아니라 이와 같이 외부적인 원인에 의해서도 생기게 된다.

셋째, 자신의 출생 배경 때문에 열등감을 갖는다. 부모나 고향, 출신 학교 등에 따라서도 열등감이 생긴다. 교인들의 경우 자신이 속한 교회나 교단에 대해서 열등감이나 우월감을 지니고 있기도 하다.

넷째, 직업이나 보수를 남과 비교할 때 열등감을 갖게 된다. 일반적으로 기술직 종사자보다는 사무직 종사자들을 우위에 두는 사회적 경향성 때문에 비교하는 마음 때문에 열등감을 갖게 된다.

다섯째, 신체적인 조건도 열등감이 생기게 하는 원인이 될 수 있다. 키, 몸무게, 체형, 얼굴 생김(눈, 코, 입 등) 외에도 손, 가슴, 허리, 다리, 심지어 손가락이나 발가락 같은 것도 열등감의 원인이 된다. 신체와 관련된 것 중에 지능은 열등감의 가장 큰 원인이 되기도 한다(Lundin, 2001, 28).

여섯째, 도덕적 또는 종교적 행위나 특성이 열등감의 원인이 되기도 한다. 도덕적으로 바르다고 생각하는 사람들은 그렇지 못한 사람을 무시하며, 기도를 열심히 하거나 성경을 많이 읽거나 헌금을 많이 하는 사람들 가운데 우월의식을 갖기 위해서 그렇지 못한 사람에게 열등감을 불러일으키기도 한다.

5. 열등감과 성경의 인물

성경에 나오는 인물들 가운데 열등감 때문에 위기를 당하는 인물들이 많이 있다. 그 대표적인 예가 사울왕이다. 사울왕은 "사울이 죽인 자는 천천이요, 다윗은 만만이로다"(삼상 18:7)하는 노래를 들으면서 백성들이 다윗의 공적을 자신의 공적보다 더 인정한다는 것을 알고서 깊은 열등감에 빠지고 만다(삼상 18:8). 그래서 어떻게 해서든지 이 열등감을 없애려고 하였다. 그래서 사울은 평생 집요하게 다윗을 죽이려고 했지만 성공하지 못하고, 결국 사울과 그의 아들 요나단은 전쟁터에서 죽고 만다. 이렇게 깊은 열등감은 살인까지 불러일으킨다는 것을 사울과 다윗과의 관계에서 볼 수 있다.

사울과 달리 다윗은 왕궁에서 쫓겨나 사울왕의 추격에 쫓기면서 광야에서 비참한 도망자의 생활을 하게 된다. 사울왕에 비해서 그 처지가 더 비참했을 텐데도 다윗은 열등감에 사로잡히지 않았다. 그 이유는 다윗의 기준은 사람이나 환경이 아닌 하나님이었기 때문이다. 열등감을 느낄 수 있는 가운데서도 그는 하나님을 바라보며 견뎌냈고, 사울을 죽일 수 있는 두 번의 기회를 이용하여 자신의 위치를 회복할 수 있었을 때도 그는 이렇게 얘기한다. "그런즉 청하건대 여호와 앞에서 먼 이곳에서 이제 나의 피가 땅에 흐르지 말게 하옵소서. 이는 산에서 메추라기를 사냥하는 자와 같이 이스라엘 왕이 한 벼룩을 수색하러 나오셨음이니이다"(삼상 26:20). 자신의 비참한 치지를 호소하면서도 그는 하나님의 뜻이 어디에 있는가를 발견하려 했다. 이처럼 하나님과의 관계가 든든한 사람은 열등감도 극복할 수 있으며 우월감도 놓을 수 있다.

아합왕 시대의 이스라엘 선지자 엘리야도 사울과 같은 절망적 상황에 빠진다. 그는 이세벨에게 쫓겨 더 이상 선지자의 기능을 수행할 수 없을 정도로 자아상에 치명적인 타격을 받는다. 그는 이스라엘의 반대편 유대 광야로 도망하여 로템나무 아래 앉아서 죽기를 구한다. "여호와여 넉넉하오니 지금 내 생명을 거두시옵소서, 나는 내 조상들보다 낫지 못하니이다"(왕상 19:4). 그는 자기의 무능과 용기 없음을 한탄하고 있다. 이렇게 엘리야는 열등감에 사로잡혀 있는데도 사울과 같이 패망하지 않고 계속해서 하나님의 위대한 선지자로 남을 수 있었던 비결이 무엇인가? 그것은 열등감을 느낀 순간 자기 자신의 무능과 타인(이세벨과 아합)의 무서움만 보지 않고 이 세상을 지배하시는 주님의 음성을 듣고 그 하나님을 만났기 때문이다. 엘리야는 자기가 아무리 나약할지라도, 그리고 대적자가 아무리 강할지라도 만군의 하나님이 함께 하시면 하나님은 자신을 통해 당신의 뜻을 이루실 것이라고 확신할 수 있었다(삼하 19:5-18).

열등감 그 자체는 결코 죄가 아니다. 그러나 열등감에 사로잡혀 자기를 괴롭히며 타인을 학대하도록 나를 버려둔다면 이는 악이다. 하나님 앞에서 스스로의 작음과 한계, 무가치함을 겸허히 인정하고 수용할 때 인간은 자기 교만, 자기 성취욕, 자기중심적인 사고에서 벗어나서 하나님 중심적인 삶을 살 수 있게 된다. 또한 동시에 하나님 앞에 선 인간이 하나님께서 주신 가능성과 가치, 그 절대적인 은혜를 분명히 인식하게 될 때 열등감을 극복할 수 있게 된다.[72]

6. 열등감 치유

열등감을 치유하기 위한 방법으로 다음의 것들이 있다.

1) 열등감 수용하기

열등감 극복을 위해서는 무엇보다 모든 사람이 열등감을 가지고 있음을 인정하고 자기만 열등감이 있다는 생각을 버릴 필요가 있다. 그리고 자신이 가지고 있는 열등감을 가벼운 마음으로 수용한다. 그래야 열등감이 스스로 성장에너지로 작용하여 나를 키우게 된다. 만약 열등한 부분을 인정하지 않고 거부하며 계속 억압하면 열등감은 심화되고 부작용을 낳는다. 그러므로 열등감이 있는 자신을 수용하는 것이 필요하다. 자신의 결점을 받아들인 사람만이 타인의 결점을 수용할 수 있고 타인에게 자신을 개방할 수 있게 된다.

2) 인정욕 포기하기

열등감을 치유하기 위한 두 번째 과제는 타인으로부터 인정과 사랑을 받으려는 욕구를 포기하는 것이다. 열등감을 지닌 사람은 "나는 다른 중요한 사람들로부터 인정(사랑, 높임, 칭찬, 격려 등)을 받지 않으면 안 된다."는 충동이나 신념

---

72) 기독교 윤리의 입장에서 볼 때 인간의 실패와 자기 절망이 없이는 하나님의 은혜의 크기가 느껴지지 않는 것이다. 그러므로 열등감은 기독교적 가치관이 내재된 인격에서 우러나오는 것이 아니다. 세속적 가치관에서 나오는 것이다(이승구, 2003, 190-192).

을 가지고 있다. 타인이 자신의 존재가치와 삶의 의미를 결정 짓게 하는 타인 지향적 체제는 타인의 말과 태도에 과도한 신경을 쓰게 한다. 따라서 열등감은 끝없이 타인을 의식하게 하여 자아의 중심을 밖으로 옮기고 타인의 평가에 예민해지면서 불안과 초조감을 갖게 만든다. 따라서 남이 나에 대해 무엇이라고 하는지 신경 쓰지 말고 내가 나를 인정하고 하나님이 나를 인정해주시는 은혜를 묵상할 때 신적 자아상으로 열등감을 극복할 수 있게 된다.

3) 자신의 가치 발견하기

열등감은 많은 경우 비교할 때 생긴다. 다른 사람과 비교하는 것을 버리고 자신이 가치 있는 존재임을 인정하고 사랑하고 용납해야 한다. 열등감에 사로잡힌 사람들은 칭찬이나 격려를 부정적으로 받아들여서 스스로의 열등감을 재강화하곤 하는데 자신을 사랑하고, 자신을 있는 그대로 용납하는 긍정적인 태도를 끊임없이 강화시켜야 한다. 그리고 하나님의 가치로 자기를 보고 사랑하는 것을 배워야 한다. 그것은 그리스도의 은혜로 자신을 귀하게 보는 것을 말한다. 우리는 하나님의 형상으로 지음 받은 존재이며 하나님의 자녀다. 또한 하나님은 우리를 특별한 소유로 삼을 것이라고(말 3:17) 말씀하시므로 이 약속의 말씀(가천노, 2003, 196-197)을 계속 믿음으로 바라보아야 한다.

다음은 하나님의 사랑과 가치로 자신을 바라보는 것을 표현한 것이다.

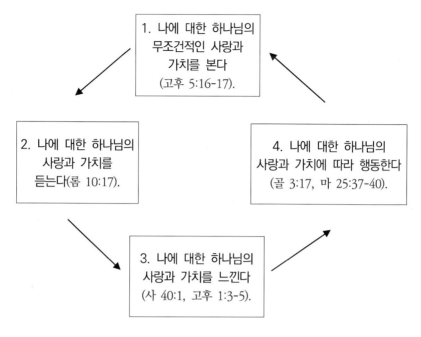

[그림 18] 자기가치 발견(Carlson, 1995, 251)

4) 긍정적 자기대화 선포하기

하나님이 보시는 눈으로 자기를 보는 사람은 자신을 너무나도 소중한 존재로 바라보며 말할 수 있다. 하나님은 우리 자신이 태어나기도 전에 목적을 갖고 계셨다. 그러므로 하나님께서 우리 자신을 얼마나 사랑하시며, 함께 있고 싶어 하시며, 좋은 것을 예비해 두고 계시는지 깨닫고 이것을 자신에게 말해주어야 한다. 이것을 말로 표현하고 선포할 때 자신감과 확신에 차게 될 것이다. 하나 님께서 얼마나 우리를 사랑하시는지 그것을 깨닫고 선포하는 사람은 결국 자신 을 소중하게 대하며 행동할 것이다.

당신은 하나님께서 지으신 존재이다(엡 2:10). 헬라어 성경에서 이 말은 '눈에 띌 만큼 뛰어난 사람'을 의미한다. 바로 하나님께서는 당신을 가리켜 뛰어난 인물이라고 부르신다. 당신은 하나님이 당신을 보는 눈으로 자신을 보아야 한다. 당신이 스스로를 그의 훌륭한 피조물로 볼 때 모든 열등감에서 자유로울 수 있다.

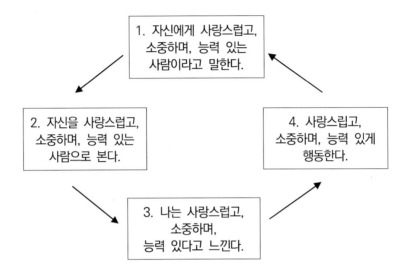

[그림 19] 긍정적 자기대화(Carlson, 1995, 188)

1. 열등감 자가 설문지

다음 내용을 읽고 예와 아니오로 답해보자.

	내용	예	아니오
1	나는 이따금 과거에 한 행동 때문에 부끄러울 때가 있다.		
2	평소에 다른 사람을 칭찬하기보다 비판하길 좋아한다.		
3	싫어하는 사람과는 절대 말을 하지 않는 편이다.		
4	나는 문제점이 많아 고쳐야 할 것이 많다.		
5	나는 튀는 옷차림이나 머리 모양을 좋아한다.		
6	차나 오토바이에 요란한 치장을 하고 질주하는 것을 좋아한다.		
7	나는 숨기고 싶은 과거가 있다.		
8	나는 부모님이 부자였으면 한다.		
9	때로 지금의 내가 아닌 다른 사람이길 바란다.		
10	나는 다른 사람들보다 잘난 게 별로 없다.		
11	세상에서 가장 중요한 것은 돈이다.		
12	얼굴이 마음에 들지 않아 성형수술을 했으면 하는 마음이 있다.		
13	다른 사람들이 나를 어떻게 평가할지 무척 신경을 쓰는 편이다.		
14	내 주머니 사정보다 더 많이 쓸 때가 많다.		
15	가족을 다른 사람에게 소개하는 것을 꺼린다.		
16	다른 사람의 비판에 민감하게 반응하는 편이다.		
17	키가 커 보이려고 굽 높은 신발을 신어 본 적이 있다. 또는 키를 적게 보이려고 어깨를 움츠리고 다닌 적이 있다.		
18	다이어트를 하려고 시도한 적이 몇 번 있다.		
19	어린 시절로 돌아간다면 하고 싶은 일이 많다.		
29	스스로 나 자신을 내세우며 자랑하는 편이다.		

[해석]

예는 1점, 아니오는 0점으로 계산한다.

- 7점 이하: 열등감이 없다. 자신, 가족, 주위에 대해서 긍정적이다.
- 8~15점: 보통 수준의 열등감. 자신의 열등감에 대처할 수 있는 능력이 있으므로 자신감을 가지고 노력하여 극복하라.
- 16~20점: 열등감이 심한 편. 당신은 귀한 사람이다. 좀 더 긍정적으로 세상을 보도록 노력하고 자신감을 느끼는 것이 필요하다.

2. 긍정적 자기대화 연습

속으로 자신에 대해 부족하다고 느끼며 남과 비교하며 열등하다고 생각하는 자기대화가 무엇인지 찾고 긍정적인 자기대화로 바꾸어 보자.

부정적 자기대화	긍정적 자기대화

3. 열등감치유를 위해 5단계 성경적 사고 모델 연습하기

1) 1단계: 사건(상황, 환경, 행동)은 무엇이었으며 그때의 반응은 어떠했나?

2) 2단계: 그 당시의 감정은 무엇인가?

3) 3단계: 그러한 감정이나 행동은 어디에서 생긴 것인가?

4) 4단계: 잘못된(비합리적, 자동적) 사고는 무엇인가?

5) 5단계: 합리적이며 성경적 사고는 무엇이며 그때의 감정은 무엇인가?

① 합리적 사고:

② 성경적 사고:

③ 새로운 감정:

1) 사건(상황, 환경, 행동)은 무엇이었으며 그때의 내 반응은 어떠했나?

직장 여자 동료들이 나보다 모두 예쁘다. 그리고 나는 별로 예쁘지 않다고 생각하고 있는데 어느 날 남자 상사가 나에게 예쁘다고 했다. 그 말이 믿기지 않아서 콧방귀를 뀌며 "아닌 거 알아요"했는데 그 목소리가 크고 뉘앙스가 좀 부정적인 느낌이었던지 상대방과 주위에 있는 사람 모두가 당황하는 표정을 보며 나도 당황했다. 사실을 사실로 말했는데 왜 그런 반응을 보이는지 의아했다.

2) 그 당시의 감정은 무엇인가?

의아함, 놀람, 위축됨(내가 뭘 잘못했나 하는 마음)

3) 그러한 감정이나 행동은 어디에서 생긴 것인가?

어린 시절 부모님과 주변 어른들이 늘 언니를 예쁘다고 칭찬하면서 나에게는 예쁘다고 말해주지 않은 데서 외모에 대한 열등감이 생겼다. 중고등학교 때도 나의 단짝 친구를 사람들이 주목하고 좋아하며 자기에게는 관심을 두지 않아서 열등감이 더 심해졌다. 주목받고 싶고 앞에 나서고 싶은데 자신 없어졌다.

4) 잘못된(비합리적, 자동적) 사고는 무엇인가?

다른 사람의 인정과 칭찬이 있어야만 한다고 생각한다.
자기의 외모를 객관적으로 보지 못하고 형편없이 못났다고 생각한다.

5) 합리적이며 성경적 사고는 무엇이며 그때의 감정은 무엇인가?

① 합리적 사고: 외모에 대한 열등감은 어린 시절 언니와 비교당하여 생긴 것인데 이것은 어릴 적의 일이며 지금은 과거의 지배를 받을 필요가 없다. 사람은 누구나 다 자기 모습에 자부심을 가질 필요가 있다. 나는 나로서 충분히 예쁘고 아름답다.
② 성경적 사고: 하나님이 창조하신 나를 있는 모습 그대로 수용하고 사랑한다.
③ 새로운 감정: 편안함, 자기 사랑의 만족감, 자신감

8회: 우울증 치유

〈사례〉

30대 후반의 주부인 정집사는 요즘 매사에 의욕이 없고 무기력해져서 집안 살림을 하는 것도 매우 힘든 상태다. 안정된 직장에 다니는 남편과 무럭무럭 자라는 두 아들이 있는 정집사를 주변에서는 부러워하지만, 실상 정집사는 자신의 삶이 불행하다는 느낌을 지울 수가 없다. 명문 여대를 졸업하고 한때 유망한 직장에서 사회생활을 하기도 했던 정집사는 결혼 후 전근이 잦은 남편의 직업 때문에 직장생활을 청산하고 두 아들을 기르면서 한때 집안 살림에 재미를 붙이고 여유 있는 행복한 생활을 했었다.

그런데 언제부터인가 매일 쳇바퀴처럼 돌아가는 자신의 일상생활이 무의미하게 느껴졌고, 자신이 점차 무능력하고 무가치한 존재로 전락해 간다는 생각이 들기 시작했다. 남편은 진급하면서 점점 더 직장 일이 바빠져 저녁 늦게 귀가하는 날들이 늘어났다. 귀엽게 따르던 두 아들도 중학교에 올라가면서 각자의 생활에 바쁘고 예전같이 엄마를 따르지 않았다. 그뿐만 아니라, 집안에서 남편과 아들이 무심코 던진 말들이 자꾸만 자신을 무시하는 것 같이 느껴지기만 했다.

이대로 집안에 눌러앉을 수만은 없다고 생각한 정집사는 그동안 멀리하던 동창회에 나가보기도 했지만, 서로 자신을 내세우는 경쟁적인 대화가 혐오스럽게 느껴졌고 직장생활에서 성공한 친구들 사이에서 오히려 자신이 초라하다는 느낌만 받게 되었다. 뒤늦게라도 직장생활을 해보려고 일자리를 알아보았지만, 40대 중반이라는 나이에 할 수 있는 일은 없었으며 그동안의 공백이 너무 크다는 것을 느끼게 되었다. 정집사는 이제 자신이 가정에서도 무가치한 존재가 되어버렸고 사회에서도 무능한 존재로 전락해 버렸다는 생각을 지울 수가 없었다. 자신이 마치 헤어날 수 없는 깊은 수렁에 빠져 있다는 느낌이 들면서 불행감과 좌절감이 밀려왔으며 무기력감에 빠져들게 되었다 (권석만, 2000, 16-17).

1. 우울증이란?

우울증이란 조절되지 않는 우울한 기분과 함께 의욕의 상실, 집중력의 장애, 입맛의 저하, 수면장애, 죄책감, 자살사고 등의 여러 가지 고통스러운 경험을 하게 되는 병적 상태를 말한다. 우울증은 누구나 삶의 여정에서 빠져들 수 있는 '인생의 늪'이며 사람이 경험할 수 있는 가장 보편적인 심리문제 중 하나이기에 정서적인 '감기'로 알려져 있다. 그것은 정신으로만 아니라, 머리, 위장 등 몸 전체를 통해 경험하는 것이다. 우울증이 감기와 같다고 해서 별것 아닌 가벼운 병이라는 생각은 금물이다. 통계상 자살한 사람의 70퍼센트는 우울증을 가지고 있었으며, 우울증 내담자는 정상인보다 46배나 더 많이 자살하는 것으로 나타났다.

우울증은 단순히 우울한 기분상태를 뜻하는 것이 아니다. 우울증은 우울한 기분에 수반되는 다양한 정서 표현을 나타내고, 동시에 생각도 우울하게 만든다. 뿐만 아니라 행동의 장애도 가져오고 여러 가지 신체 증상을 수반한다. 그리고 한 인간으로서 전체적인 사회관계를 맺어 가는 데에도 어려움을 초래한다.

우울증 분류에는 내인성-반응성 양분분류(endogenous-reactive dichotomy)가 있다. 반응성 우울증은 가장 흔한 형태로서 전체 우울증에서 거의 75%를 차지하고 있다. 반응성 우울증은 인간 내부에서 일어나는 기분의 장애라기보다 어떤 외부적 사건(예를 들어 사랑하는 사람의 죽음, 자녀의 결혼, 분가, 이혼 등의 경험)에 대한 상실로 일어나는 우울증을 말한다. 반응성 우울증의 경우 우울증 내담자의 성격은 더욱 의존적이 되며, 분노를 직접 표시하지 않고 자신을 비난하는 현상을 보인다. 시간적으로 일정한 주기가 없고, 약물치료나 전기 충격 치료 같은 물리적 치료보다 심리적 치료가 더 효과적이다. 또한 반응성 우울증은 유전적인 경향이 내재해 있지 않으며, 내인성 우울증보다 그 증세가 비교적 가볍다.

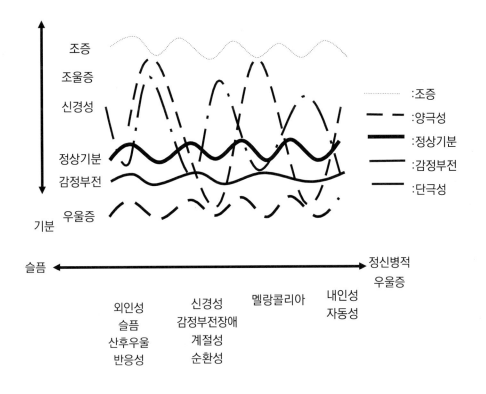

조증

조울증

신경성

정상기분

감정부전

우울증

기분

.... :조증

— — — :양극성

━━━ :정상기분

—— :감정부전

— :단극성

슬픔 ←─────────────────────→ 정신병적
우울증

외인성	신경성	멜랑콜리아	내인성
슬픔	감정부전장애		자동성
산후우울	계절성		
반응성	순환성		

[그림 20] 기분의 변화에 따른 증상
(출처: 김예식, 1998, 41. 원그림을 필자가 약간 수정하였음).

한편 내인성 우울증은 분명하지 않은 신체 내부적인 과정으로 인하여 나타나는 우울증이다. 내인성 우울증은 어떤 외부적 사건에 반응하여 일어나지 않고 자발적으로 일어난다. 이것은 시간적으로 주기를 이루어 반복되며, 양극이나 단일극으로 나타난다. 양극을 이루는 우울증은 조울증(manic-depression)이라 하는데, 내담자는 절망, 중립적 무드, 활동이 왕성한 시기, 경조증(mania)의 피상적인 행복한 시기, 그리고 다시 중립적 무드를 거쳐 절망에 빠지는 등 어떤 주기를 반복한다.

2. 우울증의 증상

우울증을 가진 사람들은 일반적으로 쾌락을 피하며 염세적이고 일생을 의무감에 붙잡혀 살아가며, 자기 회의감에 빠져 있고 만성적인 불행감에 싸여 살아가는 것이 특징이다. 그리고 임상적 특징으로는 만성적인 불행감을 호소하며 자존감이 낮고 즐겁거나 희망적이거나 낙천적인 어떤 것도 발견할 수 없다. 업무나 대인관계에 어려움이 있고 자기 비판적이고 자기 경멸적이다. 위축된 자세, 우울한 얼굴의 쉰 목소리 등과 같은 모습이 이들의 기분을 반영해 주기도 한다.

우울증의 주요 증상들에 대해 정서, 인지, 행동, 신체 및 사회관계로 나누어 살펴보면 다음과 같다.

1) 정서적 증상

우울증은 일차적으로 기분의 장애다. 기분은 지속적인 정서 상태를 뜻하며 일시적인 감정 상태와는 구별된다. 즉 우울증은 우울한 기분이 지속되는 상태를 뜻한다. 우울증의 핵심 정서는 슬픔이다. 슬픔은 자신의 중요한 일부를 상실했을 때 느끼는 정서다. 우울증 상태에서는 슬픔과 상실감으로 인해 서럽고 침체된 기분이 지속되며 눈물을 흘리며 울기도 한다. 아울러 실패와 관련된 좌절감으로 괴로워하며, 때로는 자신의 잘못에 대한 죄책감과 자책감에 시달릴 수도 있다. 자신이 무가치하고 인생이 허무하다는 느낌과 더불어 암담한 미래에 대한 절망감이 밀려들게 된다. 또 의지할 사람이 아무도 없이 홀로 떨어져 있는 듯한 고독감과 외로움도 느끼게 된다.

우울한 기분이 극도로 심한 경우에는 무표정하고 무감각한 정서 상태로 나타날 수도 있다. 또한 어린이나 청소년의 경우에는 분노 감정이나 불안정하고 과민한 기분 상태가 동반되어 우울증상이 나타나기도 한다. 이러한 우울한 기분과 더불어 삶에 대한 동기와 욕구가 저하되고 흥미와 즐거움이 없어져 매사가 재미없고 무의미하게 느껴지며, 생활도 침체되고 위축된(권석만, 2000, 28-29).

2) 인지적 증상

우울증의 인지적 증상은 부정적이고 미래에 대해서 비관적인 생각을 가지며 흥미와 동기를 상실하고 일의 능률과 집중력이 감퇴될 뿐 아니라 기억장애까지 나타난다. 그리고 심한 우울증 증상을 가지고 있는 사람은 자살까지 생각하게 된다.

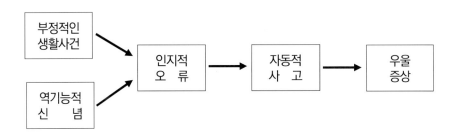

[그림 21] 우울증의 인지모형

3) 행동적 증상

어떤 일을 시작하는 데에 어려움을 느껴 해야 할 일을 자꾸 미루고 지연시키는 일이 반복된다. 또한 활력과 생기가 저하되어 아침에 잘 일어나지 못하고 쉽게 지치며 자주 피곤함을 느끼게 된다. 즐거운 활동에도 흥미를 잃고 긍정적 보상에 주의를 기울이지 못하기 때문에 사회적 활동을 회피하여 위축된 생활을 하게 된다(권석만, 2000, 30-31). 또한 행동이 비틀비틀하게 되며, 느려지면서 짜증을 내고 용모 치장을 게을리한다.

4) 신체적 증상

식욕이 저하되어 체중이 현저하게 감소하거나 식욕이 증가하여 갑자기 살이 찌는 경우도 있다. 또한 이들은 피곤함을 많이 느끼고 활력이 저하되며, 성적인 욕구나 성에 대한 흥미가 감소한다. 소화불량이나 두통과 같은 신체적 증상을 나타내고 이러한 증상에 집착하는 경우도 있다. 그리고 면역력이 저하되어 감기와 같은 전염성 질환에 약하고, 한번 감기에 걸리면 오래가는 경향이 있다(권석만, 2000, 31-32). 그 외에도 변비, 수면장애 또는 과잉수면, 성욕 상실 등이 나타난다.

5) 사회관계

약한 우울 상태에서는 우울한 기분을 줄이기 위해서 오히려 사회적 활동이 늘어나기도 한다. 그리고 우울증적 성격을 가진 사람들은 일반적으로 타인의 사랑과 인정을 갈구하는 경향이 강하기 때문에 때로는 부적절한 행동을 하기도 한다. 그래서 친구를 만날 때마다 선물을 준다든지, 주위 사람들의 사소한 기념일까지 다 기억해서 챙겨주는 것을 볼 수 있다. 또한 자기의 흥미나 욕구를 내세우지 않고 다른 사람에게 맞추려고 노력하기도 한다. 그러나 우울이 점차 심해지면 이러한 노력들을 할 수 없게 된다. 그러면서 자신은 남들에게 짐만 된다고 비관하며, 말도 없어지고 점차 남들로부터 떨어져 은둔하려 한다(Hart, 2000, 66-67).

6) 우울증의 강도에 따른 특징

우울증의 강도는 다음과 같이 구분하기도 한다.[73]

---

73) 〈병인에 따른 진단 분류〉

• 경미한(가벼운) 우울증: 약간의 낙심된 감정과 함께 다소 처진 기분, 또는 사소하거나 일시적인 환경에 대한 흥미 상실로 특징지어진다. 보통의 사고는 동요되지 않으며, 합리적인 생각을 유지한다. 신체적으로는 위장에 통증을 느낀다. 먹고 자는 습관이 대체적으로 정상적이다. 영적으로는 일시적 침체를 겪지만 잘 이겨낼 수 있을 것처럼 보인다.

• 중도 우울증: 위에서 언급한 증상들이 격화되며, 절망감이 훨씬 더 지배적으로 나타난다. 간헐적으로 우는 모습을 보이며, 생각하는 것이 다소 고통스럽고 둔화된다. 자신에게 더 몰두함에 따라, 우울증이 삶을 지배하는 것처럼 보인다. 어느 정도의 자기 비난이 시작된다. 다소 식욕을 잃게 되며 잠드는 것이 어렵게 되나, 일단 잠들면 그 밤을 견뎌내게 된다. 그렇다고 기능을 할 수 없을 정도로 무력화된 것은 아니다. 영적으로는 하나님으로부터 멀어지는 경향이

---

1) 일차적 우울증(내인성 원인): 이 증상은 심각한 우울 증상을 나타냄과 동시에 현실 판단력이 손상되어 망상 수준의 부정적 생각이나 죄의식을 지니게 된다. 정신증적 우울증에서는 환각과 망상이 나타나며 현실 세계로부터 극단적으로 철수하는 경향을 보인다. 이런 환자는 자기는 죽을 수밖에 없는 죄인이라는 망상을 지니기도 하고, 자기가 만지는 것은 무엇이든지 오염된다고 믿어 환경과의 접촉을 단절하기도 한다. 이러한 우울증을 지니는 사람은 사회적 적응이 불가능하며 입원 치료가 필요하다.
2) 내분비 장애와 관련한 우울증: 내분비 기관의 장애로 인한 우울증을 말한다. 체내의 내분비 기관은 우리의 정서적 상태에 밀접한 영향을 끼친다. 체내의 뇌하수체, 아드레날린, 그리고 특별히 갑상선 같은 중요한 기관의 장애들은 우울증을 야기한다. 임상적으로 갑상선증(비기능적 갑상선)은 우울증 장애와 혼동하기 쉽다.
3) 경내인성 우울증: 최근 들어서 경내인성 우울증에 속하는 우울증에 관한 연구에 많은 관심을 보이기 시작했다. 항우울제 복용이 큰 효과를 나타낼 수 있다.
4) 신체 질환에 의한 이차 우울증: 신체적 질환은 흔히 우울증을 야기할 수 있다. 또 다른 면에서 질병에 대한 치유가 우울증의 원인이 되기도 한다.
5) 갱년기 우울증: 중년기나 노년기에 시작되는 우울증이다. 이 우울증은 폐경기에 생기는 생체적 변화 때문이라고 생각했으나, 이에 대한 증거는 지금까지 많이 발견되지 못했다.
6) 신경증적 우울증: 이 증상은 현실 판단력에 현저한 손상이 없는 상태에서 우울한 기분과 의욕 상실을 나타내며, 자신에 대한 부정적 생각에 몰두하지만 이러한 생각이 망상 수준에 도달하지는 않으며, 무기력하고 침울하지만 현실 판단 능력의 장애는 보이지 않는다. 주위에서 무슨 일이 일어나고 있는지 정확히 이해하고 있으며, 대화 내용이 조리에 맞고, 최소한의 일상생활에는 지장이 없다.
7) 반응성 우울증: 가장 흔히 볼 수 있으며 일반 사람들이 겪는 대부분의 우울증이 여기에 속한다. '반응성 우울증'이라고 하는 이유는 일상생활 속에서 일어나고 있는 사건들에 대한 일종의 '대응'이며, 이러한 우울증은 순전히 심리적 원인에 의해서 자극된 것이기 때문이다(김예식, 1998, 41-46; 권석만, 2000, 35).

있다. 기도를 하지 않고, 교회나 다른 교제 모임에 나가는 것을 거부하게 된다.

• 심각한(중증) 우울증: 지금까지 묘사한 것이 모두 일어나면서 더 격화된다. 극도의 슬픔, 처진 기분, 종종 울음을 터뜨리면서 침울해지는 것, 극도의 낙담, 많은 죄책감, 자기 비난, 자기 연민이 나타난다. 신체적으로 입맛과 수면에 심각한 혼란이 일어나며 심각한 변비가 나타나기도 한다. 환경에 적응하지 못하며, 자신과 자신의 외모를 무시하기 시작한다. 옷을 빨거나 갈아입으려 하지 않는다. 면도나 화장을 하지 않는다. 일상사에 극도의 어려움을 느낀다. 모든 영적 활동에서 완전히 물러나거나, 종교적인 문제에 지나치게 몰두하게 된다.

3. 우울증의 원인

우울증의 원인에 대해 상실, 부정적인 생활사건, 사회적 지지결여 세 가지로 나누어 살펴보고자 한다.[74]

1) 상실(Grief)

---

74) 우울증의 원인을 설명하는 여러 시도들은 다음과 같다(Hart, 1996, 56).

학 파	우울증 모델	원인기제
정신분석	대상 상실	분리: 애착 관계 붕괴
	내부로 향한 공격성	공격 본능이 우울증적 방법으로 전환
	자존감 상실	이상적 자아의 목표 달성에서 좌절함
인지	부정적 인지 양식	희망감 상실
행동주의	강화의 상실	적절한 강화의 박탈
	학습된 무기력	통제가 불가능한 생활환경과 고통스러운 결과
사회학	사회학적 환경	역할 신분의 상실
실존주의	실존적	실존의 의미 상실
생물학	생체 원인적	손상된 신경 전달체(화학적 전달체)
	신경생리학적	각성과 억제의 기제들

삶은 상실의 가능성으로 가득 차 있다. 우리는 태어나는 날로부터 온갖 것을 '잃기' 시작한다. 시간이 지남에 따라 나이가 들고, 가정의 안락함과 부모로부터 얻는 안전과 안정된 어린 시절을 뒤로하게 되는데, 이것은 상실의 한 형태다. 결혼 단계에 들어서면서 우리는 독립과 자율을 상실한다. 인생의 마지막 단계에 도달했을 때, 우리는 죽음을 통해 친구를 잃을 뿐만 아니라 자신의 능력 상실을 심각하게 인식하기 시작하며 종국에 가서는 불가피하게 우리 삶을 상실하게 된다. 삶 전체는 상실로 가득 차 있기에 상실을 다루는 법을 배워야 한다. 그렇지 않으면 우울증 성향을 띠게 된다(Hart, 2000, 55).

상실을 네 개의 유형으로 나누어 보면 다음과 같다.

첫째, 구체적 상실: 여기에는 명백하게 감지할 수 있는 대상의 상실이 포함되어 있다. 예를 들면 자동차 사고를 당한 것, 카메라를 떨어뜨리거나 부서뜨린 것, 혹은 개가 죽는 것과 같은 것이 여기에 해당된다.

둘째, 추상적인 상실: 이것은 첫 번째 유형의 상실만큼 실제적일 수 있으나, 사랑이나 야망이나 자존감이나 통제력과 같은 구체적이지 않은 것들로 구성되어 있다.

셋째, 가상적인 상실: 이것은 활발한 상상력에서 비롯된 것이다. 친구가 냉대하거나, 누군가가 자기를 싫어한다고 상상할 수 있다. 사람들이 자신에 대해 험담하는 상황을 겪거나 직업을 잃을지도 모른다고 생각할 수도 있다. 이런 상상은 실제로 상실이 일어난 것과 마찬가지로 상실과 우울증이 발생할 수 있는 환경을 조성한다. 그 결과 경험하게 되는 우울증은 실제로 상실을 경험했을 때와 똑같이 나타나며, 실제적 상실로 인한 우울증보다 더 심각할 수 있다.

넷째, 위협적인 상실: 이것은 위협에서 비롯된 상실이다. 아직 상실이 실제로 일어나지 않았기 때문에, 슬픔의 과정이 끝날 수 없다. 죽음에 임박한 노부모가 있다고 상상해 보라. 당신은 우울해지며, 슬퍼질 것이다. 그러나 죽음이 실제로 일어나기 전에는 그 과정이 끝나지 않는다. 상실의 위협이 당신의 머리 위에 머물러 있는 한, 계속 우울증을 경험하게 될 것이다(Hart, 2000, 60-62).

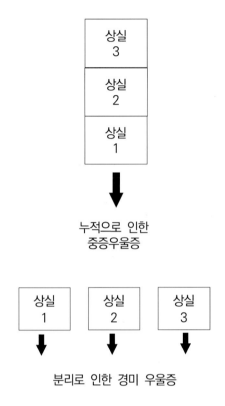

[그림 22] 우울증의 비교(Hart, 1996, 148)

　　이러한 상실의 감정은 자신을 버려두고 떠나간 대상에 대해 분노를 느끼게
한다. 그러나 분노의 감정은 도덕적 억압으로 인해 무의식화되고 분노의 대상
이 이미 사라진 상태이므로 자기 자신에게로 향해지게 된다. 분노가 자신에게
내향화되면 자신을 비난하고 책망하며 죄책감을 느끼게 된다. 따라서 자기가치
감이 저하되고 자아기능 역시 약화되어 우울증으로 발전하게 되는 것이다(Hart,
1996, 148).

2) 부정적인 생활사건

개인에게 심리적인 좌절과 스트레스를 주는 부정적인 생활사건은 흔히 우울증을 촉발하게 한다. 생활사건이란 생활 속의 변화로, 우리로 하여금 새로운 변화에 적응해야 하는 심리적 부담, 즉 스트레스를 주는 사건을 뜻한다. 이러한 생활사건 중에서 우울증은 특히 상실과 실패를 의미하는 부정적인 생활사건에 의해서 촉발되는 경우가 많다. 부정적인 환경적 요인에는 주요 생활사건과 사회적 지지의 결여가 있다.

주요 생활사건에는 사랑하는 가족의 사망이나 심각한 질병, 자신의 심각한 질병, 가정불화, 가족관계나 이성관계의 악화, 친구와의 심각한 갈등이나 다툼, 실직이나 사업실패, 경제적 파탄과 어려움, 현저한 업무 부진이나 학업부진 등의 다양한 사건이 포함된다. 물론 개인마다 충격적으로 받아들이는 사건의 내용과 강도가 다를 수 있으나, 이러한 주요 생활사건이 우울증을 유발시킬 뿐만 아니라 악화시키는 계기가 될 수 있다.

3) 사회적 지지 결여

사회적 지지는 개인으로 하여금 삶을 지탱하도록 돕는 심리적 또는 물질적 지원을 의미한다. 즉 친밀감, 인정과 애정, 소속감, 돌봄과 보살핌, 정보제공, 물질적 도움과 지원 등을 통해 개인의 자존감과 안정감을 유지시켜 주는 사회적 지원을 말한다. 이런 사회적 지지의 원천은 배우자, 친한 친구, 가족, 동료, 교사 등이다. 이들로부터 주어지는 사회적 지지는 우울증을 유발하는 생활사건을 차단시켜 줄 뿐만 아니라 어려움이 닥치더라도 이겨낼 수 있다는 자신감을 주게 된다(권석만, 2000, 55-59). 그런데 이런 지지가 없으면 새로운 부정적 생활사건은 없다 하더라도 삶의 생동감이 사라지며 어두운 그림자가 지배하게 된다. 즉 오랜 기간 가족과 떨어져 지냈거나 마음을 나눌 친한 친구 없이 피상적인 대인관계 속에서 생활해 온 경우 등 개인의 정서적 생활을 유지하는 데에 필요한 조건이 장기간 결핍되면 우울증이 찾아들 수 있다. 개인의 정서적 생활을 유지하는 데 필수적인 조건이 사회적 지지다.

4. 그리스도인과 우울증의 관계

로이드 존스는 영적 침체와 우울증을 동일시하며 우울증은 하나님과의 관계에서 문세가 발생한 것이라고 보았다. 과연 그런가? 우울증에 걸린 신앙인들이 갖고 있는 죄책감은 우울증의 원인이 될 수도 있지만 증상이 될 수도 있다. 다시 말하면 하나님과의 관계에서 문제가 생김으로써 우울증에 걸릴 수도 있지만, 우울증에 걸림으로써 하나님과의 관계에 문제가 생기기도 하는 것이다(이관직, 2017, 99-138).

'신앙인들이 과연 우울증에 걸릴 수 있는가?'하는 질문에 대해 성경에 나타난 많은 신앙인들의 모습을 통해 대답할 수 있다. 시편 22편을 대표적인 한 예로 들 수 있다. "내 하나님이여 내 하나님이여 어찌 나를 버리셨나이까(거절감, 소외감)… 내 하나님이여 내가 낮에도 부르짖고 밤에도 잠잠하지 아니하오나(수면장애) 응답하지 아니하시나이다… 나는 벌레요 사람이 아니라(열등감) 사람의 비방거리요 백성의 조롱 거리니이다(수치감)… 나를 멀리 하지 마옵소서 환난이 가까우나 도울 자 없나이다(무력감)… 나는 물 같이 쏟아졌으며(기력의 쇠퇴), 내 모든 뼈는 어그러졌으며(각종 디스크, 골다공증), 내 마음은 밀랍 같아서 내 속에서 녹았으며(체중감소, 절망감) 내 힘이 말라 질그릇 조각 같고(에너지 감소) 내 혀가 입천장에 붙었나이다(말의 둔화현상). 주께서 또 나를 죽음의 진토 속에 두셨나이다(자살 동경)."

시편 69편에서도 우울증의 증상과 비견되는 표현들이 많이 묘사되고 있다.

여기서 우리가 주목할 사실은 하나님은 이 같은 시편 기자들의 표현을 정죄하시지 않았다는 것이다. 신앙인들이 경험할 수 있는 부정적인 감정상태 자체를 정죄하시거나 불신앙으로 몰아세우지 않으셨고 그 상태를 직면하고 딛고 일어서서 회복의 노래를 부를 수 있도록 인도하시는 하나님이신 것을 발견하게 된다.

이세벨의 위협을 받은 엘리야가 보여 준 모습은 반응성 우울증적인 증상과 유사한 것이었다: "스스로 광야로 들어가"(왕상 19:4)-사회적 철수: "한 로뎀나무 아래에 앉아서 자기가 죽기를 원하여 이르되"(4절)-절망감과 죽음을 동경: "오직 나만 남았거늘"(10, 14절)-무력감과 외로움: "나는 내 조상들보다 낫지 못하니이다"(4절)-열등감: "로뎀나무 아래 누워 자더니"(5절)-신체적 탈진 등을 보여 주고 있다. 흥미로운 사실은 하나님께서는 탈진과 우울에 빠진 엘리야를 정죄하거나 영적인 어떤 치유책을 제시하기 전에 천사를 보내셔서 그의 지친 심신을 어루만지시고 까마귀를 통하여 물과 떡을 공급하여 먹게 하시는 재충전의 방법을 사용하셨다는 점이다. 성경에 나타난 신앙인들의 삶을 통해, 인간의 삶은 긍정적인 감정들과 부정적인 감정들이 교차하는 것이며, 좋은 감정만을 유지하려고 애쓸 필요가 없다는 것을 깨닫게 된다.

30대 초반의 한 목사가 자신이 일주일에 3~4번씩 경험하는 설명할 수 없는 우울증 때문에 상담을 하게 되었다. 그 목사는 자신이 이것을 통제할 수 없다고 느꼈고 자신이 미쳐 가고 있다고 생각하며 두려워했다. 그 목사는 강건하고 건강한 사람으로 보였다. 상담자는 그의 과거를 탐색해 보았지만 우울증이 있었던 가족도 없었고 심각한 삶의 외상도 없었다. 그는 행복하게 결혼했고 목회도 성공적이었다. 심각한 상실은 없었다. 그는 건강했고 최근의 진단에서 갑상선이나 다른 내분비물 문제도 없었다. 그러면 왜 그는 주기적으로 우울해할까?

그의 우울증 유형은 다음과 같다. 그는 아침에 상쾌하고 기운 넘치게 일어나서 아내와 아직 학교에 가지 않는 딸과 시간을 보낸 후에 교회 사무실에 간다. 그리고 하루 종일 생산적이었다. 그는 자주 밤에 회의를 가졌기 때문에 휴식을 갖기 위해 4시경에 집으로 돌아오곤 했는데 그때가 곧 우울증이 찾아드는 때였다. 그는 소파에 누워서 두세 시간 동안 공부를 했는데, 그동안 계속 안절부절못하거나 의기소침해 있었다. 7

시경 그의 아내가 일을 마치고 딸을 탁아소에서 데리고 돌아왔을 때 그는 계속해서 의기소침한 채로 있었다. 어쨌든 그는 아내가 돌아오자마자 사소한 일로 화를 내고 분풀이를 하곤 했다. 차츰 밤이 지나면서 우울증도 지나가고 저녁 8시나 9시경이 되면 그는 우울증을 극복하곤 했다.

그의 문제를 탐색해 본 결과 아동기와 연관성이 있다는 것이 분명해졌다. 어렸을 때 그의 어머니는 아버지와 이혼했고 회계사로 일하면서 자신의 삶에 몰두했다. 어머니의 일이 언제 집에 갈 수 있을지 알 수 없는 경우가 많았기에 그는 학교에서 돌아와서 많은 시간-3시 30분에서 6, 7시경까지-을 혼자 보내야만 했다. 그래서 어린 시절을 무척 심심하게 보냈지만, 고등학교에 가게 되면서 그 문제가 해결되었다. 그는 어머니가 집에 있을 것이라고 생각되는 초저녁까지 집에 돌아가지 않는 버릇을 가지게 되었다. 그는 친구와 시간을 보내거나 영화를 보러 가면서 집에 혼자 있는 시간을 항상 피했다.

그는 집에 있는 것이 얼마나 싫은 일인지 꽤 생생하게 기억했다. 그 공허와 적막! 외로움의 경험, 자포자기의 느낌 등은 종종 참기 힘들었다. 이것을 깨닫지 못했다면 그는 평생 우울증에서 벗어나지 못했을 것이다. 그는 자신의 일을 마치고 돌아왔을 때 아내가 집에 없다는 것과 어렸을 때 그를 편안하게 해 주지 않았던 어머니와의 연관성을 보지 못했을 것이다. 그 다음 몇 주 동안 그의 기분을 계속 기록하였다. 일을 마치고 돌아왔을 때 그의 아내가 집에 없으면 그가 우울해한다는 것을 분명히 알아냈다. 그녀가 있었을 때, 그는 의기양양해졌다.

우울증의 원인을 알게 되자 그의 처진 기분은 다시 괜찮아졌다. 상담자는 치유의 하나로 그의 아내에게 집에 늦게 돌아오게 되는 때에 분명한 이유를 전달하도록 도와줄 것을 부탁했다. 그리고 체계적으로 아내가 없는 것에 둔감해지도록 했다. 그는 버림받지 않았다는 그의 믿음이 회복되자(아동기에 자라났던 무의식적인 두려움) 문제는 아주 빨리 감소하고 결국 이 문제로부터 자유롭게 되었다(Hart,1996, 142-44).

5. 우울증 치유

우울증을 치유하기 위한 방안을 제시하면 다음과 같다.

1) 상실을 치유하기

상실을 해소하기 위한 과정은 항의, 절망, 결별의 세 단계가 있다.

첫번째 항의 단계는 손실(상실)이 일어났음을 발견하는 순간에 일어난다. 마음과 몸의 자연스러운 이 반응은 상실을 극복하도록 돕기 위해서 고안된 것이다. 이 항의 단계에서 사람들은 하나님과 자기 자신, 그리고 누구든지 간섭하려 하는 이를 탓하는 성향이 있다. 그들은 지나친 적대감을 보이며, 자신의 생명에 해를 끼치거나 그들의 상실에 대하여 책임이 있는 사람들을 해하려고 할 수도 있다. 이때 깊은 상처를 느끼게 되고 상실한 대상을 놓지 않으려고 발버둥 치게 된다. 특별히 이별이 예상되지 않았던 경우에는, 과장된 놀라움과 당황, 항의, 그리고 분노의 울부짖음이 있을 수 있다. 하나님은 이러한 반응에 일일이 도움을 주신다(Hart, 2000, 171).

상실 과정의 두 번째는 절망의 단계다. 절망 속에 빠지면서 다른 사람이나 물건에 대한 관심을 상실하게 된다. 자기 속에 깊이 빠져 누구의 방해도 받고 싶지 않아 침묵하게 되고 일절 말이 없어진다. 이때 상실을 슬퍼하고 상실의 의미를 반추해 볼 시간이 필요하다. 이 단계에서 진정한 치유 작업이 시작된다. 이때에는 하나님께로부터 오는 위로만큼 영속적이고 의미 있는 위로를 사람들에게서 기대할 수 없다. 이들에게는 말을 많이 하거나 판단하거나 정죄하지 말고 경청하는 데 초점을 맞추어야 한다(Hart, 2000, 173).

상실과 이별의 모든 상황에서, 치유의 마지막 목표는 상실한 대상에게 더 이상 애착을 갖지 않고 애착관계를 끊는 것이다. 이것이 놓아주는 마지막 단계인 결별의 단계다.

2) 부정적인 악순환의 고리 인식

우울증은 부정적 생활사건에 의해서 촉발된다. 이러한 부정적 생활사건을 계기로 자신에 대한 부정적 생각이 증가하고 자기 실망, 자기 질책, 자기 비난, 자기 비하를 통해 자기 가치감이 저하되면서 우울증상이 나타나게 된다. 우울증을 극복하기 위해서는 이러한 악순환의 과정을 잘 인식하고 악순환의 고리를 끊는 일이 중요하다. 우울증의 상태가 심각한 경우에는 반드시 전문가의 도움을 받아야 하겠지만 개인적인 노력에 의해서도 우울증은 극복될 수 있다.

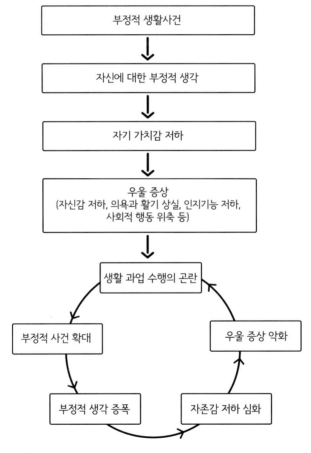

[그림 23] 우울증이 악화되는 악순환의 과정

우울증의 악순환의 과정을 그림으로 나타낸 것이다(권석만, 2000, 158-160).

3) 생각 바꾸기

생각과 기분은 밀접하게 연관되어 서로 영향을 미친다. 즉 부정적인 생각을 하게 되면 기분이 우울해지고, 기분이 우울해지면 생각이 부정적으로 변한다. 따라서 생각을 바꾸면 기분이 변하고, 기분이 바뀌면 생각이 달라진다. 우울한 기분과 부정적인 생각에 휩싸여 있는 우울증 상태에서 벗어나기 위해서는 부정적인 생각을 긍정적인 생각, 믿음의 시각으로 바꾸어야 한다. 긍정적이고, 희망적이고, 용기를 주시는 하나님을 바라보는 생각으로 자신의 생각을 바꾸어나가는 연습을 할 때 세상을 긍정적으로 바라볼 수 있다.

사도 바울은 생각의 중요성을 잘 알고 있기에 다음과 같이 말하였다.

"종말로 형제들아 무엇에든지 참되며 무엇에든지 경건하며 무엇에든지 옳으며 무엇에든지 정결하며 무엇에든지 사랑할 만하며 무엇에든지 칭찬할 만하며 무슨 덕이 있든지 무슨 기림이 있든지 이것들을 생각하라"(빌 4:8).

비록 우울한 마음으로 인해 아무런 희망을 가지고 있지 않은 것처럼 느낀다 하더라도 주님께서 나와 함께 하실 것이며 나에게 힘을 주실 것을 믿고 나아간다면 우울한 감정을 극복할 수 있다. 자신에게 부족한 것만 생각하게 되면 낙심이 되고 우울해진다.

그러므로 감정이나 마음이 우울해질 때 적어도 다음과 같은 생각을 할 수 있어야 한다.

첫째, 나만이 겪는 일이 아니다.
둘째, 우연한 일이 아니다. 하나님께서 우리에게 고난을 주시는 것은 뚜렷한 목적을 두고 허락하신 것이다.

셋째, 결코 나쁜 것이 아니다. 고통이 있기 때문에 진주가 만들어지는 것이다.

넷째, 항상 이렇지는 않을 것이다. 우리의 모든 것을 잘 아시는 주님께서 우리와 함께 하시고 도와주신다는 사실을 늘 생각한다면 우울증은 극복할 수 있을 것이다.

4) 부정적 자기대화 반격하기

우울한 사람들이 지니는 부정적 생각과 신념은 매우 집요한 경우가 많아서 아무리 긍정적인 대안적 사고를 찾아내어 생각을 바꾸려고 해도 부정적 생각이 자꾸만 떠오른다. 우울증을 이겨내는 관건은 이처럼 집요한 부정적인 사고방식을 어떻게 극복하느냐에 달려 있다. 부정적인 생각은 내면적 언어의 형태로 저장이 된다. 실수를 한 사람은 자신의 행동에 대해서 '어휴, 바보같이 또 실수했구나.', '난 늘 이 모양이야!', '멍청이같이, 죽어라 죽어.'라는 자기대화로 자신을 질책하게 된다. 이렇듯 부정적인 생각은 다양한 형태의 자기대화로 나타나게 된다. 이런 점에서 우울한 사람은 자기 자신에 대한 부정적인 자기대화가 많은 사람이라고 할 수 있다(권석만, 2000, 201-202).

건강한 자아의 힘을 키우는 방법은 자기 자신의 긍정적인 측면을 높이 평가하고 부정적인 측면을 수용하면서 자신에게 긍정적인 자기대화를 자주 해 주는 것이다. 특히 부정적 자기대화가 나타났을 때 이에 대응하여 대안적이며 긍정적인 자기대화를 하는 것이다. 이러한 방법을 인지행동치료에서는 되받아치기 또는 반격하기라고 한다(권석만, 2000, 205).

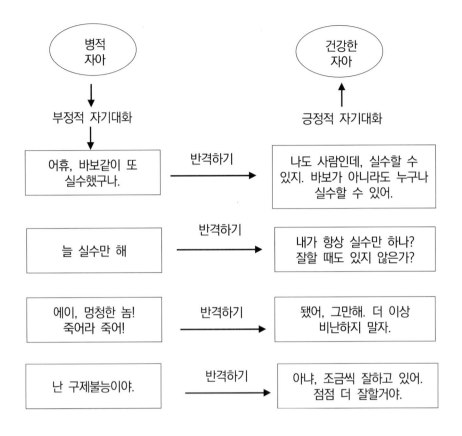

[그림 24] 반격하기의 예(권석만, 2000, 205)

5) 자기 사랑하기

우울증은 자신을 사랑하지 못하는 데서 비롯된다. 자기를 아끼고 사랑하면 타인이 자기를 이용하거나 함부로 취급하지 못하게 된다. 이것이 성숙한 자기애다. 자기를 사랑하지 못하면 인간관계에서 비인격적인 대우를 자초하고 타인에게 이용당하게 된다. 아치발트 하트(Archibald D. Hart)는 수년에 걸친 시험을 통하여 95퍼센트의 사람들이 내색은 하지 않지만 자신이 아닌 다른 사람이 되고 싶다고 했다. 많은 사람들이 지나치게 자신이 남보다 얼마나 더 똑똑한가,

현명한가, 정열적인가, 유능한가, 예술적인가, 카리스마적인가, 또는 사랑스러운가를 비교한다. 쇼펜하우어는 "인간은 다른 사람처럼 되고자 하기 때문에 자신이 가지고 있는 잠재력의 4분의 3을 상실한다."고 했다. 그 누군가처럼 되고 싶어 하는 것은 결국 자신을 상실하는 것으로서 우울증을 일으키는 결과를 낳는다(안도현, 2003, 190-191). 자기사랑의 근거는 하나님의 창조와 사랑이다. 하나님은 인간을 각각 다르게 창조하셨다. 지구상에 60억이 넘는 사람들이 살고 있지만 똑같은 사람은 한 사람도 없다. 손가락의 지문 하나까지도 다르다. 전능하신 하나님의 창조에 실수가 있는가? 그럴 수 없다. 나의 부족한 것도 다 의미가 있다. 이 사실 하나만으로도 개개인의 가치는 무한한 것이다(안도현, 2003, 213-217).

6. 상담 시의 바람직한 자세

상담자들이 가져야 할 바람직한 자세는 다음과 같다.

• 진지하면서도 명확한 태도를 가지기

우울증 내담자의 전인격을 수용하고 있다는 명확한 태도를 취하라. 분위기를 잘 파악하고 처해진 상황들을 가볍게 여기거나 유머로 가장하려고 하지 말라.

• 인내하기

우울증 내담자와의 대인관계를 지속하기 위해서 때로는 많은 인내가 필요하다. 말의 느릿함과 반복으로 인하여 우울증 내담자를 대하는 것 그 자체가 지겨울 수 있다.

• 수용하기

상담자는 내담자가 어떠한 마음과 상황에 있다 하더라도 그를 있는 그대로 받아들이고 수용하려는 자세를 항상 유지해야 한다.

• 먼저 대화 시도하기

우울한 상태의 내담자는 대개 수동적이 되므로 상담자는 먼저 대화를 시도하도록 노력해야 한다. 상담자가 침묵하면 우울증 내담자는 불편감을 줄이기 위해 하고 싶지 않은 말을 하거나, 자신이 할 말이 없는 것에 대해 죄책감을 느낄 수 있다.

• 감정 표현을 격려하기

우울증 내담자들은 감정 표현에 어려움을 느끼므로 그들이 하는 말을 기꺼이 경청하고 슬픔이나 분노 등을 표현할 수 있도록 말로 격려해야 한다.

• 자기 파괴적인 행동을 저지하기

우울증 내담자가 갑자기 학교나, 직장, 대인관계를 중단하는 등의 여러 자기 파괴적인 행동을 하지 않도록 보호해 주라.

• 희망 고취시키기

절망은 우울증의 주요 특징인데 그들에게 희망을 고취시키는 유일한 방법은 그 내담자로 하여금 우울증을 초래한 문제가 무엇인지를 확인하게 하는 것이다.

• 그리스도에 대한 확신 심어 주기

"어떤 죄 때문에 우울증이 생기게 되었습니까?"와 같이 정죄하는 듯한 질문을 피하고 하나님께서 주시는 위로와 격려의 메시지를 전달해주라.

"우리가 사랑함은 그가 먼저 우리를 사랑하셨음이라"(요일 4:19).

- 독립성을 증진시키기

우울한 내담자는 상담자에게 상당히 의존적이 될 수 있다. 초기에는 의존적인 경향을 허용하더라도 내담자가 우울증으로부터 벗어나기 시작할 무렵부터는 독립적이고 자율적인 행동을 시도해보도록 격려하는 것이 좋다.

- (동성인 경우) 신체적인 표현을 통한 지원

동성인 경우, 적절한 때와 방법으로 내담자를 안아 준다거나, 어깨에 손을 얹는다든가, 악수 또는 팔로 감싸는 등의 신체적인 표현은 언어 이상의 효과가 있다.

7. 반드시 지켜야 할 사항

상담자는 우울증 내담자에게 온화한 태도와 함께 다음과 같이 하는 것이 바람직하다.

① 생명을 위협하는 징후를 찾아라(즉 자살충동, 자기부정, 자기를 돌보지 않으려는 증거들).

② 자살의 위협이 있는 경우 생명을 보전하게 하는 적절한 조치들을 취하라(가족들에게 경고하는 것, 경찰에 신고하는 것, 내담자를 강력한 보호 시설에 의뢰하는 것 등).

③ 우울증 내담자에게 우울증 내력 여부에 대해 탐색하라. 우울증은 재발하는 것이 보통이다. 이전의 우울증 발작이나 다른 병에 대해 가족력을 조사하라. 내인성 우울증은 가족 간에 발생하는 경향이 있고, 어떤 특정한 형태의 병에 대한 내력이 가족에게 있는 경우 이것을 내담자에게서 먼저 점검해 보아

야 한다.

④ 우울증에 대한 내담자의 태도, 장애의 심각성에 대한 이해, 그리고 도움에 대한 기대를 조사하라. 내담자가 심각도를 가볍게 보는 경우 현실을 직시하게 할 필요가 있다. 만약 심각도를 과장한다면(자주 그런 경우가 있다), 확신을 심어 주고 도움 중에 희망적인 분위기를 만들어 나갈 필요가 있다.

⑤ 내담자의 강점, 방어기제, 환경적인 자원 등을 명백히 하라. 내담자가 일반적인 상황에서 어떻게 극복하는지 조사하라. 성공적인 극복의 내력은 하나의 자산이 되며 당신이 의지할 자원을 마련해 줄 것이다. 내담자가 어떤 취미를 갖고 어떤 활동들을 하는지 앎으로써 내담자에게 활동지침을 줄 수 있게 된다. 친구나 가족들이 지지해 주는 것은 필수적인 요소다.

⑥ 우울증의 원인이 무엇인지 이해하는 데 도움이 되는 적절한 자문을 얻어라. 당신이 깊이 몰입할 수 없거나, 내담자가 상담자를 신뢰하는 반응을 보이지 않는 경우 특히 중요하다. 자문을 구하지 않아서 실패하는 것보다 비생산적일지라도 자문을 구하여 안전하게 하는 것이 더 낫다(Hart, 1996, 130-131).

8. 상담 시 금지 사항들

다음은 우울증 내담자에게 하지 말아야 할 내용들이다.[75]

• 포기하지 말 것

만약 상담자가 우울증 내담자를 포기한다면 그 내담자가 스스로에게 행한 똑같은 일(자포자기)을 상담자가 반복하는 것이 된다.

• 분노하지 말 것

---

75) 엄예선, 1998, 221-222.

상담자에게 화를 낸다든가 부정적인 행동을 하더라도 그것은 우울증과 관련된 증상이므로, 이것을 개인적인 공격으로 여겨 분노하지 말고 오히려 감정을 표현했다는 사실 자체에 대해 기뻐하라.

• 문제를 피하지 말 것

상담자에게는 문제의 심각성을 축소하려고 하는 유혹들이 있다. 예를 들면 "곧 괜찮아질 것이다.", "불안감을 버리십시오.", "미안하게 생각할 것 없습니다." "세상에는 당신보다 더 심각한 사람들이 많습니다." 등과 같은 표현들은 종종 우울증을 더욱 악화시킬 수 있다.

• 잠재 능력을 과대평가하거나 비하하지 말 것

우울증 상태에 있는 사람은 자기 자신의 잠재력을 비하하기 쉽다는 점을 명심해야 한다. 따라서 우울증 내담자의 자존감을 재확립하기 위해 그의 여러 장점을 지적하는 것은 좋으나, 과장되지 않도록 주의해야 한다. 그 내담자가 과거에 이루었던 성과들을 지적해 주는 것은 그의 자신감을 회복시키는 데 도움이 될 수 있다.

• 신앙적 처방을 적절하게 할 것

우울증 상태에 접어들면 정신집중력과 에너지가 떨어지기 때문에 신앙서적이나 성경을 오랜 시간 읽을 수 없다. 또한 기도할 에너지가 별로 없기 때문에 오랜 시간 기도할 에너지마저 소진될 위험성이 있다. 영적인 시도를 했을 때 잘 되지 않으면 오히려 더 깊은 죄책감과 무력감에 빠질 위험성이 높다. 짧은 글이나 심방, 적절한 휴식, 따뜻한 격려 한마디가 더 효과적일 때가 많다(이관직, 1996, 69).

1. 우울증 자가 진단 검사

다음 항목을 읽고 최근 2주 동안 이런 경험이나 생각이 들었던 적이 있으면 표시해보시오.

	항목	표시
1	전보다 의욕이 없고 무언가를 해도 즐겁지 않다.	
2	주변에서 우울하냐고 물어볼 정도로 기분이 변했다.	
3	이유 없이 체중이 줄거나, 과식을 하지 않아도 체중이 늘었다.	
4	지나치게 많이 자거나 지나치게 못 잔다.	
5	갑자기 눈물이 흐르거나 우울함을 느낀다.	
6	초조하거나 걱정이 많아서 생각을 많이 하게 된다,	
7	피곤하고 에너지가 없다.	
8	내가 가치가 없다고 생각이 된다.	
9	식욕이 갑자기 줄거나, 갑자기 늘었다.	
10	주변 지인들에 비해 자존감이 낮은 편이다.	
11	쉽게 화를 내거나 짜증을 낸다.	
12	앞으로의 희망이 보이지 않는다.	

[해석]

• 5개 이하: 현재 우울하지 않은 상태.

• 5~6개: 약간의 우울상태.

• 7개 이상: 힘든 우울상태.

2. 현실적 자기와 이상적 자기 평가

① 현실적 자기 평가

다음의 요소에 있어서 현재 자신이 어느 정도라고 생각하는지 평가해보라. 해당되는 숫자의 위치에 표시하고, 숫자를 이어 선 그래프를 그려보자(권석만, 2000, 111-112).

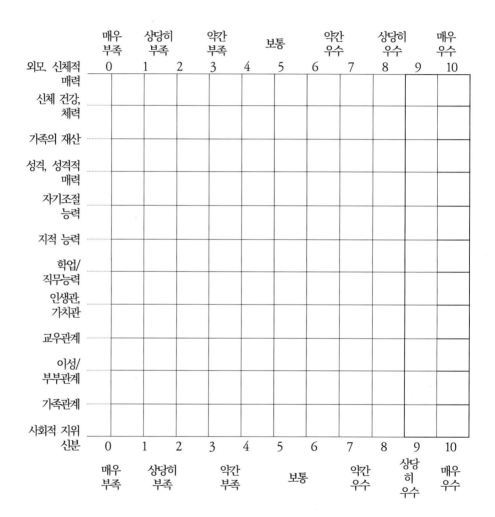

② 이상적 자기 평가

'이상적인 나의 모습'에 대해서 평가해 보자. 내가 원하는 정도에 해당되는
숫자에 표시하고, 표시한 숫자를 이어 선 그래프를 그려보자.

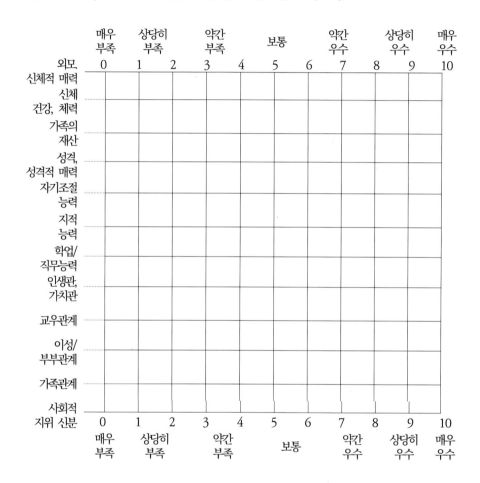

[해석]

현실적 자기와 이상적 자기의 차이가 클수록 우울증이 생길 가능성이 많다. 현실
적 영역 중 부족한 부분은 노력을 하여 높이되, 현실적으로 힘든 부분은 수용하려
는 마음을 가지고, 이상적인 영역도 너무 높은 기대를 하기보다 자신이 성취할 수
있는 수준에서 기대를 할 때 우울은 줄어들 수 있다.

3. 자기대화 바꾸기

우울한 사건이나 상처가 기억나는 것이 있으면 그때의 부정적인 자기대화는 어떤 것이 있는지 찾아보고 긍정적으로 바꾸어 보자.

부정적인 자기대화	합리적, 긍정적 자기대화

4. 우울증 치유 5단계 성경적 사고 모델 연습하기

1) 1단계: 사건(상황, 환경, 행동)은 무엇이었으며 그때의 반응은 어떠했나?

2) 2단계: 그 당시의 감정은 무엇인가?

3) 3단계: 그러한 감정이나 행동은 어디에서 생긴 것인가?

4) 4단계: 잘못된(비합리적, 자동적) 사고는 무엇인가?

5) 5단계: 합리적이며 성경적 사고는 무엇이며 그때의 감정은 무엇인가?

① 합리적 사고:

② 성경적 사고:

③ 새로운 감정:

1) 사건(상황, 환경, 행동)은 무엇이었으며 그때의 반응은 어떠했나?

신학대학원을 졸업하고 나서 깊은 영적 침체에 빠지게 되었다. 목회자로서의 일반적인 길을 간다는 것이 내 길로 여겨지지 않아 버거웠고, 그렇다고 학자의 길을 가기 위해 준비를 하자니 시기적으로 너무 늦었다는 생각이 들고, 다른 여건에서도 제약들이 뒤따라 역시 벅찬 길로 느껴졌다. 막다른 길에 몰리는 듯한 심리적인 위축감과 함께 자신감을 잃었고, 삶이 무겁게 느껴지며 두려웠고, 우울증 증세도 나타나 부부관계에 갈등이 생기고, 대인관계가 위축되었다.

2) 그 당시의 감정은 무엇인가?

우울, 침체, 자괴감, 자기 연민

3) 그러한 감정이나 행동은 어디에서 생긴 것인가?

어릴 때부터 과잉보호로 자라온 외동아들인 나는 새로운 출발을 할 때마다 너무 힘들고 어려웠다. 지금도 신학대학원 졸업 후 부교역자의 길로 가는 것이 너무 무섭고 힘들다.

4) 잘못된(비합리적, 자동적) 사고는 무엇인가?

"나는 유능해져야 한다"는 높은 이상적 자아에 초점을 맞추고, 다른 사람(성공적인 목회자 또는 학자)과 나를 비교하면서 나는 안 될 것이라고 생각한다.

5) 합리적이며 성경적 사고는 무엇이며 그때의 감정은 무엇인가?

① 합리적 사고: 비교 의식을 버리고, 부정적인 생각과 부정적인 자기대화를 반격하고, 긍정적인 생각과 끊임없는 자기 수용과 사랑을 실천한다. 미래의 내가 멋있는 삶을 살 수 있도록 해야 할 것이 무엇인지 찾고 실행한다.

② 성경적 사고: 하나님은 우리 인간을 각각 다르게 창조하셨다. 따라서 내 고유한 나의 모습을 찾아 내 모습대로 하나님께 영광 돌릴 수 있다. 하나님이 나의 부족을 아시고 나를 돕는 것을 기뻐하신다. 나의 부족을 고백하며 하나님께 의지하며 믿음으로 도전한다.

③ 새로운 감정: 용기, 열망과 열정, 자신감, 성취감, 강해진 느낌

9회: 중독 치유

<사례>

미국의 야구 선수 피터 로즈(Peter Edward Rose Sr.)는 충동적으로 도박을 시작했는데, 그로 인해 비참한 인생을 맞게 되었다. 1989년 신문에서 그가 거액의 도박을 한다고 보도했다(그는 단 한 번의 도박 게임을 위해서 2,000달러에서 5,000달러까지 걸기도 했다.). 그는 감독 시절 스포츠 도박에 연루되어 영구제명되었으며, 명예의 전당에도 당연히 들어갈 수조차 없게 되었고 이후 탈세도 걸려 감옥에 가게 되었다.

그런데 이런 그의 도박 습관은 병이기 때문에, 처벌보다는 치료를 받아야 한다고 주장하는 사람이 있다. 중독을 질병으로 보는 이 논리를 따르자면, 중독자들은 자신의 행동에 대해서 아무런 책임이 없는 셈이다. 그러나 이런 결론은 합당하지 않다.

1930년대 알코올 중독자들의 자조모임(A.A.)에서는 이보다는 조금 더 균형 잡힌 의견을 냈다.

"어떤 사람들은 알코올에 대해서 비정상적인 반응을 보인다. 그래서 그들은 얼마나 마셔야 과음을 하는 것인지 그 기준을 판단할 수 없다. 그들은 기분이 우울할 때 술로 기분을 풀고, 또 다시 술 마실 날을 기다린다."

이렇듯 A.A.에서는 "중독을 질병으로 취급한다고 해서 중독자에게 아무런 책임이 없다는 이론은 타당하지 않다."고 하면서 중독자에게도 책임이 있다는 것을 분명히 언급하고 있다.

1. 중독이란?

중독[76]은 어떤 행동이 자기 자신에게 또는 다른 사람에게 피해를 준다는 것을 알면서도 행동에 대한 충동을 받거나 유혹을 받을 때 견뎌내지 못하고 그 행동을 실천하는 것을 말한다. 이와 같은 행동들은 그 사람이 그 순간 하고자 하는 바람이나 소망과 일치하며, 그것을 만족시키는 행동들이다. 이것을 자아동조적 행동이라고 한다(도상금, 박현주, 2000, 14-15).

"존재한다는 것은 중독에 길들여진다는 것이다."라는 말처럼 인간의 실존적인 삶은 중독과 불가분의 관계에 있다. 현대의 대중문화는 그 자체가 광범위한 중독적 체계(addictive system)를 가지고 다양한 모습으로 중독현상을 강화하고 있기 때문에 여기서 벗어날 수 있는 사람은 없다. 이러한 모든 현상을 하인츠 코헛의 자기심리학적 관점에서 보면, 어린아이는 자기 대상이 되는 엄마의 공감적 실패로 인하여 심리적 구조에 결함이 생겨, 어른으로 성장한 후에도 불완전한 심리적 구조의 대체물로 알코올, 약물, 마약 등에 의존하게 된다는 것이다. 특히 알코올, 약물, 마약은 일시적으로 중독자에게 위로와 힘을 주고, 자신을 거대하고 능력 있는 사람으로 느끼게 해 준다. 그러나 그러한 환상 뒤에는 항상 우울증이 도사리고 있다(김병오, 2003, 15-16).

중독은 두 종류로 나눌 수 있다. 첫째는 알코올, 약물과 마약, 음식 등 우리 몸 안으로 섭취되는 물질중독(substance addiction)이다. 둘째는 성, 도박, 쇼핑, 인터넷, 종교 등 구체적인 일련의 행동들과 상호 작용들의 과정에 빠져들기 쉬운 과정중독(process addiction)이다.

이 외에도 중독은 물질에만 국한되는 것이 아니다. 일과 성취, 책임감, 친밀

---

76) 중독의 라틴어 어원은 '양도하거나 굴복하는 것(addicene)'이라는 의미를 가지고 있다. 고대 로마 법정에서, 중독자(addict)는 잡혀서 감금된 노예나 주인에게 넘겨진 노예를 뜻한다. 현대적 의미에서 중독은 유전적이고 환경적인 요인들의 결과로 무언가에 노예가 되는 것을 말한다. 이것은 중독자 본인이 의도하지 않은 것이고, 통제하기도 힘든 것이다. 앤 샤프(Anne Schaef)는 "중독은 우리가 무기력해지는 어떤 과정이다"라고 말했다.

함, 호감을 얻는 것, 다른 사람을 돕는 것, 그리고 끝없이 나열할 수 있는 다른 수많은 행위에도 중독될 수 있다. 중독이란 속박을 당하는 것이다. 이런 속박은 날이 갈수록 더 심해진다. 중독 물질이나 중독 행동이 증가해도 그 '효과'는 점점 더 떨어지게 되는 것을 내성(tolerance)이라 한다. 알코올 중독자는 술을 마시지 못하게 되었을 때 우울해지고 안절부절못하며 신경이 예민해지는 것과 같은 금단증상을 보인다. 도박광 역시 도박을 중단한 뒤에는 불안, 우울, 집중력 저하, 강박사고 등의 금단증상을 보인다(도상금, 박현주, 2000, 115-116).

신학적으로 물질중독의 근저에는 대부분 과정중독이 숨어 있으며, 과정중독의 근저에는 타락한 인간의 본성에서 비롯된 죄의 역동성이 숨어 있다. 모든 중독이 죄 때문은 아니지만, 끊을 수 없는 습관 속에는 타락한 욕망, 신비한 초월성의 환상, 실존적 불안감과 공허감이 숨어 있다. 성경 말씀처럼, 육신의 정욕과 안목의 정욕과 이생의 자랑에 취해 세상을 사랑하는 사람(요일 1:15-16)은 중독의 덫에 걸릴 수밖에 없다(김병오, 2003, 9).

2. 중독의 유형

DSM-5는 중독을 물질관련장애(Substance-Related and Addictive Disorders)와 비물질관련장애(Non-Substance Disorders)로 나누고 있다.[77] 행동중독(Behavioral addiction)은 탐닉의 일종으로 보상을 제공하는 비약물성 행동을 하는 강박(compulsion)을 말한다. 중독이 되면 신체적, 사회적, 재정적 안정에 끼칠 부정적 결과는 고려치 않는다. 원래 중독(addiction)은 약물남용(substance abuse)을 의미했지만, 1990년대 이후로는 도박이나 음식물 섭취, 쇼핑 등 보상(reward)을 주는 행동까지 포함하게 되었다. 중독으로 분류되는 행동 중독에는 도박

---

77) DSM-5의 물질관련중독장애의 종류에는 알코올관련장애, 대마초관련장애, 환각제관련장애, 아편유사관련장애, 진정제, 최면, 불안완화관련장애, 흥분제관련장애, 담배관련장애가 있다. 비물질관련중독장애(행동장애)로는 도박장애 하나만 포함되어 있다.

(gambling), 성(sexual), 섭식 장애(eating disorder), 초콜렛(chocoholic), 포르노그래피(pornography), 컴퓨터(computer), 디지털 미디어(digital media), 비디오게임(video game), 인터넷(internet), 충동 구매(compulsive buying), 과한 운동(excessive exercise) 등이 있다.

여기에서는 일반인들에게 자주 나타나는 유형을 다음과 같이 7가지로 나누어 살펴보고자 한다.

1) 쇼핑 중독

쇼핑 중독자들은 물건 사기를 아주 좋아한다. 최근 우리나라에서도 쇼핑 중독이 사회적 문제로 대두되고 있는데 이들의 대부분은 정서적 혹은 성적인 성취감 결핍을 보완하기 위해 강박감에 사로잡혀 쇼핑을 하고 있다는 보고가 있다. 또한 쇼핑 중독증은 상류층이 아닌 중산층에서 많이 보이는 병이다. 이들은 불안하거나 기분이 우울할 때 쇼핑을 하면 잠시나마 기분이 한결 나아지지만 쇼핑 후에도 항상 미련이 남아 있다. 이와 같은 강박장애에 의한 충동구매의 발단은, 어린이가 부모의 인정을 받지 못하고 쇼핑으로 보상심리를 해소하려는 데서 비롯되었을 가능성이 있다고 본다(도상금, 박현주, 2000, 174-176).

2) 일 중독

일 중독자는 일하려는 신경증적 욕구를 가지고 있다. 이것은 수입을 위해 일하는 진짜 욕구와는 다른 것이다. 신경증적 요소는 자아에게 무엇인가를 증명해 보이려는 것과 관계가 있다. 일 중독자는 일하지 않는 것을 견디지 못한다. 마치 알코올 중독자가 술 없이는 견딜 수 없는 것과 마찬가지다. 휴식이 필요하지만 쉴 줄 모른다. 억지로 쉬는 시간을 갖지만 쉬는 시간을 즐기지 못하고 계속 일거리를 찾는다. 그러면서 불안해한다. 그런 의미에서 일 중독은 병적인 증상이라고 할 수 있다.

3) 종교 중독

종교 활동에 집착하는(열광적이고 광신적인 신앙, 지나친 봉사, 지나친 금식과 철야, 지나친 헌금 생활 등) 사람들은 숨겨진 중독에 더 걸리기 쉽다고 말할 수 있다. 왜냐하면 종교 활동의 양상이 영적인 차원으로 발전하여, 그들의 중독은 너무 쉽게 숨겨지고 발견하기도 어렵기 때문이다.

종교생활의 거의 모든 것, 즉 성경, 기도, 교제, 헌금 생활, 가난한 자를 돕는 것, 예배에 참석하는 것, 믿음을 증거 하는 것 등은 그 자체로는 좋은 것이고 복음사역에 필수적인 것이지만, 헌신의 대용품이 될 수 있다. 그리고 이러한 집착이 자극이나 긴장완화의 형태로 쾌락을 제공한다면, 이 집착은 중독을 형성할 가능성이 있다. 그리고 이것은 현대적 우상숭배의 근본이 될 수 있다. 인간은 마음이 만들어 놓은 것을 예배한다(롬 1:23). 즉 하나님을 인격적으로 사랑하며 예배하는 대신에 종교 생활 그 자체에 열광하는 것이다(고병인, 2003, 66-67).

4) 관계 중독

관계 중독의 특징은 첫째, 특정 사람이나 특정한 관계에 이성을 잃을 정도로 강렬하게 빠진다. 그렇게 빠지는 것은 마치 약물중독과 비슷한 면이 많다. 둘째, 불건전한 관계가 되풀이되는 틀에서 벗어나지 못하는 것처럼 보인다. 그들은 이러한 틀을 깨뜨려 보려고 하지만 깨뜨릴 수가 없다. 셋째, 특정한 사람이나 관계에서 만족을 찾고자 한다. 이것은 자기를 완전하게 해 줄 '잃어버린 조각'을 찾아 손길을 뻗고 있는 것이다. 이성을 잃을 정도로 강렬하게 빠져드는 이런 사랑은 상처를 입히며 또한 사람을 소모시킨다.

관계 중독에는 성 중독, 사랑 중독, 사람 중독 세 가지가 있다. 남자와 여자는 서로 다른 형태의 중독을 선호하는데 남자는 성 중독에 걸리기 쉬운 반면 여자는 사랑과 사람 중독에 걸리기 쉽다(고병인, 2003, 68). 성 중독 중에서 특히 남자들은 다양한 형태의 음란물에 빠지게 된다. 그러한 현상은 보통 자위를 통한 개인의 성적 만족을 얻으려는 데 초점을 두고 끊임없이 집착하기 때문에 비인격적인 중독이다.

사랑 중독은 단지 사랑에 빠져 있다는 것 자체를 좋아하는 것으로 사랑하고 사랑받는 느낌을 추구하는 것이다. 그런 사람들은 여러 번 사랑의 싹을 틔우기는 하지만 성공하지는 못한다. 일단 상대에 대한 낭만적인 도취감이 사라지고 나면 실제로 관계를 유지시키기가 너무 어렵다. 때로 사랑 중독은 시들해 가는 감정을 되살리려는 노력을 하기도 하지만 이것은 언젠가는 그(그녀)가 자기를 다시 사랑해 주리라는 희망에서 그렇게 하는 것이다.

사람 중독은 자기의 행복을 특정 상대와 결부시키는 것이다. 사람 중독은 사랑한다는 것 자체를 좋아하거나 성적 욕망에 의한 것이 아니라 대상에 대한 중독으로서 "오늘 그를 보지 못하면 죽고 말 거야."라고 말하듯 모든 것이 특정 대상에게 향한다. 사람 중독은 또한 연인 사이가 아닌 동성 간의 우정(특히 여성들 사이에)에서도 감정적으로 의존하는 마음을 키울 수 있다. 그러한 경우에 그 사람의 감정상태, 자신감, 힘 등이 상대방에 따라 결정된다(고병인, 2003, 72-73).

5) 약물 중독

약물 중독이란 의학적, 경제적, 법적으로 안 좋은 결과가 뒤따름에도 불구하고 현실의 고통을 피하기 위해 혹은 약물의 효능(흥분 도달)을 맛보기 위해 지속적으로 약물을 복용하고자 하는 강박적인 욕망을 말한다. 약물 중독이란 자기를 파괴하면서까지 현실의 고통에 대응하는 방식이라 할 수 있다. 사람이 맨 처음 약물에 손을 댈 때는 약물을 통해 당면한 필요를 채울 수 있거나 감정적,

신체적 고통을 잊을 수 있기 때문이다.

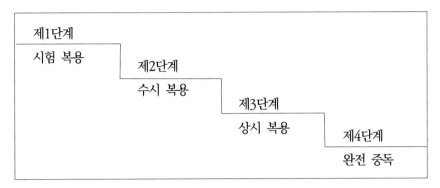

[그림 25] 약물 중독의 4단계(Cleave, Byrd & Revell, 1996, 33)

정신활성 약물은 뇌에 주로 어떤 영향을 미치느냐에 따라 크게 세 종류로 나눌 수 있다.

첫째 진정제 종류로 정신의 기능과 환경에 대한 인식을 진정시키는 역할을 하는데 여기에 해당되는 약물로는 진정제, 수면제, 마취제 등을 들 수 있다.

둘째, 흥분제 종류로 정신작용과 활동을 자극하는 역할을 하며 이 범주에는 암페타민과 코카인이 있다. 카페인도 흥분 효과는 약하지만 중독성이 있다.

셋째, 환각제 종류로 이것을 복용하면 환경에 대한 인식이 달라진다.[78] 대마초는 이 세 부류 중 어디에도 해당되지 않는다. 지각에 변화를 가져온다는 점에서 때로 환각제로 분류되는 경우가 있지만 그렇다고 환각을 유발하지는 않는다.

끝으로 흡입제와 니코틴이 있는데 이 둘은 중독성과 유해성이 매우 높아 주요 약물로 간주되고 있다(고병인, 2003, 76-77). 약물 중독 중에서 현재 우리나라 사람들에게 가장 많은 알코올 중독과 담배 중독에 대해 조금 더 살펴보겠다.

---

78) 여기 해당되는 약물로는 LSD(Lysergic Acid Diethylamide), PCP(Phencycledine), 엑스타시(Ecstacy), 메스칼린(Mescalind), 페이오티(Peyote) 등이 있다.

(1) 알코올 중독

대부분의 문화권에서 알코올은 가장 흔히 사용되는 뇌 중추 억제제이며 상당히 높은 이환율과 치사율의 원인이 되고 있어 중요한 중독성 물질이라고 하겠다. 우리나라의 경우 음주습관이 너무 보편적이어서 대부분의 사람들은 그저 문화적 습관이라고 생각하고 알코올 사용 장애를 가지고 있는 사람에 대하여 관대하다.[79] 따라서 가족이나 이웃, 동료에게도 피해를 주게 된다. 이런 면에서 알코올 중독은 만성질병이며, '가족의 질병'이라고 말한다. 모든 정신활성약물 가운데 가장 위험한 것이 바로 알코올이다. 알코올은 신체 근육의 거의 전부, 신경계, 주요 기관(뇌와 간과 심장 포함), 골수, 생식체계 등에 고루 해를 끼친다. 술을 많이 마시는 사람은 술을 마시지 않는 사람에 비해 구강암, 인후암, 소화관암 등으로 사망할 확률이 높다(고병인, 2003, 79-80).

(2) 담배(니코틴) 중독

니코틴 내성은 니코틴을 상당량 사용했음에도 불구하고 오심이나 현기증, 그리고 다른 특징적 증상이 없거나, 니코틴을 함유한 동량의 물질을 지속적으로 사용하였을 때 그 효과가 감소하는 경우다. 니코틴을 중단하게 되면 불안, 두통, 메스꺼움, 불면, 짜증, 몽롱함, 집중력 상실 등과 함께 담배에 대한 강한 욕구가 찾아온다. 이런 금단증상은 몇 주에서 몇 달까지 지속되며 심하면 몇

---

79) 알코올사용장애는 알코올 자체가 문제라기보다 술을 먹는 패턴의 문제로, 조절력이 상실되고 어떤 활동보다 술을 마시는 활동이 우선시되는 점이다. 과음하고 지각하거나, 몸을 다치거나, 분노조절이 안 되는 등 기능과 관계에 문제가 생기는데도 술을 줄이거나 끊지 못하면 중독이라 볼 수 있다. 하지만 우리나라는 진단에 대한 인식이 낮은 편이며, 정책적으로도 미비하다. 경제협력개발기구(OECD)국가 중에서 국내 알코올 정책은 최하위다. 알코올사용장애 진단자 가운데 실제 치료받은 비율은 10%도 되지 않는다. 중증 조현병 같은 경우 지역사회에서 치료받을 수 있도록 정신건강복지센터에서 사례 관리를 하지만 중독은 그런 역할을 하는 중독관리통합지원센터가 전국에 50여 개밖에 없다. 음주폐해 예방관리사업의 예산은 16년 동안 더 감소했다. 2008년 예산이 23억5800만원이었다. 2011년 14억 6천만원으로 줄어든 뒤 14억원 안팎의 예산을 유지하다가 2023년에 12억5500만원이 됐다. 음주 문제는 일반적인 정신건강 문제보다 훨씬 더 심각하다(한겨레21뉴스, 2024).

년이 가는 수도 있다. 니코틴 자체도 위험하지만 담배연기도 유해하다. 흡연은 죽음과 장애, 특히 폐질환과 심장질환의 주범이 되고 있다. 흡연의 직접, 간접 영향으로 매일 160여명에 달하는 사람들이 목숨을 잃고 있다.[80]

6) 사이버 중독

현실의 고달픔과 괴로움을 잊기 위해 술이나 담배, 마약을 찾듯이 많은 사람들이 인터넷 가상공간 속에서 안식을 찾고 있다. 이로 인해 야기되는 정신질환이 바로 인터넷 중독 장애(Internet Addiction Disorder: IAD)다. 도박자 연령대는 30대가 가장 많은데 10~20대가 점차 늘어나고 있는데 이들은 주로 pc나 모바일을 통한 인터넷 도박이 주를 이루고 있다. 특히 장소와 시간에 제약을 받지 않는 온라인 도박은 통제하기가 더 어렵기 때문에 심각한 문제가 될 가능성이 높다. 인터넷 중독 장애를 지닌 사람들은 몽롱한 환각 증세, 무기력감, 만성적 피로감을 느끼고 사회나 가정생활에 제대로 적응하지 못하는 모습을 보이게 된다(도상금, 박현주, 2000, 149).

인터넷 중독은 보통 세 가지 형태로 나타난다. 우선 인터넷 자체의 중독으로, 인터넷의 각종 정보에 집착하거나 채팅 등에 몰두하게 된다. 다음은 네트워크 게임중독으로, 최근 사회문제로 번지고 있는 스타크래프트, 리니지 중독 등이 대표적인 예이며 인터넷 도박은 점점 더 심각해지고 있다. 세 번째, 인터넷 포르노 중독은 인터넷 상에 넘쳐나는 포르노에 탐닉하는 것으로 이것은 실질적인 차단이 불가능하다. 이 중에서 특히 문제가 되는 것은 두 번째와 세 번째 경우이다(도상금, 박현주, 2000, 151).

---

80) 2022년 3월 질병관리청이 발표한 '흡연 폐해 연구기반 구축 및 사회경제적 부담 측정 연구' 결과에 따르면 '직접 흡연'으로 인한 사망자는 2019년 한 해에만 5만8천36명으로 추정됐다. 이는 하루 평균 159명이 흡연으로 병을 얻어 사망한 것이다. 사망자는 대부분 30세 이상 남성으로 해마다 5만942명에 흡연으로 목숨을 잃었으며 여성도 7094명에 달했다(경북신문, 2022년 3월 14일).

7) 도박 중독

병적 도박은 도박을 하고 싶은 욕망을 억제하지 못하여 반복적으로 도박을 하고 그 결과 만성적, 점진적으로 도박에 실패하는 경우다. 그 결과 자기 자신이나 가정 또는 직업생활에 해를 끼치고 파탄을 가져온다. 병적 도박은 '충동조절장애'에 속하여 도박 중독을 행동 중독이라 한다. 충동조절장애는 본능적 욕구가 갑자기 분출하여 어떤 행동을 하게 하는 것으로 보통 조급함과 무분별한 특징이 있다.

도박활동의 유병률과 유형(예: 고스톱, 포커, 마작, 투계, 경마, 증권, 경륜 등)은 문화적으로 차이가 있다. 2018년 사행산업통합감독위원회(사감위)가 조사 발표한 우리나라의 도박중독 유병률, 즉 CPGI(Canadian Problem Gambling Index)는 5.3%로, 2016년의 5.1%에 비해 0.2% 증가했으며 해외 선진국보다 약 2배 이상 높은 수준이다.[81]

강박적 도박꾼의 특징은 다음과 같다(도상금, 박현주, 2000, 101).
- 도박꾼은 전형적으로, 자주 모험을 건다.
- 도박이 그 사람의 흥미, 활동, 생각의 대부분을 차지한다.
- 자신이 돈을 딸 것이라는 낙관주의로 가득 차 있으며, 자신이 실패할 가능성을 계산하지 못한다.
- 돈을 따고 있을 때 적당한 시점에서 도박을 그만두지 못한다.
- 돈을 계속 따면 나중에는 그 돈을 한꺼번에 몽땅 건다.
- 도박을 하는 동안에 즐거운 긴장감이나 스릴을 만끽한다.

---

[81] 2012년 사행산업통합감독위원회(사감위)가 조사 발표한 우리나라의 도박중독 유병률, 즉 CPGI(Canadian Problem Gambling Index)는 7.2%였다. 영국은 2.5%(2010년), 프랑스 1.3%(2010년), 뉴질랜드 1.7%(2009년) 등으로 나타나 우리나라의 도박중독 유병률이 선진국에 비해 3~4배 높은 편이다. 도박중독자 1인당 사회 경제적 비용은 2,631만원이며, 집중적인 치유 재활이 필요한 문제 도박자들만을 대상으로 할 경우 1인당 비용은 3,022만원으로 추산된다.

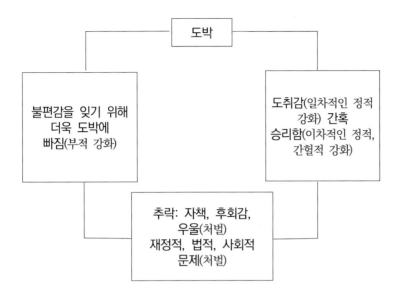

[그림 26] 병적 도박의 악순환(이흥표, 2002, 118)

행동 중독의 일반적인 특징은 소위 3C로 표현되고 있다.

첫째, 강박적 사용(Compulsive use): 도박을 하지 않으면 현재의 고통에서 벗어나지 못할 것이라는 착각을 하게 되고, 이는 강박적인 사용을 부추기게 되는 것이다.

둘째, 조절 능력의 상실(loss of Control): 뇌의 구조적 변화를 일으켜 조절능력의 문제가 발생하게 되는 물질중독과 같이 행동중독에서도 조절 능력의 상실이 나타난다. 중독 이전에는 충분히 조절 가능한 행동이었지만 중독 상태가 되면 생각과 행동을 스스로 통제할 수 없는 수준에 이르게 된다.

셋째, 결과가 나빠도 계속 사용(Continued use despite of bad consequences):

일반적으로 결과가 부정적이면 그 행동은 하지 않으려 하는데 행동중독상태가 되면 결과가 부정적이라도 그 과정에서 경험하는 여러 가지 보상들이 결핍을 채워주어 나쁜 결과가 발생할 수 있음을 인지해도 중독행동이 반복적이며 지속적으로 나타나게 된다.

이 외에도 행동중독의 특성은 다음과 같이 6가지가 있다(Griffiths, 2005).

① 현저성

반복되는 행동으로 인해 자신의 삶이 지배받는 것을 말한다. 현저성은 정신 (생각)이 지배되는 인지적 현저성과 행동 자체가 지배되는 행동적 현저성이 있다. 도박중독에서의 현저성은 도박으로 인해 돈에 대한 가치의 왜곡이 생기고, 가치혼란, 비합리적 신념들로 인한 비이성적인 행동 또한 나타나게 된다.

② 내성

내성은 전과 같은 수준의 쾌감을 느끼려면 전보다 더 많은 물질이나 행동을 해야 하는 것을 의미한다. 알코올 중독에서 술의 양이 지속적으로 늘어나야 하는 것처럼 도박중독에서는 배팅금액이 늘어나는 것이 내성의 증가라고 볼 수 있다. 도박에 배팅하는 돈, 참여하는 시간 등에 내성이 나타나 점점 더 많이 사용하게 되는 것이다.

③ 갈등

특정 행동이 중독 상태까지 이르게 되면 여러 가지 갈등 상황들이 발생한다. 도박행동이 반복됨에도 내면의 갈등이나 대인관계에서의 갈등이 없다면 그 행동이 중독이라고 말하기는 다소 어려울 수 있다. 모든 행동 중독에는 여러 종류의 갈등을 포함한 문제에 직면하게 된다.

④ 기분변화

행동의 결과에 따라 극적인 기분변화를 경험한다. 도박으로 인해 대박 경험 (big win)을 하면 굉장히 큰 짜릿함과 쾌감을 느끼게 된다. 돈을 딸 때는 기분이 좋다가 돈을 잃었을 때는 반대의 정서를 경험하는 과정이 반복되며 이것은 주변 사람들도 느낄 만큼 기분의 변화가 크게 나타난다. 심지어 중독 행동으로 인해 성격까지 변한 것처럼 느껴지기도 한다.

⑤ 금단

금단현상은 중독 물질과 행동을 중단했을 때 나타나는 부정적 경험을 의미한다. 대표적인 금단현상으로는 초초함, 불안, 예민함, 무력감 등을 들 수 있다. 이러한 금단증상을 극복하기 위해 다시금 중독물질이나 행동을 하게 되는 것이다. 금단증상은 중독 물질과 행동에 따라 약간의 차이가 있으나 전반적으로 불안과 같은 유사한 특성이 나타나며, 이것이 다시 중독의 요인이 되기도 한다.

⑥ 재발

중독 영역에서 재발은 흔히 발생하는 문제다. 특히 도박중독에서의 재발은 경제적 손실이라는 위험성도 있어 재발이 되면 큰 절망감을 경험한다. 도박중독에서 벗어나 회복과정 중에 있어도 재발이 발생할 수 있으므로 재발상황을 대비한 전략을 구상하는 것도 중독 상담에서는 반드시 포함되어야 한다.

8) 기타

이 외에도 조급증 중독, 음식 중독 등이 있다. 조급증은 현대문명의 유행병으로 아드레날린은 이 병의 원인이자 결과로 알려져 있다. 시간의 촉박함과 올라간 아드레날린 수치와 스트레스 관련 질병의 관계성에 대해서는 잘 알려져 있다. 조급증 중독자들은 시간을 허비하는 것은 죄악이고 누구든 일을 안일하게 하는 것은 게으르고 부도덕한 것이라고 생각한다. 이들은 다음과 같은 특징을 나타낸다. 무엇인가를 하고자 하는 강한 강박충동, 아직 마치지 않은 일에 대한 강박관념, 애매한 죄책감, 경한 혹은 중간 정도의 우울증, 안절부절못함,

어쩔 줄 모름, 이리저리 걷기, 다리 흔들기, 손가락 두드리기, 빠르게 껌 씹기, 초조함, 짜증남 등이다.

이 외에 음식 중독이 있는데 음식 중독 중에서 설탕이나 사탕에 탐닉하는 것은 각성제의 과용과 공통점이 많다. 카페인이 든 커피를 엄청나게 들이켜는 것은 코카인을 코로 들이키는 것과 별로 다르지 않다. 음식 중독과 약물남용이 다른 것은 하나는 사회적으로 허용되지만 다른 하나는 그렇지 않다는 것뿐이다. 거식증과 폭식증을 포함하여 음식 중독의 문제를 가지고 있는 내담자들 모두에게 보이는 중추적인 문제들은 완벽주의, 낮은 자존감, 성적 정체성의 혼란, 우울증, 기만, 힘 싸움, 동반의존성, 신체적 문제 등이다(고병인, 2003, 73).

3. 동반 의존

한 사람의 중독은 사실상 그 사람의 것만은 아니다. 그 과정에서 주위 사람들, 특히 가족이 연루된다. 이것을 동반의존(codependency)이라고 부르며[82] 관계를 맺고 있는 사람들끼리 무의식적으로 공모하고, 상호의존성이 심화되어 서로가 없이는 존재할 수 없는 관계가 된다. 대개 관계 중독에 빠지는 사람은 동정적인 사람이기에 무의식적으로 중독자를 지원하게 되고, 중독자가 사용하는 자기 기만의 교묘한 술책을 돕는다(김병오, 2003, 23).

중독자를 중심으로 동반의존자들의 역할은 매우 다양한데 주요 역할은 배우자는 중독자를 돕는 전능자역할이 많고 자녀들은 영웅 아이, 희생양, 잃어버린 미아, 마스코트나 어릿광대 역할을 주로 하게 된다. 이것을 그림으로 나타내면 다음과 같다.

---

82) 동반 의존은 한 중독자로 인해 그 가족이 병드는 것을 말한다(고병인, 2003, 3).

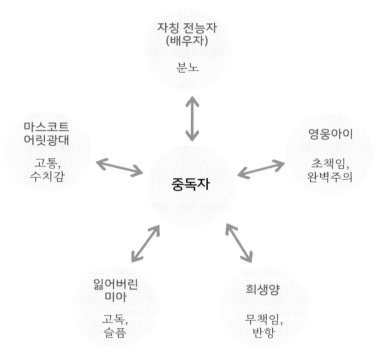

[그림 27] 동반의존 역할

(Litchfield & Litchfield, 2002a, 124: Wilson, 1996, 131-139 참조)

    동반의존적 성격을 가진 사람은 상호 중독관계를 형성하므로 이런 병리적 관계를 끊고 새로운 관계형성을 이루어야 한다. 동반 의존을 건강한 의존으로 바꾸기 위해서는 그것이 무엇인지 알아야 하는데 이러한 새로운 관계를 상호협력, 또는 상호의존(mutual dependency) 이라고 부른다. 아래의 〈표 41〉에 그것을 비교하여 제시하였다.

〈표 41〉 동반의존과 상호협력 비교

동반의존	상호협력(의존)
나는 새로 만난 사람과 사랑에 빠질 수 있다.	나는 사랑이 존경과 신뢰에 기초함을 안다. 이는 시간이 걸리는 일이다.
나는 첫 번 만남에서 친밀하게 이야기한다.	나는 다른 사람 위에 서려고 하지 않는다. 나는 서서히 신뢰를 쌓아 가려고 한다.
나는 다른 사람에게 압도당하며 그에게 사로잡히게 된다.	나는 나의 삶의 다른 영역들에서 경계선을 적절히 유지하며 관계를 유지할 수 있다.
나는 다른 사람들이 나를 평가하게 한다.	나는 내가 그리스도 안에 있음을 알고 있으며, 나를 개조하려고 하는 사람들을 경계한다.
나는 다른 사람들이 나의 현실을 서술하게 한다.	나는 다른 사람들처럼 현실에 대한 나의 지각이 정확하다고 믿는다.
나는 다른 사람들이 내가 느끼는 바를 판단하게 한다.	나는 누군가가 "당신은 그런 것을 느끼지 못한다"라고 말하는 것을 거부한다.
나는 다른 사람들이 나의 삶을 지도하게 한다.	나는 다른 사람들의 의견을 듣고 하나님의 인도하심에 기초하여 나 스스로 결정한다.
나는 다른 사람들을 즐겁게 하기 위해서나 자신의 가치관을 벗어난다.	나는 관계를 유지하기 위해서 '어떤 것을 하려고' 하지 않는다. 나는 타협할 수 없는 가치를 갖고 있다.
나는 누군가가 부적절한 영역들을 나타낼 때 알아차리지 못한다.	나는 너무 빨리 나에게 가까이하려고 하는 사람을 경계하며 그 사람이 그의 가치와 의견을 갖고 있는지 주목한다.
나는 누군가가 나의 개인적인 영역들을 침범할 때 알아차리지 못한다.	나는 다른 사람들이 나를 위해 결정을 할 때 그들에게 도움이 되는지를 관찰한다.

4. 중독의 치유

중독의 단계를 중독 단계, 과도기 단계, 치유 단계로 나누어 보고 중독을 치유하는 방법을 살펴보자.

1) 중독 단계

중독자는 외부의 중독물질을 통제하고 극복하려고 노력하지만 내적인 통제능력의 상실로 이를 극복하지 못한다. 따라서 자기혐오와 증오심에 빠져 괴로움을 당할 수밖에 없다. 또한 불평하는 가족, 갈등과 대치 국면에 있는 배우자, 이혼, 직업의 상실 등 외부적으로 자신의 굴욕감을 자극하는 사건들로 인하여 내적인 절망감에 빠져 있다. 이때 중독자가 자신의 부끄러움을 감추기 위해 사용하는 심리적 방어기제는 부정이다(김병오, 2003, 196).

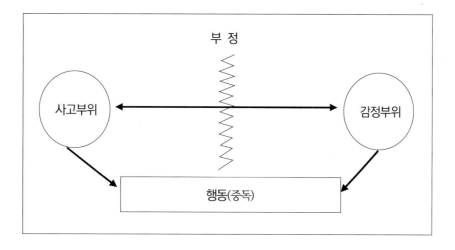

[그림 28] 중독자의 방어 기제

부정 체제야말로 약물남용의 가장 커다란 '심리적 후원자'다(Cleave, Byrd &

Revell, 1996, 81). 이때 상담가가 해야 할 일은 중독자가 자신이 중독자라는 사실을 인식하도록 하는 일이다. 중독자의 개인적 인격을 존중하면서 그의 방어기제를 무너뜨리는 것이 급선무이다(김병오, 2003, 197). 이 과정이 자기 투쟁의 단계다.

2) 과도기 단계

회복의 발달적 측면에서 보면 과도기 단계는 중독 단계와 초기의 회복 단계 사이에 있기 때문에, 때로 절제하기도 하지만, 자신이 중독을 통제할 수 있다는 자신감에 다시 중독물질을 받아들이기도 하는 단계이다(김병오, 2003, 198). 이때 죄책감이 생기는데 죄책감에는 자기 처벌이라는 부정적인 기능이 뒤따르게 된다. 그런데 이상하게도 약물남용자들이 자기 자신을 처벌할 수 있는 최선의 방법은 약물 복용을 계속하는 것이다.[83] 이들은 악순환에 빠지게 되는데 중독의 순환과정에서 행동상의 가면이 무너지면서 죄책감의 문제가 대두되며, 죄책감은 다시 자기 처벌의 욕구를 강하게 만들고, 결국 자기 처벌의 욕구는 더 심한 중독을 통해 성취된다. 이 과정은 수없이 순환을 되풀이한다. 이것을 그림으로 나타내면 다음과 같다(Cleave, Byrd & Revell, 1996, 86-87).

---

[83] 약물 남용자들은 가면을 쓰는 전문가다. 그런데 가면 쓰기 행동이 무한히 계속될 수 없어서 방어기제가 벗겨지고 나면 자신에 대해 약물이나 알코올을 끊지 못한다는 사실에 분노가 생기고, 자신과 주변 사람들에게 상처를 입히고 있다는 사실에 분노가 생기며, 많은 경우 자기를 이 지경까지 가게 '놓아 둔' 하나님을 향해 분노한다. 분노와 절망의 상태가 너무나 심하기 때문에 결국 이들은 최후에는 가장 해로운 감정들 중 하나인 죄책감을 갖게 된다.

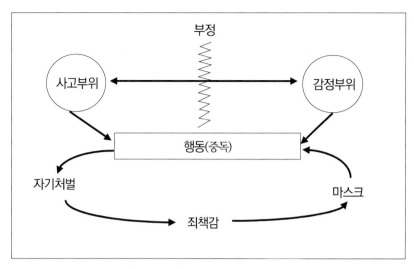

[그림 29] 중독의 순환 과정

이 단계에서 중독을 끊기 위해 해야 하는 것은 불완전성을 인정하고 자신의 모습을 있는 그대로 개방하는 것이다. 인간은 불완전할 수밖에 없다. 그것은 무언가 잘못되어 있다는 징후가 아니라, 무언가 우리가 꿈꿀 수 있는 것보다 훨씬 더 올바른 것이 있다는 것을 알려주는 징후이다(May, 2002, 228). 따라서 불완전함은 고통스럽지만, 받아들여야 하며 온 마음으로 인정해야 한다. 이럴 때 중독은 끊어질 수 있는 가능성이 생긴다.

3) 회복 단계

중독에서 벗어나 회복되기 위한 단계로 김병오는 다음의 다섯 단계를 제시하였다(김병오, 2003, 179-186).[84]

---

84) 행동의 교정을 통해 흔히 한 가지 중독은 다른 중독으로 대체되고, 신체는 새로운 정상 상태, 가능한 덜 파괴적인 정상 상태에 적응하게 된다. 때로는 무의식적으로 대체가 이루어진다. 과식하는 사람은 조깅과 요가로, 흡연자는 껌을 씹거나 먹는 일로 대체하며, 텔레비전 중독자는 명상에 의존하게 되고, 공격적인 사람은 환심을 사는 행동에 익숙해지며, 알코올 중독자는 익명의 알코올 중독자들 모임에 중독된다. 그런 대체들은 행동의 변화를 가능한 최소화하여 금단 증상을 줄이도록 의도된 것이

첫째, 깊은 절망감을 경험하는 단계다. 중독자는 중독으로 인하여 삶의 위기가 고조되다가 마침내 최고조에 달한다. 예를 들면, 알코올 중독은 점진적이면서 만성적인 질병이기 때문에, 알코올 중독이 정말 심각하면 중독자는 깊은 절망감 속에서 막다른 골목에 이른다. 마침내 그에게 소위 정서적 밑바닥을 치는 시간이 다가온다. 절망 속에 바닥을 치면서 느끼는 무력감은 자신의 힘으로 중독을 통제할 수 없다는 각성을 가져오고, 이제 절대자이신 하나님 앞에 겸손해지는 것이다. 따라서 중독의 치유에 있어서 절망의 밑바닥을 치는 것은 회복의 전주곡이다.

둘째, 겸손의 단계다. 중독자들은 자신의 감정을 전적으로 스스로 통제할 수 있다는 거짓된 망상을 가지고 있다. 이러한 망상으로 인하여 그들은 알코올, 마약, 약물이 그들의 삶을 지배하고 있다는 사실을 부정하고 자각하지 못한다. 중독자의 마음은 자기중심적이며, 자신이 스스로에게 신이 되어 있는 상태다. 중독자가 자신의 중독이 죄이면서 영적인 질병이라는 사실을 겸손하게 인정할 때까지 중독은 치유될 수 없다. 따라서 절망의 바닥을 치는 경험은 중독자를 부서뜨린다. 중독의 치유는 이러한 개인적 특성들이 바닥을 치면서 겸손할 때만이 가능하다.

셋째, 자기포기의 단계다. 대부분의 중독자들은 자신의 중독문제를 해결하기를 원하지만 그 중독을 도저히 끊을 수 없다는 것이 문제다. 중독자도 자신의 중독은 자신의 의지로 어떻게 해결할 수 없다는 것을 인정한다. 중독자의 의식과 무의식의 상반된 상태를 그림으로 표현하면 다음과 같다(김병오, 2003, 179.).

다. 이처럼 다른 것으로 대체하는 것은 금단 증상을 줄여 줄 뿐 아니라 중독 행위를 하지 않았을 때 오는 공허한 느낌을 피할 수 있게 해 준다. 좀 더 깊은 욕구의 전환을 원하면 이 공간과 친해지도록 노력하고, 그것을 하나님에 대한 개방성으로 인식해야 할 것이다(May, 2002, 185-186).

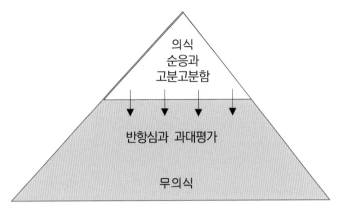

[그림 30] 중독자의 의식과 무의식

자기포기는 중독을 치유하기 위한 핵심이다. 이러한 자기포기 혹은 무조건적 항복이 있은 후, 중독자는 내적 갈등이 사라지고 마음에 평화와 고요함을 경험하면서 다른 사람과의 관계가 회복된다.

넷째, 오직 하나님을 의지하는 단계다. 중독자는 자신의 힘만으로는 절대로 중독을 극복할 수 없다. 자유를 얻는 길은 자신을 죽이고 오직 하나님께 무조건 순복하는 것이다.

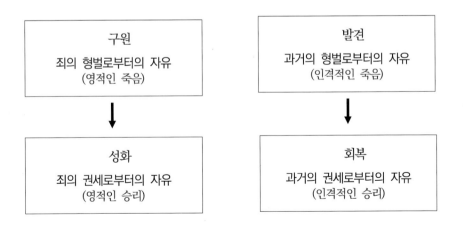

[그림 31] 성화와 회복 사이의 유사점들

중독이란 영적으로 고장 나고 병든 상태다. 중독에 빠져드는 것은 자신의 신을 두고 섬기기 때문이다. 이런 노예의 나라에서 구원을 얻고자 아무리 부르짖어도, 사람의 손으로 만든 신은 구원을 줄 수 없다. 세상에는 헛된 신들이 많이 있다. 그러나 그리스도는 이 모든 주의 주시다. 예수님은 살아 계신 하나님 바로 그분이시다. 그분만이 노예의 나라에서 사람들을 구원하신다(Shogren & Welch, 1999, 39-40).

하나님 아버지의 성격

하나님 아버지는 매우 참을성이 많고 친절하시다.
하나님 아버지는 빨리 성내지 않으시며 오래 참으신다.
하나님 아버지는 나의 죄를 용서하고 기억하지 않으신다.
하나님 아버지는 내가 죄를 지을 때 슬퍼하시며 안타까워하신다.
그러나 내가 진리를 행할 때는 항상 기뻐하신다.
하나님 아버지는 끝없이 참으시고 나를 끝없이 신뢰하신다.
하나님 아버지는 항상 희망을 갖고 인내하신다.
하나님 아버지는 선한 목적을 반드시 이루신다.

다섯째, 은혜를 경험하는 단계다. 중독의 회복과정은 그것이 회심 경험과 동일하게 느껴질 정도로 영적인 특성이 있다. 중독을 치유할 수 있는 궁극적인 힘은 영적인 데서 나온다. 따라서 중독자는 자신의 힘으로 중독을 이겨 내려는 것을 포기하고 오로지 하나님의 은혜를 구하는 회심을 통하여 진정한 자유를 누릴 수 있다. 따라서 자신의 힘과 통제력에 대한 환상을 하나님 앞에서 완전히 포기해야 한다. 이런 회심은 은혜를 경험할 때 가능하다. 중독자가 하나님의 능력으로 자기 포기를 경험하고, 자신의 의지를 전적으로 하나님께 돌리는 회심을 체험할 때, 중독자는 영적 각성을 가지게 된다.

4) 치유를 위한 과정

중독자의 회복과정은 오랫동안의 인내가 필요하다. 이들이 치유되도록 돕기 위해서는 사랑뿐 아니라 직면도 필요한데 그 과정은 첫째 수용, 둘째 책임 부과, 셋째 단호한 대처, 넷째 직면하기의 4단계로 나눌 수 있다(Cleave, Byrd & Revell, 1996, 97-102).

수용이란 중요한 타인과의 관계에 대한 필요를 바탕으로 하고 있다. 이때의 목표는 단순히 그 사람을 사랑받을 가치가 있는 사람으로 보고 한 인격으로 후히 받아주면서, 바람직한 방식으로 '꼭 필요한' 사람이 되어 주는 데 있다. 이 사랑은 중독자의 행동이 아니라 중독자의 필요에 근거를 둔 사랑이다. 그렇다고 중독자의 행동을 묵인하는 것은 아니며 필요에 따라서는 본인에게 그 얘기를 해 줘야 할 경우도 있다.

수용의 다음 단계는 행동의 결과를 중독자 본인에게 부과하는 일이다. '중요한 타인'에 해당되는 사람은 절대로 중독자의 행동을 두둔해선 안 된다. 합리화나 변명도 더 이상 받아주지 않는다. 자기 행동에 대한 책임은 어디까지나 중독자 본인이 져야 하는 것이다.

책임을 부과하도록 한 다음에는 단호한 대처가 필요하다. 중독자는 자기 주변에 있는 중요한 타인들에게 자신의 행동 때문에 늘어만 가는 고통스러운 결과들로부터 자기를 구해 줄 것을 애원하게 된다. 이때 따뜻하면서도 단호한 입장을 취해야만 한다. 이 시점에서 중독자는 치유를 받기로 동의할 수도 있다. 그런 경우를 위해 상담자는 제시할 대안을 미리 마련하고 있어야 한다.

중독자가 처음 세 단계가 지나도 도움의 필요성을 수긍하지 않는다면 마지막으로 개입이 수반된 직접직면이 필요하다.[85] 이 단계의 목적은 중독자에게 자

---

85) 중독자가 고통을 견딜 수 있는 정도는 사람마다 다르다. 자기가 사랑하는 사람에게 상처를 입히고 실망을 주었다는 것을 아는 고통만으로도 치유를 찾아 나서는 충분한 동기가 되는 사람들이 있다. 그러나 안타깝게도 파멸의 지점까지 가 보지 않고는 도움을 받으려 하지 않는 사람들도 있다. 직면이

신의 파괴적인 행동이 본인과 가족들에게 미치는 결과를 납득시켜 치유를 받아야 할 당위성을 직접 심어 주는 데 있다. 대개 중독자들은 밑바닥까지 가 보고 나서야 비로소 도움 받을 생각을 하는 경우가 많다. 그러다 보니 관계 단절, 지나친 쾌락추구, 자살, 과량 복용, 영구적 건강손상, 가족사별 등의 돌이킬 수 없는 결과가 발생하게 된다. 이때 개입을 한다. 개입86)은 사랑의 직면이다. 이 직면을 통해 중독자들은 자신의 행동이 본인과 사랑하는 사람들에게 미치는 해로운 영향과, 중독 생활양식을 지속하는 데 따르는 제반 결과에 대해 듣게 되며, 중독에 대한 치유법을 알게 된다.

5) 중독의 자가 치유

스스로 중독을 치유하기 위해서는 다음과 같은 노력이 필요하다.

첫째, 의지력에 호소한다. 가장 중요한 것은 자신의 의지력이다. 마음을 굳게 먹고 유혹에 넘어가지 않는 강인한 의지를 기른다(도상금, 박현주, 2000, 178-181).

둘째, 주변에 선언한다. "이제 하지 않겠다."고 주변 사람들에게 장담한다. 그리고 자신의 말을 지키기 위해 노력한다. 또 주변 사람들에게 자신이 충동적인 행동을 할 경우 말려 달라고 한다.

셋째, 스스로 목표를 분명히 한다. 아주 끊을 것인지 아니면 어떤 한도 내에서 허용할 것인지를 스스로 결정한다.

란 다른 사람들이 약물 복용자의 행동을 인식하고 사실 그대로 지적하는 과정을 말한다. 목표는 본인의 책임 수용과 행동 변화에 있다. 이때 필요한 것이 바로 '죄는 미워하되 죄인은 사랑하라'는 태도다. 잠언 27장 5절은 이렇게 말하고 있다. "면책은 숨은 사랑보다 나으니라." 직면의 단계는 중독자가 치료를 받도록 이끌어 준다. 이것은 몇 달이 걸릴 수도 있고 몇 년이 걸릴 수도 있는 일이다. 그러나 십 대들의 경우에는 수주일 혹은 수개월 정도로 훨씬 짧아질 수 있다. 많은 경우 처음 세 단계는 동시에 같이 실시할 필요가 있다(Cleave, Byrd & Revell, 1996, 96-97).

86) 개입할 때에는 개입의 목표를 분명히 알게 한다. 몇 가지 생각해 볼 만한 목표를 소개하면 다음과 같다. 첫째, 중독자에게서 중독에서 벗어나겠다는 동의를 얻어 낸다. 둘째, 그것을 이루기 위한 계획에 중독자의 동의와 다짐을 얻어낸다. 셋째, 어떤 유형의 치유 프로그램이 가장 좋을지 결정한다 (Cleave & Revell, 1996, 103-104)

넷째, 횟수를 스스로 체크한다. 스스로 자신의 행동을 체크하는 것도 효과가 있다. 되도록 기록을 하는 등 눈에 보이는 방법을 취한다.

다섯째, 자극이 될 만한 상황은 아예 멀리한다. 중독을 통제하기 어려우면 그러한 상황은 아예 피하는 것이 좋다.

여섯째, 주변에 지지해 줄 사람을 확보해 둔다. A.A.모임이나 단도박 모임에서 비슷한 경험을 한 사람을 만난다면 더 잘 이해해 줄 것이다.

일곱째, 자신이 충동적인 행동을 했을 경우의 결과를 상상한다. 그로 인해 사회적으로 겪을 어려움을 상상해 보는 것이다.

여덟째, 다른 일이나 취미 활동을 찾는다. 스스로 기분을 바꿀 수 있는 일을 찾아서 관심을 다른 곳으로 돌린다.

아홉째, 한번 실패하더라도 다시 결심해야 한다. 처음 결심을 실천하지 못하고 충동적으로 행동을 하게 되면 자포자기해서 다시 이전 행동방식으로 되돌아갈 수 있다.

열째, 유혹을 거절하는 방법을 익힌다. 도박이나 오락은 자신이 끊으려 해도 주변에서 권하거나 유혹하는 경우가 있다. 따라서 평소에 자기표현이나 자기주장 연습을 해야 한다.

열한째, 혼자 끊을 수 없을 때는 전문가의 도움을 받는다. 전문 상담기관이나 정신과 등 혼자 해결할 수 없는 문제를 도와주는 전문기관과 전문가들이 있다.

열두째, 예수님과 사랑에 빠진다.

6) 진정한 치유의 길

중독에서 해방될 수 있는 것에 대한 참 대답은 중독보다 더 큰 쾌락으로 싸우면 된다. 거룩함이란 위협과 두려움과 금지와 수치심 유발로 얻어지는 것이 아니다. 이것은 더 좋은 행복에 대한 하나님의 약속을 믿고 의지하고 맛보고 귀히 여길 때 얻어진다. 물론 그 행복은 예수님과 사랑에 빠질 때만 온다. 죄의 쾌락이 인간 영혼에 행사하는 위력은 결국 더 높은 위력, 즉 그리스도 안에서 하나님을 알고 사랑하며 그분께 알려지고 사랑받는 기쁨으로만 이겨낼 수 있다. 다시 말해 하나의 쾌락을 정복하는 유일한 길은 더 좋고 즐거운 다른 쾌락을 찾는 것이다.

죄의 길을 계속 가고 싶어 하는 사람에게 규율과 도덕으로 책망한다고 해서 문제가 해결되지는 않는다. 죄의 쾌락보다 더 높은 기쁨으로 초대해야만 그 길에서 돌이켜 기쁨의 삶을 선택하게 될 것이다. 설득할 수 있는 다른 길은 세상보다 좋은 것, 세상보다 더 즐거운 것이 있다는 것을 깨닫는 것이다. 그것은 그리스도께 가는 것이다. 그분께 오는 자들이 누릴 수 있는 삶은 광야를 방황한 후 마음껏 먹고 안식할 수 있는 잔칫집에 오는 것과 같다. 이전의 고생과 수고가 그치고 그들은 영적 기쁨과 환희의 길에 들어서게 될 것이다. 와서 예수님과 사랑에 빠지라(Storms, 2002, 367-368).

5. 중독자를 대할 때의 자세

중독자를 대할 때 해야 할 것과 하지 말아야 할 것은 다음과 같다.

1) 하지 말아야 할 것

- 필요한 사실들을 다 알게 될 때까지는 아무 일도 하지 말라.
- 처벌, 위협, 회유, 설교하려 들지 말라. 방어기제를 더 강화시킬 뿐이다.
- 감정에 호소하여 죄책감을 갖게 하여 악순환이 지속되게 하지 말라.
- 문제를 적당히 얼버무리거나 사건을 무시하고 넘어가지 말라.
- 중독자가 소홀히 하고 있는 역할이나 업무를 대신해 주지 말라.
- 중독자가 중독 기운에 젖어 있을 때 함께 변론하지 말라.

- 중독자를 결과에서 구해 주거나 두둔해 주거나 덮어 주지 말라.
- 중독자의 행동에 대해 죄책감을 품지 말라.

2) 해야 할 것

- 중독자에게 당신은 사랑하지만 행동은 용인할 수 없음을 알게 하라.
- 독서, 전문가의 조언, 후원 그룹 참석 등을 통해 배우라.
- 믿을 수 있는 사람과 함께 상황에 대해 대화를 나누라.
- 중독자로 하여금 그의 행동이 당신에게 미치는 영향을 알게 하라.
- 일상생활의 활동들을 지속하면서 가정에 건강한 분위기를 유지하라.
  (중독자 때문에 정작 자신의 필요를 저버리지 말라).
- 인내가 필요함을 기억하고 천천히 하나씩 해 나가라. 중독의 회복은 평생 걸리는 과정이다(Cleave, Byrd & Revell, 1996, 106-107).

1. 중독 체크리스트

1) 인터넷 중독(인터넷 대신 다른 것을 대입해보면 다른 중독성향을 알 수 있다.)

각 문항을 읽고, 평소 자신의 행동을 나타내면 O, 아니면 X로 체크한다.

	문항	O,X
1	처음에 마음먹었던 것보다 더 오래 인터넷을 하게 된다.	
2	인터넷으로 시간을 보내느라 다른 해야 할 일을 소홀히 한다.	
3	가장 친한 친구와 노는 것보다 인터넷 하는 것을 더 좋아한다.	
4	인터넷을 통해 새로운 사람을 사귄다.	
5	인터넷으로 많은 시간을 보내는 것 때문에 가까운 사람들이 불평한다.	
6	인터넷으로 많은 시간을 보내기 때문에 성적이나 학교 수업(직장일)에 지장을 받는다.	
7	공부나 해야 할 일을 하기 전에 이메일부터 먼저 확인한다.	
8	인터넷 때문에 학습 능률이 떨어진다.	
9	다른 사람이 인터넷으로 무엇을 하느냐고 물어볼 때 숨긴다.	
10	현실의 골치 아픈 생각을 잊기 위해 인터넷을 하게 된다.	
11	다시 인터넷 하기를 기대하는 자신을 발견한다.	
12	인터넷이 없다면 생활이 지루하고, 허전하며, 기쁨이 없을 것이라 생각한다.	
13	인터넷 접속 중에 다른 사람이 방해하면 소리 지르고 고함치고 막 화를 낸다.	
14	밤늦게 까지 인터넷을 하느라 잠을 잘 못 잔다.	
15	인터넷을 하지 않을 때에도 인터넷에 대한 생각으로 꽉 차 있거나 접속하는 것을 상상한다.	
16	인터넷을 할 때 '조금만 더하고 그만둬야지.'라고 생각하면서도 계속 한다.	
17	인터넷을 하는 시간을 줄이려고 노력하지만 실패한다.	
18	인터넷을 얼마나 오래했는지 숨기려고 한다.	
19	남들과 밖에서 놀기보다는 인터넷으로 시간 보내는 걸 택한다.	
20	인터넷을 하지 않을 때는 우울하고 울적해지거나 신경이 날카롭다가도, 인터넷을 하게 되면 그런 기분이 사라진다.	

〈채점 해석: O에 표시된 개수로 해석〉

- 0-9개: 정상적 인터넷 사용자. 그다지 문제가 나타나지 않는다.
- 0-15개: 인터넷 과도사용자. 인터넷 사용을 줄이도록 노력해야 하며, 되지 않을 때는 전문가에게 상담을 받을 필요가 있다
- 16-20개: 인터넷 중독자. 생활 전반에 걸쳐 많은 문제가 나타난다. 전문가의 도움을 받을 필요가 있다.

2) 운동 중독과 스포츠 중독[87]

	내용	표시
1	운동을 매일 하는 것에 너무 익숙해 있어서 매우 중요한 일도 방해거리로 여긴다.	
2	먹을지 안 먹을지 여부가 운동을 했는지 하지 않았는지에 좌우된다.	
3	운동하기 전까지는 제대로 된 느낌이 들지 않는다.	
4	운동하지 않으면 우울감을 느낀다.	
5	아프거나 피곤할 때도 운동한다.	
6	운동(스포츠)이 대화의 주된 화제다.	
7	건강관리와 체형 관리에 대해 생각하는데 많은 시간을 보낸다.	
8	운동(스포츠)에 대한 헌신 때문에 개인, 관계, 일 등에 문제가 유발된다.	
9	운동(스포츠)이 개인적 문제, 관계 문제에서 도피하기 위한 수단이 되곤 한다.	
10	조금만 다쳐도 우울해진다.	
11	운동 때문에 비판을 받은 적이 있다.	
12	운동을 그만두려고 해도 중단할 수가 없다.	

위의 질문에 2개 이상 '그렇다'라고 응답했다면, 운동 중독이나 스포츠 중독의 문제가 있을 것이다.

---

87) Litchfield & Litchfield, 2002, 266.

3) 알코올 중독

	내용	표시
1	당신에게 가까운 누군가가 당신의 음주에 대해 때때로 염려를 표시한 적이 있는가?	
2	문제를 맞닥뜨리게 될 때 당신은 종종 술을 해소 수단으로 삼는가?	
3	때때로 당신은 음주 때문에 직장이나 가정에서의 책임을 다하지 못하는 때가 있는가?	
4	때때로 자신의 음주 때문에 죄책감을 느끼는가?	
5	음주를 줄여야 한다고 느낀 적이 있는가?	
6	음주 때문에 당신 자신이나 다른 누군가가 의학적 주의를 요청한 적이 있는가?	
7	때때로 의식상실(술을 마시고 있을 때 기억의 필름이 완전히 끊기는 것)을 경험한 적이 있는가?	
8	음주와 관련되어 법적인 어려움에 빠진 적이 있었는가?	
9	음주를 조절하거나 줄이기로 스스로 약속한 것을 종종 지키지 못한 적이 있었는가?	
10	얼마나 많이 술을 마셔왔는지에 대해 거짓말을 한 적이 있는가?	

위의 질문 중 3개 이상에 '그렇다'고 대답했다면, 아마도 알코올로 인해 삶에 문제가 생기고 있을 것이며 알코올 중독 초기일 것이다. 알코올 중독은 점진적으로 발전하는 질병으로서 시간이 흐를수록 점점 더 심각해진다.

4) 충동적 과식 자가진단

	내용	표시
1	화가 날 때 먹는 편인가?	
2	위기나 긴장이 있을 때 위안을 삼기 위해 먹는가?	
3	권태를 해소하기 위해 먹는가?	
4	얼마나 많이 먹는지 자신과 타인들에게 거짓말하는가?	
5	자신이 보지 못하는 곳에 음식을 숨기는가?	
6	자신의 신체 외모에 대해 불편해하는가?	
7	권장 체중의 20%를 초과하는가?	
8	당신의 식습관에 대해 가족들이나 친구들이 염려하는가?	
9	지난 6개월 동안 체중이 4-5kg 이상 올랐는가?	
10	먹는 습관이 조절되지 않을 것에 대해 두려워하는가?	

질문에 4개 이상 '그렇다'고 대답했다면 충동적 과식자다(Litchfield & Litchfield, 2002a, 183).

5) 성중독 선별 테스트(SAST)

	내용	o	x
1	어린 시절 성 학대를 받은 적이 있는가?		
2	누드 잡지를 예약 구독하거나 정기 구독한 적이 있는가?		
3	부모님에게 성적 행위로 인한 어려움이 있었는가?		
4	종종 성적인 생각에 몰입하는가?		
5	자신의 성적 행위가 정상이 아니라고 느끼는가?		
6	배우자(또는 중요한 타인)가 당신의 성적 행위에 대해 불평한 적이 있는가?		
7	부적절하다고 느낄 때도 자신의 성적 행위를 멈추기 어려운가?		
8	자신의 성적 행위에 대해 좋지 않은 느낌을 가진 적이 있는가?		
9	자신의 성적 행위로 인해 자신이나 가족에게 어려움이 생긴 적이 있었는가?		
10	자신의 성적 행위 때문에 도움을 구한 적이 있는가?		
11	당신의 성적 활동이 들키지 않을까 염려한 적이 있는가?		
12	당신의 성적 행위 때문에 정서적 상처를 받은 사람이 있는가?		
13	당신의 성적 행위가 법에 위배된 적이 있는가?		
14	어떤 특정한 성행위를 중단하겠다고 스스로 다짐한 적이 있는가?		
15	특정 성적 행위를 중단하려고 애썼지만 실패한 적이 있는가?		
16	자신의 어떤 성적 행위를 타인에게 숨겨야 하는가?		
17	자신의 성적 행위 중 어떤 부분을 중단하려고 시도한 적이 있는가?		
18	자신의 어떤 성적 행위 때문에 내가 보잘것없다고 느낀 적이 있는가?		
19	성이 자신의 문제에서 도피하기 위한 방편이었는가?		
20	섹스를 하고 나면 우울감을 느끼는가?		
21	특정 성적 행위를 계속하면 안 된다고 느낀 적이 있는가?		
22	당신의 성이 가족생활을 방해해 왔는가?		
23	미성년자에게 성적으로 대한 적이 있는가?		
24	성적 욕구가 자신을 지배하고 있다고 느끼는가?		
25	성적 욕구가 자신보다 더 강하다고 생각한 적이 있는가?		

중독적 성적 행동과 비중독적 성적 행동 구별검사로 13개 이상 '그렇다'로 나왔으면 성 중독자일 확률이 96.5%라는 뜻(Litchfield & Litchfield, 2002a, 204).

SAST 점수분포	정상인	중독자
0-4	89.3%	10.7%
5-8	89.6%	10.4%
9-12	77.2%	22.8%
13+	3.5%	96.5%

6) 도박 중독 자가진단[88]

	내용	o	x
1	도박 때문에 일하는 시간을 빼앗기는가?		
2	도박으로 인해 가정생활이 불행하게 되는가?		
3	도박으로 인해 당신의 명예에 영향을 입는가?		
4	도박한 후에 후회한 적이 있는가?		
5	빚을 갚을 돈을 얻기 위해 도박한 적이 있는가?		
6	도박으로 인해 당신의 야망과 능률이 줄어들게 되었는가?		
7	잃고 난 후에, 당신은 잃은 것을 되찾기 위해 다시 도박을 해야 하겠다고 느끼는가?		
8	이기고 난 후에, 당신은 다시 해서 더 이겨야 한다는 강한 충동이 있는가?		
9	당신은 종종 마지막 한 푼이 없어질 때까지 도박하는가?		
10	도박을 위해 돈을 빌린 적이 있는가?		
11	도박에 쓸 돈을 마련하기 위해 무언가를 판 적이 있는가?		
12	도박으로 번 돈을 일반적인 지출에 사용하기를 꺼리는가?		
13	도박 때문에 당신의 가족의 행복에 대해 무관심해지는가?		
14	처음에 계획한 것보다 더 오래 도박한 적이 있는가?		
15	걱정이나 어려움에서 도피하기 위해 도박한 적이 있는가?		
16	도박에 쓸 돈을 마련하기 위해 불법적인 행위를 생각해 보거나 실행에 옮긴 적이 있는가?		
17	도박으로 인해 잠을 자기가 어려운 적이 있는가?		
18	논쟁, 실망, 좌절이 있을 때면 도박하고 싶은 충동이 드는가?		
19	짧은 시간 도박으로 행운을 얻고 싶은 충동이 있는가?		
20	도박으로 인해 자기 파괴의 결과를 낳게 되었다고 생각한 적이 있는가?		

이 질문에 7개 이상 '그렇다'고 대답하면 충동적 도박자다.

---

88) Litchfield & Litchfield, 『기독교 상담과 가족 치료』, vol. 4, 233.

7) 일중독 자가진단[89]

	내용	o	x
1	나는 매우 목표 지향적(또는 행위 지향적)이다.		
2	일단 일을 시작하면 끝내야 한다.		
3	나는 다른 사람에게 도움을 요청하기보다 나 혼자 처리하기를 선호한다.		
4	시작한 일을 끝내지 않으면 죄책감을 느낀다.		
5	뭔가 올바로 끝내지 못하면 죄책감을 느낀다.		
6	대부분의 시간에 나는 뭔가 하고 있어야 한다.		
7	때때로 한 가지 생각에 너무 골똘히 몰입되어 있어서 생각에서 벗어나지 못한다.		
8	나는 기다려야 할 때 견디지 못한다.		
9	나는 방해를 받으면 짜증이 난다.		
10	나는 바쁜 상태를 유지하며, 하고 있는 일이 많다.		
11	나는 자신을 지나치게 몰아가는 편이다.		
12	나는 다른 사람의 책상이나 방이 어지럽고 복잡할 때 짜증 난다.		
13	나는 어질러진 방보다 단정하고, 깨끗하고, 정돈된 방에서 일하기를 선호한다.		
14	나는 스케줄과 할 일에 대한 목록을 많이 사용한다.		
15	나는 가장 열심히 일한 사람이 보상받을 자격이 있다고 믿는다.		
16	나의 일(혹은 가사)이 여가 활동보다 더 중요하다.		
17	나는 감정보다 사실에 더 관심을 기울인다.		
18	나는 다른 사람들에게 감정에 대해 말하는 것은 시간낭비라고 생각한다.		
19	나는 무엇이, 혹은 누가 나를 성가시게 하고 있는지 모르는 경우에 자주 화가 난다.		
20	나는 항상 내 주위에서 일어나는 일을 통제하기 좋아한다.		
21	나는 미래를 잘 계획하기를 좋아한다.		
22	나는 종종 보통 사람들보다 더 많이 자신에게 요구한다.		
23	나는 완벽주의 경향이 있다.		

'예' 숫자가 10개 이상이면 일 중독이 분명하다.

---

89) Litchfield & Litchfield, 『기독교 상담과 가족 치료』, vol. 4, 248.

8) 돈 중독 자가진단[90)]

	내용	o	x
1	풍요롭게 사는 것이 당신의 충동적인 필요인가?		
2	당신은 만족을 느끼려면 남부럽지 않게 살아야 한다는 필요를 강렬하게 느끼는가?		
3	당신은 성공의 상징으로 비싼 차나 집 등을 가져야 한다고 믿고 있는가?		
4	당신은 특정한 나이까지 많은 돈을 저축해야 한다는 충동적인 열망이 있으며, 이로 인해 과다하게 많은 시간을 일하게 되는가?		
5	당신은 많은 돈을 투자하는데 강박 충동적으로 쓰는가?		
6	당신은 충동적으로 비축하는가?		
7	당신은 투자 목적으로 귀중품을 충동적으로 수집하는가?		
8	당신은 취미나 스포츠에 많은 돈을 쓰는가?		
9	다른 사람들이 당신을 돈에 대해 인색하거나 지나치게 검소하다고 말하는가?		
10	당신은 최상의 거래와 염가 구입을 충동적으로 추구하는가?		
11	당신은 싼 가격을 찾아 할인매장에 자주 가서 별로 필요도 없는데도 물건을 사는가?		
12	돈에 대한 생각을 하는데 많은 시간을 보내는가?		
13	당신은 돈에 대한 것을 중심으로 많이 대화하는가?		
14	다른 사람들이 당신이 돈 문제에 대해 너무 많이 이야기한다고 짜증스러워 하는가?		
15	돈 문제에 대해 당신이 몰입됨으로써 관계에 균열이 야기되는가?		
16	가까운 사람 중에 당신이 돈 문제에 몰두한다고 불평한 사람이 있는가?		

3개 이상 '예'라고 대답했다면, 돈 중독문제가 있다.

---

90) Litchfield & Litchfield, 『기독교 상담과 가족 치료』, vol. 4, 259.

9) 쇼핑 중독 자가진단[91]

	내용	o	x
1	쇼핑이 당신의 주된 활동인가?		
2	상처나 스트레스를 받고 난 후 기분전환을 위해 윈도쇼핑을 가야 한다고 느끼는가?		
3	순간의 자극에 따라 충동구매를 하는 편인가?		
4	새로운 옷, 기구, 수공예품, 장식품 등을 사고는 몇 주, 몇 개월 동안 사용하지도 않고 벽장에 넣어 두는 편인가?		
5	수입의 20% 이상이 대부금과 신용카드 납부에 지출되는가?		
6	외상 거래 계정에 매월 최소한의 대금만 갚는가?		
7	구입한 물건을 숨기거나 배우자나 가족들이 어디서 쇼핑을 했는지 알지 못하도록 거짓말하는가?		
8	산 물건의 가격을 속여서 다른 사람들이 염가 구매를 했다고 생각하게 하는가?		
9	정말로 필요한 것이 아닌데도 할인 판매를 하기 때문에 물건을 구입하는가?		
10	필요해서 가기보다 기분을 전환하고 우울감을 떨치기 위해 일부러 쇼핑을 간 적이 있는가?		
11	충동구매를 하고는 그 후에 신경과민이 되거나 죄책감을 느끼는가?		
12	특정일까지는 지출을 해서는 안 되는데도 종종 그전에 지출을 하는가?		
13	되갚기가 힘들 것이라는 것을 알면서도 친구에게 돈을 빌리는가?		
14	현금이 충분히 없어서 적은 금액의 물건을 구입하는데도 종종 신용카드를 사용하는가?		
15	인터넷 쇼핑에 많은 시간을 보내는가?		
16	돈을 쓰고 난 후에 종종 절망감이나 우울감을 느끼는가?		

5개 이상 '예'라고 응답했다면, 쇼핑과 소비에 문제가 있다.

---

91) Litchfield & Litchfield, 『기독교 상담과 가족 치료』, vol. 4, 260

2. 자기대화 바꾸기

중독과 관련된 비합리적인 자기대화는 어떤 것이 있는지 찾아보고 합리적으로 바꾸어 보자.

비합리적인 자기대화	합리적 자기대화

4. 중독치유 5단계 성경적 사고 모델 연습하기

1) 1단계: 사건(상황, 환경, 행동)은 무엇이었으며 그때의 반응은 어떠했나?

2) 2단계: 그 당시의 감정은 무엇인가?

3) 3단계: 그러한 감정이나 행동은 어디에서 생긴 것인가?

4) 4단계: 잘못된(비합리적, 자동적) 사고는 무엇인가?

5) 5단계: 합리적이며 성경적 사고는 무엇이며 그때의 감정은 무엇인가?

① 합리적 사고:

② 성경적 사고:

③ 새로운 감정:

1) 사건(상황, 환경, 행동)은 무엇이었으며 그때 내 반응은 어떠했나?

한번은 작정을 하고 남편이 술을 마시고 오는 날이 한 달에 몇 번이나 되는가 체크를 해보았더니 30일 중에 5일 빼고 나머지는 술에 취해 집에 들어온다. 알코올 중독 자가 진단 10가지 중에 한두 가지 빼놓고는 다 체크되었다. 중독도 중증에 속했다. 남편에게 그 얘기를 해줬건만 처음에만 수긍하는 척하고 여전히 똑같은 모습이다. 나는 너무 화가 나서 견딜 수가 없다.

2) 그 당시의 감정은 무엇인가?

도망가 버리고 싶다. 이혼하고 싶다. 실컷 때려주고 싶다. 골탕 먹이고 싶다. 죽이고 싶다.

3) 그러한 감정이나 행동은 어디에서 생긴 것인가?

나의 원가족은 기독교 가정이어서 아무도 술을 가까이하지 않았다. 그래서 술을 먹는 남편을 미워하며 정죄하였고 술 먹고 정신 못 차리는 남편이 더러워 보이고 싶었다(율법주의). 그러나 남편이 자기 몸을 파괴시키면 불쌍해서 오히려 돌보아준다(부정적 사랑에 조종당함). 어머니로부터 비롯된 정서적 관계 패턴이 나에게 내재되어 있어서 현재 남편과 비슷한 관계를 맺고 있다.

4) 잘못된(비합리적, 자동적) 사고는 무엇인가?

내 중심적인 마음으로 남편의 행동을 수용하지 않는 율법주의와 정죄 의식, 싫다고 소리치지만 은근히 돌봐주는 부정적인 관계 패턴은 남편의 부정적 조종이며 자신을 파괴시키는 모습이다. 그런데. 나는 어머니로부터 불쌍한 사람을 돕는 것이 사랑이라는 잘못된 사고를 가지고 있다.

5) 합리적이며 성경적 사고는 무엇이며 그때의 감정은 무엇인가?

① 합리적 사고: 중독에 빠진 남편을 돕는 것이 더 큰 중독에 빠지게 하는 것이므로 중독 현상에 대해서 설명은 하지만 거리를 유지한다. 그리고 중독을 잘 다스릴 때 더 큰 사랑을 주는 건강한 관계를 맺는다.

② 성경적 사고: 사람을 인격과 행동으로 분리하여 진정한 사랑으로 돌본다. 그리고 인간의 힘으로 해결하기 어려운 일이므로 부정적 감정이 생길 때 마다 성령의 은혜를 사모한다.

③ 새로운 감정: 사랑, 기쁨, 감사, 기대감

<부록> 성경적 사고 5단계 모델 양식지

1) 1단계: 사건(상황, 환경, 행동)은 무엇이었으며 그때의 반응은 어떠했나?

2) 2단계: 그 당시의 감정은 무엇인가?

3) 3단계: 그러한 감정이나 행동은 어디에서 생긴 것인가?

4) 4단계: 잘못된(비합리적, 자동적) 사고는 무엇인가?

5) 5단계: 합리적이며 성경적 사고는 무엇이며 그때의 감정은 무엇인가?

① 합리적 사고:

② 성경적 사고:

③ 새로운 감정:

결론

　예수님의 인간성을 심리적으로 볼 때 심오한 내적 통찰력과 끊임없는 활동력, 자기에 대한 초월적인 태도와 타인에 대한 따뜻한 관심, 가식이 없으며 당당한 언행과 겸손한 태도, 최고의 지혜를 가지고 있으면서도 순수하고도 겸손한 모습의 균형과 조화가 있는 것으로 호프만(Hofmans)은 묘사하였다. 하나님의 형상인 우리도 이러한 삶을 살 수 있을까? 이러한 삶이 현실에서 가능한 것일까? 우리의 현실과 비교해 볼 때 불가능해 보인다. 그것은 하나님의 형상으로서 신적인 모습과 능력을 갖고 행복해야 할 인간의 모습이 전인적으로 장애를 가지게 되었기 때문이다. 인간은 영적으로 죽은 자이기에 한 명도 예외 없이 다 문제를 가진 장애자다. 이것을 신학적으로는 죄인이라고 한다. 하지만 심리학에서는 장애의 정도에 따라 보다 건강한 사람과 문제가 있는 사람으로 나누고 심각한 문제가 있는 중증의 사람들만을 인격장애자로 구분한다.

　그러나 나는 예수님의 인격을 본받기 위해 가장 필요한 것이 무엇인지 고민하였고 이러한 문제 해결을 위해 신학과 심리학을 통합하려고 노력하였다. 인간은 죄인이기에 모두 장애를 가지고 있지만 하나님의 형상이 잔존해 있기에 끊임없이 인격의 성숙과 변화를 위해 노력한다면 어느 정도는 예수님의 모습을 드러낼 수 있지 않겠는가? 그리고 더 나아가 성령의 능력을 끊임없이 덧입으며 살아간다면 이 삶이 부분적이라도 가능하지 않을까? 이것이 나의 고민이었다. 이를 위해 필요한 것은, 깨어지고 삐뚤어진 인격을 성령의 조명 아래 치유하는 것이라 생각하였다. 따라서 모든 사람은 그가 신앙이 좋건 나쁘건 간에, 교육의 정도나 가정환경이 어떠하든 일차적으로 예수님을 아는 것이 최대의 과제이지만 그 이후에도 끊임없이 자신의 인격적인 문제가 무엇인지 발견하고 치유해야 할 과제가 있는 것이다. 그리고 성화의 과정 속에서 인격장애의 증상들과 여전히 씨름해야 하며 '옛 자기'의 모습과도 싸워 그리스도 안에서 '새 자기'의 삶이 점점 더 인격의 중심에 자리 잡고 사고와 감정, 행동, 인간관계에 변화가 일어날 수 있도록 노력해야 하는 것이다. 따라서 교회와 목회자들은 성령의 능력으로 한 인간의 삶이 근본적으로 바뀌는 중생을 경험했다고 해서 인격적인 문제가 어느 날 갑자기 해결되는 것이 아님을 알아야 한다. 그러므로 설교와 교육, 그리고 치유적 환경을 성도들에게 제공해야 할 책임이 있는 것이다.

시대적으로 볼 때 현대는 상대주의와 포스트모던주의가 판을 치는 상황이다. 이런 상황 속에서 교회는 사람들에게 올바른 기준, 진리와 용서, 사랑과 정의를 균형 있게 제시해 주어야 한다. 뿐만 아니라 영성 중심의 전인성 회복을 위한 원리와 방법을 제시해 주어야 한다. 현대인들의 인격과 정신이 변화할 수 있는 가능성은 거기에 있다. 그러나 오늘날 한국 교회가 성도들의 인격회복에 대해 구체적으로 해결책을 제시하지 못하는 현실에 안타까운 마음을 가지고 있던 차에 이번에 그동안의 연구 결과를 정리하여 책으로 내게 되었다. 그리고 이러한 나의 연구가 인간을 사랑하고 그들의 치유와 성숙에 관심 있는 교회 지도자들에게 도움이 되기를 바라는 마음이 이 책을 내게 한 가장 큰 동인이었다.

나는 선후배와 한국의 동료 목회자 및 여러 상담자들이 이번에 새롭게 개정된 인격치유 프로그램을 적용할 때 다음의 점들을 염두에 둠으로써 더욱더 좋은 결과들이 있기를 바란다. 첫째, 기독교인을 대상으로 한 인격치유 프로그램이 거의 연구된 것이 없기에, 앞으로 이 분야에 대한 연구가 많아지기를 바라며 다각도의 인격치유 프로그램이 개발되기를 바란다. 둘째, 인격치유뿐 아니라 심리적인 문제를 다루는 프로그램은 가급적이면 소그룹으로 진행하는 것이 적합하므로 강의 중심보다는 나눔 중심의 모임으로 시행할 것을 권한다. 셋째, 인격치유를 향상시킬 수 있는 여러 변인들에 대한 연구가 앞으로 계속되고 그 효과성을 입증하는 연구가 다각도로 진행되어 기독교인들의 인격성숙에 기여할 수 있기를 바란다. 넷째, 본 연구에서는 인격치유의 주제를 9회로 선정하여 교육하였는데 앞으로는 각각의 주제에 대해서 좀 더 깊이 있는 연구가 이루어지고 이 분야에 대해 그리스도인으로서 심리학에 종사하는 학자들의 참여가 좀 더 많아지기를 기대해 본다. 그리하여 한국의 기독교인들의 인격성숙이 영성 중심으로만 치우치지 않고 전인적으로 성장할 수 있게 되기를 바란다. 마지막으로 인격을 변화시키는 힘은 하나님의 은혜로 인한 성령의 능력과 인도자의 진실한 사랑이기에 무릎 꿇어 기도하면서 이 프로그램을 적용해야 할 것이다.

인격치유 프로그램은 다음과 같은 장점이 있다.

첫째, 인격치유 프로그램의 치유기법은 기독교 상담과 인지행동치료를 통합한 프로그램으로서 그 효과성에 대해 통계적 방법을 사용하여 과학적으로 검증하였기에 믿을만하다는 것이다.

둘째, 인격치유 프로그램의 주제구성을 위해 서울과 부산 지역 교인들을 대상으로 설문조사를 하여 구성하였기에 한국인들에게 적합한 주제로 이루어졌다는 것이다.

셋째, 신앙을 가지고 있으면서도 인격적인 성숙이 이루어지지 않음으로 한계에 부딪쳐 고민하고 있는 교회 현장에 심리학과 신학의 통합적 관점에서 인격치유는 하나의 대안으로써 제시될 수 있을 것이다.

넷째, 이 프로그램은 기독교인의 인격치유 및 전인성숙을 위한 훈련교재, 교회 내에서 기독교인의 상담활동의 효율성을 높이기 위한 기초적인 상담훈련 교재, 그리고 목회자들이 평신도들을 훈련시킬 수 있는 교육 자료로 활용 가능하다는 것이다.

다섯째, 인격치유의 구체적인 방법으로서 한국인들에게 맞도록 성경적 상담 5단계 모델을 제시한 것이다.

이 책을 사용하여 자신과 다른 사람의 인격회복을 돕기 위해 애쓸 모든 동역자들과 형제자매들에게 기대 이상의 치유와 회복이 이루어져서 뜻이 하늘에서 이루어진 것처럼 이 땅에서도 예수님께서 말한 '더 풍성한 삶'이 있기를 간절히 소망하는 마음으로 엎드려 기도한다.

그리스도의 사랑에 빚진 하나님의 자녀, 심수명

에필로그

인격적인 삶을 향한 나의 새 걸음

이 책의 초판을 완성한 20여 년 전, 어느 날 밤 나는 꿈을 꾸었다. 꿈에 나는 20대 중반이었고 상황은 결혼하여 아버지를 모시고 함께 살고 있었다(실제로도 그랬다). 그런데 꿈속의 나는 아버지와 심한 갈등을 겪고 있었다. 현실에서는 분명히 아버지와 화해를 했었는데 새삼 왜 갈등이 있을까? 꿈속 에서도 나는 매우 혼란스러웠다.

꿈 속에서 또 다른 상황이 전개되면서 나는 원가족들과 함께 식탁에서 식사하려 했는데 아버지께서 나의 흥을 보셨다. 분개한 나는 아버지의 부당함에 대해 화를 내며 가족의 밥상을 내동댕이쳐 버렸다. 그후 나는 나의 행동에 대해 너무 당황스럽고 어찌할 바를 몰랐지만 미안하다고 말하고 싶지는 않았다. 가족들도 모두 놀라워하였지만 그럴 수밖에 없다고 이해하는 분위기였다.

그러나 가정의 권위자인 아버지를 흔들어 그 분을 혼란에 빠뜨리고 그 분의 권위가 무시되고 추락함으로 결국 아버지의 설 자리를 빼앗았다는 고통이 나에게 무거운 죄책감으로 남았다. 나는 죄책감에 빠져 거리를 방황하게 되었다. 나는 삶의 뿌리가 없는 외롭고 황량한 마음으로 가정이 없는 방랑자로 거리를 헤매고 살았다.

그런데 또 다른 장면에서 심리치료사가 등장하여 나에게 이렇게 말하는 것이었다. "당신은 어젯밤에 어디 갔었지요? 왜 집에 들어가지 않았습니까?" 나는 그에게 물었다. "내게 집이 어디 있습니까?" 바로 그 순간이었다. 아내가 맛있고 따뜻한 밥을 들고 나타나 "여보, 밥을 지어놓고 당신을 기다렸어요."라고 말하는 것이었다. 그 순간 나는 또다시 혼란스러웠다. '내게 가정이 있었는가?'

그때 심리치료사가 내게 말하기를 "당신은 아버지의 가정에서 가출하여 집이 없는 생활을 했지만, 이제 당신의 가정으로 돌아가십시오. 당신의 가정은 아버지의 가정이 아닙니다. 아내가 있는 가정이 당신의 가정이 아닙니까?" 그 말은 내게 '아하!' 하는 깊은 깨달음을 주었다. 바로 그 순간, 가정은 내게 따뜻함과 포근함으로 다가왔고 내 마음은 감동으로 출렁거렸다. 나는 안식을 되찾고 마음에 평정을 회복했다.

깨어보니 새벽이었다. '왜 이런 꿈을 꾸었을까?' 침대에서 깊이 고민하며 또렷이 떠오르는 꿈을 분석해 보니 꿈꾸기 전날 저녁 나는 나의 스승과 한 시간 이상 대화를 나누었다. 그분은 나의 사역처인 학교나 상담소와 연구소, 그리고 교회 사역이 매우 소중하며 앞으로 교회와 사회에 많은 영향을 주게 될 것이라고 깨우쳐 주셨다. 이것은 그분이 자신의 생각을 내게 던져 준 말이었는데 내 마음에 깊이 새겨져 그 말이 마치 아버지의 축복처럼 내 마음에 다가왔다.

오래전 나는 아버지와 화해는 했지만 나 혼자 그분과 화해한 것이지 아버지로부터 미안하다는 말이나 용서해 달라는 말, 사랑한다는 말을 직접 들은 것은 아니었다. 이런 이유로 내 마음에 아쉬움이 잔잔히 깔려 있었는데 스승의 축복을 통하여 아버지에 대한 아쉬움의 잔재가 깨끗이 씻기는 느낌과 함께 내게 상처 준 아버지를 온전히 떠나보내고 건강한 마음으로 가정을 진정으로 되찾는 회복의 꿈을 꾸게 된 것이다.

나는 꿈속에서 아버지에게 남아 있던 갈등을 마음껏 드러내어 표현하고 깨끗하게 마무리할 수 있었다. 그러자 이제는 내가 오히려 아버지에게 미안하고 죄송스러워 어찌할 바를 모르게 되었다. 참으로 오랜 세월 동안 자식의 저항을 참아주고 버텨주며 회복될 수 있도록 고통 속에 견디어 준 아버지가 새삼 고마웠다.

이제 다시는 부친의 실수를 거론하고 싶지 않다. 단지 나의 사례를 통해 다른 이에게 도움을 주기 위하여 이야기를 나눈다면, 반항아로서 혹은 탕자로서의 내 허물을 탓하고 싶을 뿐이다. 그리고 다른 이를 돕기 위해서만 내 아픔의 사례를 고백하고 싶을 뿐이다. 나는 참으로 자기중심적이며 야곱처럼 간교한 삶을 살아왔다. 이런 내가 나의 얍복 나루터인 '인격치유'를 쓰는 씨름터에서 내 하나님께 새로운 축복의 이름 '이스라엘'을 얻은 것이다. 나의 상처가 치유됨으로 인해 나도 새로워졌지만 나의 아버지도 나와의 관계가 새로워지는 그 신선한 느낌! 이제 그분은 사랑스럽기만 한 나의 아버지이시며 실제로 지금 하늘나라에서 나를 자랑스러워하고 계실 것이다.

수많은 아픔과 고통, 치유와 회복의 과정을 통해 오늘의 나를 만들어 오신 내 하나님께 진심으로 감사드린다. 이제는 내 삶을 하나님께 온전히 의뢰하도록 연습하면서, 자신과 타인, 그리고 온 세상을 사랑으로 책임지는 삶을 꿈꾸며 인격적 성숙의 길을 걸어왔으며 앞으로 더 새롭게 가기 위해 오직 하나님만 의지하면서 나의 하나님께 은혜를 구한다.

참고문헌

〈국내 서적〉

가천노. 『성경에서 퍼올린 성공 패러다임』 서울: 생명의 말씀사, 2003.

강경호. 『내적 상처의 회복과 상담』 서울: 한사랑 가족상담연구소, 2000.

고병인. 『중독자 가정의 가족 치료』 서울: 학지사, 2003.

구미리암. 『치유 공동체 신학』 서울: 쿰란출판사, 2000.

권석만. 『우울증』 서울: 학지사, 2000.

권석만. 한수정. 『자기애성 성격 장애』 서울: 학지사, 2000.

권정혜. 『인지행동치료 원리와 기법』 서울: 학지사, 2020.

김계현. 『학생들의 자존감 발달 지도』. 『상담과 선교』 01-여름, 2001.

김병오. 『중독을 치료하는 영성』 서울: 이레 서원, 2003.

김병원, 『목회상담학』 서울: 한국성서대학교출판부, 2003.

김영한. 『새천년 목회상담과 심리치료의 실제』 "심리학과 신학: 심리치료와 목회 상
        담". 숭실대학교 제8회 전국 목회자 신학 세미나, 2000.

김예식. 『생각 바꾸기를 통한 우울증 치료』 서울: 한국장로교출판사, 1998.

김예식. 『말씀 안의 상담과 치료 이야기』 서울: 한국장로교출판사, 2000.

김은정, 김지훈. 『특정 공포증』 서울: 학지사, 2000.

**김정선. "사회적 예술치유에서의 치유적 개입요건에 대한 탐색적 연구", 박사학위논문,
        추계예술대학교대학원, 2024.**

김정욱. 한수정. 『연극성 성격 장애』 서울: 학지사, 2000.

도상금, 박현주. 『충동 통제 장애』 서울: 학지사, 2000.

민병배, 남기숙. 『의존성 성격 장애와 회피성 성격 장애』 서울: 학지사, 2000.

민병배, 이한주. 『강박성 성격 장애』 서울: 학지사, 2000.

민성길. 『최신 정신 의학』 제3판. 서울: 일조각, 1998.

민성길 외. 『대한 의학 협회지』 29, "홧병에 대한 진단적 연구", 1986.

박경애. 『인지, 정서, 행동 치료』 서울: 학지사, 1998.

박봉배. 『빛과 소금』 17호 "민주 사회와 사회적 분노", 1986.

박성수. 『빛과 소금』 7호 "분노의 진실: 분노의 심리와 그 양상", 1986.

박애리, "Howard Clinebell의 성장상담의 원리와 실천에 관한 연구", 박사학위 논문, 한세대학교 목회전문대학원, 2007.

박윤수. 『치유상담의 실제』 서울: 라빠, 1996.

박현순. 『공황 장애』 서울: 학지사, 2000.

손봉호. 『고통받는 인간』 서울: 서울대학교 출판부, 1995.

신아라. "완벽주의적 자기제시와 외로움 간의 구조적 관계: 공적 자의식, 분노 억제, 자기 침묵을 중심으로", 박사학위 논문, 명지대학교 대학원, 2021.

신희천, 신은향. 『반사회성 성격 장애』 서울: 학지사, 2000.

심상권. "21C 목회 상담학의 새로운 패러다임". 제1회 연세목회전문화 세미나, 1999.

심수명. 『인격신앙훈련 1권: 예수님을 본받는 그리스도인』 서울: 다세움, 2019.

심수명. 『상담목회 개정판』 서울: 다세움, 2024.

심수명. "기독교 상담적 관점에서 성숙한 인격에 대한 고찰." 성경과 신학 68. 2013. 83-113.

심수명. 『위대한 부모 위대한 자녀』 서울: 다세움, 2012.

심수명, 『정신역동상담』 서울: 다세움. 2010.

심수명. 『감수성훈련워크북』 서울: 다세움, 2009.

심수명. 『비전의 사람들』 서울: 다세움, 2007.

심수명. "기독교 상담과 인지 치료의 통합에 의한 인격 치료 프로그램의 효과성 연구: 자기 효능감, 대인 관계, 의사 결정 유형, 역기능적 태도의 변화를 중심으로", 박사학위논문, 국제신학대학원 대학교, 2004.

심수명. 『사랑의 관계 회복을 위하여 (지도자용)』 서울: NCD, 2003.

심수명. 『상처 입은 영혼을 위하여』 서울: 교회성장연구소, 2002.

심수명. 『평신도 상담자를 위한 집단상담』 서울: 서로 사랑, 2001.

심수명. "기독교인의 종교성향에 따른 자아 분화와 죄책감", 석사학위논문, 고려대학교

교육대학원, 1993.

심수명, 유근준. 『어머니학교』 서울: 다세움, 2009.

안도현. 『우울증, 죽음으로 향하는 다리』 서울: 예영 커뮤니케이션, 2003.

엄예선. Korean Doctor of Ministry Program. Fuller Theological Seminary, 1998.

오성춘. 『목회 상담학』 서울: 한국 장로교 출판사, 1993.

옥한흠. 『전쟁을 모르는 세대를 위하여』 서울: 국제제자훈련원, 2003.

원호택. 『이상심리학』 서울: 법문사, 1997.

원호택, 권석만. 『이상 심리학 총론』 서울: 학지사, 2000.

유해부. 『개혁교의학』 서울: 크리스챤 다이제스트, 2000.

이관직. "마틴 로이드-존스의 인간론: 목회상담적 평가 및 함의" 『신학지남』 84권 3집 (통권 제332호). 2017. 99-138.

이미화, 류진혜. "완벽주의 성향의 순기능과 역기능: 성취목표, 스트레스, 심리적 안녕감, 우울과 관련하여", 『청소년학 연구』 제9권 제3호, 2002.

이성훈. 『내적 치유』 서울: 예영 커뮤니케이션, 2000.

이승구. 『기독교 세계관이란 무엇인가?』 서울: SFC, 2003.

이용승. 『범불안장애』 서울: 학지사, 2000.

이현수. 『성격이 건강을 좌우한다』 서울: 학지사, 2002.

이훈진, 이명원. 『편집성 성격 장애』 서울: 학지사, 2000.

이흥표. 『도박의 심리』 서울: 학지사, 2002.

장우성. 『알기 쉬운 인격장애』 제2판. 서울: 도서출판 하나 의학사, 2003.

전순애. "성인의 우울 감소와 자아존중감 향상을 위한 내면가족체계(IFS)적용 음악심리 치료 프로그램 개발" 박사학위논문, 한일장신대학교 일반대학원, 2022.

정동섭. 『어떻게 사람을 변화시킬 수 있는가?』 서울: 요단 출판사, 1996.

조성국. "성숙한 지도자의 인성/영성", 『고신신학』 봄, 2002. 114-141.

조성호. 『경계선 성격 장애』 서울: 학지사, 2000a.조성호. 『분열성 성격 장애와 분열형 성격 장애』 서울: 학지사, 2000b.

차준구. "열등감과 정신 질환". 한국상담선교연구원, 2001.

한기연. 『분노 스스로 해결하기』 서울: 학지사, 2001.

〈번역 서적 및 외국서〉

Adler, A. & Orgler, H. What Life Should Mean to You. 설영환 역. 『아들러 심리학 해설』 서울: 선영사, 1999.

American Psychiatric Association. DSM-5: Diagnostic & Statistical Manual of Mental Disorders. 서울: 학지사, 2013.

Au, W. By Way of the Heart. 황애경 역. 『마음의 길을 통하여』 서울: 바오로 딸, 2001.

Barkers, W. Learning to Tell Myself the Truth. 김재서 역. 『부정적 감정을 치유하는 자기 고백 워크북』 서울: 예찬사, 1994.

Barkers W. & Chapian, Marie. Inner Healing to Break Prejudice, 김연출 옮김. 『편견을 깨뜨리는 내적 치유』 예찬사, 2007.

Beck, Judith. Cognitive Behavior Therapy: Basics and Beyond. 2011.   『인지행동치료 이론과 실제』 최영희 외 역. 2017.

Berkhof, L. Systematic Theology. 고영민 역. 『뻘콥 조직 신학』 제3권. 서울: 기독교문사, 1978.

Carlson, D. E. Counseling and Self-Esteem. 이관직 역. 『자존감』 서울: 도서출판 두란노, 1995.

Carter, Les. & Minirth, Frank. The Anger. 이승재 역. 『분노』 서울: 은혜출판사, 1996.

Cleave, Stephen V. Byrd, Walter & Revell, Kathy. Counseling for Substance Abuse and Addiction. 윤종석 역. 『약물 중독 상담』 서울: 도서출판 두란노, 1996.

Clinbell, Howard. Well Being. 이종헌, 오성춘 역. 『전인 건강』 서울: 성장 상담연구소, 1996.

Clinbell, Howard, Basic Types of Pastoral Care and Counseling: Resources for the Ministry of Healing and Growth (Nashiville: Abingdon, 1984.

Collins, Gary R. The Christian Psychology of Paul Tournier. 정동섭 역. 『폴 투르니에의 기독교 심리학』 서울: IVP, 1998.

Collins, Gary R. The Rebuilding of Psychology. 문희경 역. 『효과적인 상담을 위한 크리스찬 심리학』 서울: 요단출판사, 1996.

Cosgrove, Mark P. Counseling for Anger. 김만풍 역. 『분노와 적대감』 서울: 두란노, 1997.

Crabb, Larry. Finding God. 이길상 역. 『당신의 문제에서 하나님을 발견하라』 서울: 나침반, 1999.

Crabb, Lawrence. Effective Biblical Counseling. 정정숙 역. 『성경적 상담학』 서울: 총신대학교 출판부, 1997.

Crabb, Lawrence. Understanding People. 윤종석 역. 『인간 이해와 상담』 서울: 도서출판 두란노, 1993.

Crabb, Lawrence J. & Allender, D. B. The Key to Caring. 오현미, 이용복 역. 『격려를 통한 상담』 서울: 나침반, 1986.

Crockenerg, S. "Infant Irritability, Mother Responsiveness, and Social Support Influences of the Security of Infant-Mother Attachment," Child Development 52, 1981.

Davison, Gerald C. & John M. Neal. Abnormal Psychology. 이봉건 역. 『이상심리학』 서울: 시그마프레스, 2000.

Diane, S., Anna, MH., Ann, FM., Lucrezia, M., Joel, GA.P romoting caring-healing relationships:bringing healing touch to the bedside in a multihospital health system. Holist Nurs Pract. 28(6), 370-375, 2014.

Ellis, Albert "The Issue of Force and Energy in Behavioral Change," Journal of Contemporary Psychotherapy, 10 (2), 박경애, 1979.

Ellis, Albert. The Essence of Rational Emotive Behavior Therapy, by Revised May, 1994.

Evans, Gloria Jay. A Parable. 김성찬 역. 『담』 서울: 규장, 1998.

Fromm, Erich. Man for Himself: An Enquiry Into the Psychology of Ethics (New York: Rinehart & Co), 1947.

Hanh, Thich Nhat. Anger. 최수민 역. 『화』 서울: 명진출판사, 2002.

Hart, Archibald D. Dark Clouds Silver Linings. 정동섭 역. 『우울증 이렇게 치료할 수 있다』 서울: 요단 출판사, 2000.

Hart, Archibald D. Counseling the Depressed. 심상권 역. 『우울증 상담』 서울: 도서출판 두란노, 1996.

Hewitt, P. L. & Dyck, D. G. "Perfectionism, Stress, and Vulnerability to Depression," Cognitive Therapy and Research 10, 1986.

Hewitt, P. L. & Flett, G. L. "Perfectionism in the Self and Social Context: Conceptualization: Conceptualization, Assessment, and Association with Psychopathology," Journal of Personality & Social Psychology 60, 1991.

Hoekma, Anthony A. Created in God's Image. 류호준 역. 『개혁주의 인간론』 서울: 기독교 문서 선교회, 1999.

Horney, Karen. Neurosis and Human Growth, New York: Norton, 1950.

Hurding, Roger. Roots and Shoots: A Guide to Counseling and sychotherapy. 김예식 역. 『치유 나무』 서울: 한국 장로교 출판사, 2000.

Jung, C. G., Hall, C. & Jacobi, S. J. Interpreting Jung Psychology. 설영환 역. 『융 심리학 해설』 서울: 도서출판 선영사, 1989.

Jewett, Paul King. God is Personal Being in Church, Word, and Spirit, ed. James E. Gradley and Richard A. Muller, 정승태, "현대 삼위일체론의 입장에서 본 '인격' 개념", 『한국 기독교 신앙 논총』, 2002.

Kelsey, Morton T. Healing and Christianity, Augsburg Books, 1995.

Kübler-Ross, Elisabeth. On Death and Dying. 성염 역. 『인간의 죽음』 서울: 분도 출판사, 1990.

Lahaye, Tim. Anger Is a Choice (Granad Rapids, Michigan: Zondervan, 1982), Mark P. Cosgrove, Counseling for Anger. 김만풍 역, 『분노와 적

대감』 서울: 두란노, 1997.

Lazarus, Richard S. & Lazarus, Bemice. Passion & Reason. 정영목 역. 『감정과 이성』 서울: 문예출판사, 1997.

Litchfield, Bruce. & Nellie Litchfield. Christian Counselling & Family Therapy. 정동섭, 정성준 역. 『기독교 상담과 가족 치료』. Vol. 2. 서울: 예수 전도단, 2002a.

Litchfield, Bruce. & Nellie Litchfield. Christian Counselling & Family Therapy. 정동섭, 정성준 역. 『기독교 상담과 가족 치료』. Vol. 4. 서울: 예수 전도단, 2002b.

Litchfield, Bruce. & Nellie Litchfield. Christian Counselling & Family Therapy. 정동섭, 정성준 역. 『기독교 상담과 가족 치료』. Vol. 5. 서울: 예수 전도단, 2002c.

Lundin, Robert W. Alfred Adler's Basic Concepts and Implication by Lundin. 노안영 외 공역. 『애들러 상담 이론: 기본 개념 및 시사점』 서울: 학지사, 2001.May, Gerald G. Addiction and Grace. 이지영 역. 『중독과 은혜』 서울: IVP, 2002.

McElligott, D. Healing: The journey from concept to nursing practice. Journal of Holistic Nursing, 28(4), 251-259. 2010.

McKivergin, M. J., & Daubenmire, M. J. The healing process of presence. Journal of Holistic Nursing, 12(1), 65-81. 1994.

McMinn, Mark R. Cognitive Therapy Techniques in Christian Counseling. 정동섭 역. 『기독교 상담과 인지 요법』 서울: 도서출판 두란노, 1996.

McMinn, Mark R. Psychology, Theology, and Spirituality in Christian Counseling. 채규만 역. 『심리학, 신학, 그리고 영성이 하나 된 기독교 상담』 서울: 도서출판 두란노, 2001.

Meyer, Joyce. Beauty for Ashes Receiving Emotional Healing. 최기운 역. 『슬픔 대신 화관을』 서울: 베다니 출판사, 1997.

Milgram, S. "Behavior Study of Obedience." Journal of Abnormal and Social

Psychology 67, 1963. 원호택, 『이상심리학』 서울: 법문사, 1997.

Narramore, Bruce. & Counts, Bill. Guilt and Freedom. 권명달 역. 『죄책감으로 고통받는 이를 위하여』 서울: 보이스사, 1994.

Nielsen, Stevan Lars, Johnson, W. Brad & Ellis, Albert. Counseling and Psychotherapy with Religious Persons. 서경현, 김나미 공역. 『종교를 가진 내담자를 위한 상담 및 심리 치료』 서울: 학지사, 2003.

Oates, Wayne E. Behind the Masks. 안효선 역. 『그리스도인의 인격장애와 치유』 서울: 에스라 서원, 2000.

Prince, Derek. God's Remedy for Rejection, 조철환 역, 『거절의 상처를 치유하시는 하나님』 서울: 도서출판 순전한 나드, 2007.

Robert, W. Lundin, Alfred Adler's Basic Concepts and Implication by Lundin, 노안영 외 공역, 『애들러 상담 이론: 기본 개념 및 시사점』 서울: 학지사, 2001.

Rogers, Carl. Counseling and Psychotherapy: Newer Concepts in Practice. 한승호, 한성열 역. 『칼 로저스의 카운슬링의 이론과 실제』 서울: 학지사, 1998.

Rosellini, Gayele. Of Course You're Angry. 한옥자 역. 『차라리 화를 내십시오』 서울: 바오로 딸, 1999.

Saussy, Carroll, The Gift of Anger: A Call to Faithful Action (Kentucky: Westminster John Knox Press, 1995.

Sell, Charles. Unfinished Business. 정동섭 역. 『아직도 아물지 않은 마음의 상처』 서울: 도서출판 두란노, 1992.

Shogren, Gary Steven. & Edward Welch. Running in Circles. 안효선 역. 『중독』 서울: 에스라 서원, 1999.

Sledge, Tim. Making Peace with Your Past. 정동섭 역. 『가족 치유, 마음 치유』 서울: 요단 출판사, 1996.

Spykman, Gordon J. Reformational Theology: A New Paradigm for Doing Dogmatics. 류호준, 심재승 역. 『개혁주의 신학』 서울: 기독교문서선교회,

2002.

Stoop, David. Hope for the Perfectionist. 김태곤 역. 『완벽주의로부터의 해방』 서울: 미션 월드 라이브러리, 2001.

Storms, Sam. Pleasures Evermore: The Life-changing Power of Enjoying God. 윤종석 역. 『하나님이 주신 쾌락의 열쇠』 서울: 가이드포스트, 2002.

Tomson, Bruce. Walls of My Heart. 허광일 역. 『내 마음의 벽』 서울: 예수전도단, 1993.

Tournier, Paul. Guilt and Grace. 추교석 역. 『죄책감과 은혜』 서울: IVP, 2001.

Tournier, Paul. The Gift of Feeling. 홍병룡 역. 『여성, 그대의 사명은』 서울: IVP, 1997.

Tournier, Paul. Laventure de la wie. 정동섭, 박영민 역. 『모험으로 사는 인생』 서울: IVP, 1995.

Tournier, Paul. The Healing of Persons(1967). 권달천 역. 『인간 치유』 서울: 생명의 말씀사, 2002.

Tournier, Paul A Doctor's Casebook in the Light of the Bible(SCM), Hurding, 1954.

Wardetzki, Bärbel. Ohrfeige für die Seele. 장현숙 역. 『따귀 맞은 영혼』 서울: 궁리, 2002.

Wilson, Earl D. Counseling with Guilt. 김창대 역. 『죄의식』 서울: 도서출판 두란노, 1995.

Wilson, Sandra D. Counseling Adult Children of Alcoholics. 이관직 역. 『알콜 중독 상담』 서울: 도서출판 두란노, 1996.

Wolff, Hans Walter. Anthropologie des Alten Testaments. 문희석 역. 『구약 성서의 인간학』 서울: 분도 출판사, 1991.

Wright, Norman. Making Peace with Your Past. 송헌복, 백인숙 역. 『당신의 과거와 화해하라』 서울: 조이선교회 출판부, 1999.

Wright, Norman, Training Christians to Counsel, Eugene, Oregon: Harvest House Publishers, 1977.

저자 심수명 (Ph. D.)

심수명박사는 한밀교회를 개척하여 상담목회를 적용하고 있는 상담전문가이며 신학과 심리학, 상담과 목회현장을 아우르는 학자이며 목회자로서 치유와 훈련, 목회를 마음에 품고 한 영혼의 전인적인 돌봄, 부부관계 회복, 비전있는 자녀교육, 건강한 교회 세움, 상담전문가 양성 등에 헌신해왔다. 아울러 "기독교상담적 관점에서 본 정신역동상담"이 문화체육관광부 우수학술도서로 선정되었고, [목회와 신학]에서 한국교회 명강사(상담분야)로 선정되는 등 한국 교회와 사회에 영향력을 끼쳐왔다.

고려대학교에서 상담심리학(M.Ed.)과 미국 풀러 신학대학원에서 목회상담학 (D. Min.), 국제신대에서 상담학(Ph.D.) 학위를 취득하였다.

한국목회상담협회 감독, 한국복음주의기독교상담학회 감독상담사, (사)한국기독교상담 및 심리학회 수련감독, (사)한국가족상담협회 감독, (사)한국인격심리치료협회 감독으로 섬기고 있다. 또한 여성부 정책자문위원, 한세대학교 상담대학원 외래교수, 국제신학대학원대학교 상담학교수, 총회중독상담대책위원회 연구교수로 활동하였다.

대표 저서로 상담목회(다세움), 인격치료(학지사), 정신역동상담(다세움), 한국적이마고부부치료(다세움), 그래도 삶은 소중합니다(다세움) 등을 출간하였고, 그 밖의 50여 권의 저서와 30여 편의 학술 논문 등이 있다.

현재는 칼빈대학교 대학원 석좌교수, 한기총 다세움상담아카데미 원장, (사)한국인격심리치료협회 협회장, 예장합동 남서울노회 증경노회장, 한밀기독학교(서울시교육청 등록 대안교육기관) 이사장으로 사역하고 있다.

기독교상담과 인지치료의 통합적 접근

인격치유와 성숙(인격치료 개정판)

2025년 1월 10일 초판 1쇄 발행

저   자 | 심수명
발 행 인 | 김경자
표지디자인| 최정민
발 행 처 | 도서출판 다세움(서울시 강서구 수명로 68-11)
전   화 | 02-2601-7423
팩   스 | 02-2665-7588
등 록 번 호 | 383-97-01374
총   판 | 비전북(전화: 031-905-3927)
주   소 | 경기도 파주시 월롱산로 64
정   가 | 22,000원

ISBN   978-89-92750-45-5